D1574793

NATÜRLICHES LICHT IN DER ARCHITEKTUR

NATÜRLICHES LICHT IN DER ARCHITEKTUR

HENRY PLUMMER

NIGGLI

FÜR PATTY IN LIEBE

Seite 2: Tadao Ando, Church of Light, Japan

Die englische Originalausgabe erschien 2009 unter dem Titel
»The Architecture of Natural Light« bei Thames & Hudson Ltd.,
181A High Holborn, London WC1V 7QX
© 2009 Henry Plummer

Gestaltung und Satz: Claas Möller, b3K, Hamburg und Frankfurt
Übersetzung aus dem Englischen: Jorn Frenzel, Berlin
Übersetzungslektorat: Miriam Seifert-Waibel, Hamburg
Druck: C&C Offset Printing Co.Ltd, China

n'li © 2009 by Verlag Niggli AG, Sulgen/Zürich, www.niggli.ch
ISBN 978-3-7212-0687-6

INHALT

1 DIE ANDERE ARCHITEKTUR
Die Konstruktion metaphysischen Raums 6

2 VERGÄNGLICHKEIT
Symphonie des Lichts als Ausdruck zeitlichen Wandels 16

3 PROZESSION
Licht-Choreografie für das Auge in Bewegung 52

4 GLASSCHLEIER
Brechung des Lichtes in einer durchsichtigen Hülle 80

5 ZERSTÄUBUNG
Lichtfilterung mittels eines durchlässigen Schirms 112

6 KANALISIERUNG
Licht wid durch einen Hohlraum geführt 148

7 ATMOSPHÄRISCHE STILLE
Der Raum wird in ein Licht von einheitlicher Stimmung getaucht 178

8 LUMINESZENZ
Materialisierung von Licht als physische Masse 216

ANMERKUNGEN/BIBLIOGRAFIE 252

DIE ANDERE ARCHITEKTUR
Die Konstruktion metaphysischen Raums

Das Erblicken des Lichtes
ist an sich großartiger und schöner als all sein Nutzen.
Francis Bacon (1561–1626)

Das Kommen und Gehen des Lichtes am Himmel beeinflusst jeden Bereich unseres Lebens, ermöglicht erst das Leben auf der Erde. Licht macht die Dinge sichtbar – es modelliert sie aber auch, um die Sehschärfe zu erhöhen und um uns zu helfen, uns in der Welt zurechtzufinden. Zudem ist es die Energie, die das Wachstum und die Aktivität allen Lebens steuert, unser Körper und Geist sind eng mit seinen Zyklen und seinem Spektrum vernetzt. Neben der Schaffung des Lebens ist natürliches Licht auch für dessen Erhaltung essenziell. Es wehrt eine Vielzahl von Krankheiten ab, erhält unseren Biorhythmus und Hormonhaushalt aufrecht. Den vielen Arten künstlichen Lichts, die wir ergänzend entwickelt haben, fehlen die Eigenschaften, die nötig wären, um unseren Bedarf an natürlichem Licht zu decken.

Aufgrund seiner praktischen Vorzüge öffnen Baumeister ihre Gebäude – innerhalb klimatischer und kultureller Grenzen – dem natürlichen Licht. Doch auch wenn eine ausreichende Menge für die adäquate und angenehme Beleuchtung von Gebäuden genügen mag, erwarten wir mehr von Architektur als körperliche Befriedigung. Sie soll auch emotional zufriedenstellen: Gebäude sollen lebendig erscheinen; sie sollen unser Gemüt durch Stimmungen ansprechen, die damit im Einklang stehen, was wir fühlen möchten; sie sollen uns mit dem Gang der Natur in Verbindung halten; und sie sollen uns dazu befähigen, uns Räume mittels unserer Wahrnehmung und Träume anzueignen. Diese zusätzlichen Aspekte des Lichts dienen rein der Befriedigung des menschlichen Geistes.

Seit den Anfängen der Architektur ist das menschliche Verhältnis zum Licht über das Notwendige hinausgegangen – sogar über die Grenzen der objektiven Realität. Der Einsatz von Licht in der Architektur offenbart verblüffende Einsichten in den menschlichen Ethos jedes Zeitalters und erzählt eine Geschichte jenseits rationaler Formen- und Raumsprache. Die bemerkenswertesten Bauten sind religiöser Natur. Hier wurde Licht eingesetzt, um mystische Gefühle zu wecken und um die Heiligkeit des Ortes auszudrücken. Da das Licht aufgrund seiner wundersamen Macht über das irdische Leben gemeinhin mit Spiritualität in Verbindung gebracht wurde, konnte es den Gläubigen eine göttliche Gegenwart kundtun. In solchen Gebäuden wurde aber auch etwas Einfaches, unmittelbar Verständliches ausgedrückt: eine ätherische Präsenz am Rand der materiellen Existenz mit einer rätselhaften Fähigkeit, die Dinge auf der sinnlichen Ebene zum Leben zu erwecken und quasi vor den eigenen Augen eine unvermittelte Intensität des Seins zu erzeugen.

Selbst der kleinste Unterschied in der Einstellung zu natürlichem Licht und zur Architektur bringt dramatische Abweichungen im Umgang mit Ersterem mit sich – sowie auch in Bezug auf seine Fähigkeit, eine breite Palette von Überzeugungen und Werten zu visualisieren, die sich nicht materiell-formal ausdrücken lassen. Wie können Architekten aber dem Licht Herr werden, wenn es sich nicht greifen lässt? Man kann Licht nicht einmal sehen, außer es trifft direkt auf das menschliche Auge, wird von einem Gegenstand reflektiert oder von einem Medium wie Rauch oder Nebel gefiltert. Daher wurde seit jeher auf die *Modulierung* des Lichts zurückgegriffen und dabei ein Repertoire von lichtsteuernden Elementen geschaffen, die Eigenschaften jenseits – und oft entgegen – ihrer gleichermaßen geschätzten physikalischen Qualitäten aufwiesen (rechte Seite,

Forest of Tombs Museum, Tadao Ando

oben). Dächer und Wände, Öffnungen und Oberflächen, Schirme und Membranen dienen dazu, Licht entweder zu blockieren oder einzulassen, zu fokussieren oder zu zerstreuen, zu absorbieren oder zu reflektieren. Sie vermögen es aber auch auszurichten, und zwar mit jedweder Intensität oder Frequenz.

In der Antike entstanden beeindruckende Beispiele meisterlicher Lichtarchitektur, üblicherweise um rituelle Verbindungen zu einem geistlichen Himmel herzustellen. Das erreichte in den axialen Gängen der ägyptischen Tempel monumentale Ausmaße. Die Hypostyle in den Tempeln von Karnak (unten links) und Luxor waren auf Punkte am Wüstenhorizont ausgerichtet, an denen die Sonne an bestimmten Tagen auf- oder unterging. Es wird angenommen, dass diese Schächte als Gefäße für eine Flut von Licht gedacht waren, die einmal im Jahr auf dramatische Weise in die gesamte Länge des Innenraums vordrang. Sonnenstrahlen erleuchteten und belebten Götterfiguren im hinteren Bereich und drangen in das Dunkel vor als kosmische Energie, die die Kraft der Götter erwecken und das Leben auf Erden segnen konnte. Dieser ganzjährige Wechsel des in düstere Gänge vordringenden und sich zurückziehenden Lichts erzeugte ein metaphysische Präsenz, die wohl von des Tempels kolossalen Mauern umschlossen und kalibriert wurde, aber im Grunde frei von ihnen war.

Obwohl Licht in der Klassik zunehmend rationalen Zwecken diente, ist der Pantheon von Rom (118–28 n.Chr.) eine beeindruckende Ausnahme. In seiner ungeheuren Masse ist ein großartiges, abgeschlossenes Raumvolumen enthalten, das völlig still ist und die Form eines Vollkreises unter einer hemisphärischen Kuppel annimmt. Die Erlebniskraft dieses Gebäudes liegt in seinem aktiven Dialog mit dem Himmel. Der Innenraum wird täglich von zenitalem Licht aus einer einzigen Quelle erfüllt: einem riesigen *oculus* (lat. »Auge«), welches einen dramatischen Sonnenstrahl einlässt, der seinen eigenen Raum formt, indem er durch den Bauch des Gebäudes streift und dabei die Götter in ihren Schreinen illuminiert und belebt. Die Kassettenkuppel wurde zusätzlich entmaterialisiert und mit dem römischen Kosmos verbunden durch eine einst vergoldete Oberfläche, deren Lichtreflexionen das Auge trafen und himmelwärts leiteten.

Im Christentum wurde Licht zu einem Symbol Gottes, das »im Dunkeln scheint« und in Christus wiedergeboren wurde, der ausrief: »Ich bin das Licht der Welt.« Die hoch aufstrebenden Gebäudemassen und Räume gotischer Kathedralen waren ein wundersamer Anblick in den mittelalterlichen Städten. Doch beim Betreten einer Kathedrale, deren farbige Verglasung noch erhalten ist – etwa Chartres oder León (unten) –, wird die physische Realität von einem mystischen Zwielicht in der Luft in den Hintergrund gedrängt: von getönten Schatten, die alles erfüllen und ein ergreifender Anblick in den steinernen Hallen sind. Wand und Gewölbe umhüllt ein Halbdunkel, welches das ätherische farbige Licht verstärkt, das von riesigen, diamantartigen Fenstern herrührt und

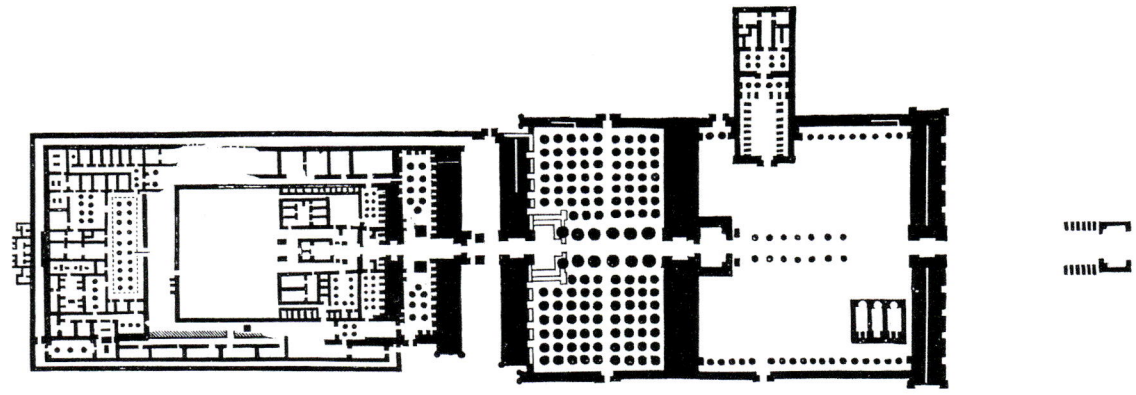

Tempel von Amon-Ra, Ägypten

Kathedrale von León, Spanien

DIE ANDERE ARCHITEKTUR 7

Cappella della Sacra Sindone, Guarino Guarini

den Raum mit einem spürbaren Dunst erfüllt, der kommt und geht. Der steinerne Korpus dieser himmlischen Stadt war ein Mittel zum Zweck und transportierte (obwohl er viele Überzeugungen der Kirche verkörperte) nicht den grundlegenden Geist des Gebäudes – analog dem Unterschied zwischen Körper und Geist, der im Angesicht des Todes bestürzend offenbar wird.

Der Bruch der Renaissance mit dem geistlich aufgeladenen Raum führte zu einem ruhigen und gleichförmigen Umgang mit Licht, verkörpert durch die graue Weichheit von Brunelleschis San Lorenzo in Florenz (1429). Sogar dort, wo die Räume unterschiedlich beleuchtet werden, sind die Gradationen subtil, und es war eher das Ziel, zu artikulieren als zu bezaubern. Das Licht des Quattrocento sollte die Klarheit des Sehens steigern, und zwar durch das Modellieren von Form (zum Ermöglichen einfachen und totalen Verständnisses) sowie durch das Ausleuchten von Raum als konkretes Volumen ohne jede Mystik. Licht wurde zu einem diskreten, neutralen und von der Luft nicht zu unterscheidenden Medium, dessen Anonymität zur Betonung der objektiven Aspekte der Architektur benötigt wurde: Präzision, Vollkommenheit, Proportion, Ordnung, Geometrie.

Im Barock brachte der gegen-reformatorische Drang, die mystische Sichtweise wiederzubeleben und religiöse Gefühle zu wecken, eine theatralische Beleuchtung hervor, in der metaphysische Ideen sinnliche Realität wurden. Vergleichbar mit den unvermittelten Hell-dunkel-Kontrasten und den blendenden, gewaltsam Form und Raum aufbrechenden Blitzen in Caravaggios Bildern, setzte die italienische Kirchenarchitektur des 17. Jahrhunderts Licht aus verborgenen Quellen ein, um weltliche und visionäre Elemente zu verschmelzen – und letztlich, um religiöse Anschauungen zu visualisieren. Hoch über Berninis Sant'Andrea al Quirinale und Borrominis San Carlo alle Quattro Fontane (beide in Rom) sowie besonders über den Turiner Kirchen von Guarini (links) erheben sich nach oben hin abnehmende Lichtspektakel, die eine Zukunft himmlischer Glückseligkeit versprechen. Ruhige und gleichmäßige Ausleuchtung weicht hier einer turbulenten, von einer atmosphärischen Perspektive angetriebenen Energie, in der Licht zur Auflösung der festen Materie und zum Aufbrechen des Raumes mittels illusionärer Tiefe eingesetzt wird. Diese Tendenzen werden durch die wahre Lichtflut, die zum Hinterleuchten und Auflösen der Gebäudehüllen im 18. Jahrhunderts eingesetzt wurde, nur verstärkt. Ihren Höhepunkt erreichte diese Tendenz im deutschen Barock Balthasar Neumanns: in seiner Abteikirche in Neresheim oder in der Basilika Vierzehnheiligen. In der Hofarchitektur Frankreichs und Deutschlands dienten verwandte Phänomene dazu, das Auge zu blenden und die unbeschränkte Macht des Staates zu proklamieren. Riesige Fenster und vergoldeter Stuck lösen zum Beispiel im Versailles Louis' XIV. oder im Amalienburg-Pavillon von François de Cuvilliés (unten) Form und

Amalienburg-Pavillon, François de Cuvilliés

8 DIE ANDERE ARCHITEKTUR

Yoshijima-Haus, Japan

Raum auf und umgeben einen priviligierten Ort mit rastlosen, funkelnden Bildern, die endlos nach außen strahlen.

In östlichen Baukulturen entwickelte sich ein gänzlich anderer Umgang mit Licht. Es wurde von den buddhistischen oder hinduistischen Tempeln absichtlich ferngehalten, um die Beschwörung eines »Berges Gottes« zu stärken und um den frommen Pilger in einen symbolischen Tod zu stürzen. Schwermütige Dunkelheit ermöglichte spirituelle Wiedergeburt, deren Verlauf mit der Umkreisung von Höhlen begann und in einem langsam erscheinenden Leuchten im Zentrum endete. Im Kontrast dazu wurde die Beleuchtung einer ottomanischen Moschee daraufhin angelegt, eine Atmosphäre der Ruhe zu erzeugen, in der Emotionen gezügelt und Spannungen gelöst werden. Glatte, glasierte Kacheln bekleiden Wände und aufstrebende Kuppeln, reflektieren Licht in einem gleichbleibenden Winkel, bringen die Oberflächen still zum schimmern und befreien das Gebäude von seinem Gewicht – ein Eindruck des Schwebens, der durch das Ablösen der Kuppel mittels umlaufender Fensterbänder noch gesteigert wird.

In der traditionellen Architektur tauchen bescheidenere, aber raffiniertere Ideen zur Manipulation von Licht auf, die für gewöhnlich klimatischen Bedingungen entspringen und eher praktischen als religiösen Zielen dienen. So entstand etwa das höhlenartige Dach über den durchlässigen Wänden eines traditionellen japanischen Hauses als ein Schutzschirm gegen Sonne und Regen, als horizontaler Filter, der Licht verteilt ohne die Luftzirkulation zu behindern. Jenseits des praktischen Nutzens wurden diese Lichtsteuerungselemente auch jahrhundertelang weiterentwickelt, um etwas zu erschaffen, das das menschliche Herz anspricht – eine einzigartige Mischung aus Stille und Mysterium, die bis heute in der japanischen Psyche mitschwingt. Was an diesen einfachen Holzhäusern besticht, ist die Atmosphäre zarten Lichts, das in Schatten ausläuft – nur schwach illuminiert durch das traumartige Leuchten von weißen Papier-*shoji* und flimmerndem Gold, das im Dunkeln erwacht (links).

Im Zuge der Industrialisierung und der damit verbundenen Massenproduktion von Stahl und Glas wandelte sich der Einsatz von natürlichem Licht in Gebäuden radikal. Der technische Fortschritt wurde durch den steigenden Bedarf an den gesundheitlichen Vorteilen des natürlichen Lichts in Gebäuden befördert, in denen Menschen zunehmend fern von Sonnenlicht wohnten und arbeiteten. Die neu erlangte Kontrolle über das Licht wurde ebenso bei Häusern, Büros, Schulen, Bibliotheken, Fabriken oder Museen eingesetzt wie bei Kirchen oder Regierungssitzen. Diese Revolution war allerdings nicht nur von quantitativer Natur, da das Aufkommen von neuen demokratischen Systemen und deren Bemühungen um menschliche Individualität den Architekten eine nie dagewesene künstlerische Freiheit bei der Umsetzung ihrer Ideen bescherte. Diese waren nicht mehr nur von Dogmen und Propaganda bestimmt, sondern konnten den Menschen nun eine Reihe *nicht festgelegter* Erlebnisse bieten. In vielerlei Hinsicht ist die zunehmende Faszination des letzten Jahrhunderts für natürliches Licht in der Architektur dieser neuen Weltsicht geschuldet: weg vom statischen und unveränderlichen Absoluten hin zu einer freiheitlicheren Realität, in der Veränderung als die einzige Konstante gilt – eine Realität, die am besten durch ein Medium transportiert wird, dessen Wesen die Veränderung ist.

Diese Verschiebungen wurden von einer radikalen Veränderung unseres Verständnisses bezüglich der Eigenschaften und Bedeutung des *Lichtes selbst* begleitet, die in der Wissenschaft und Kunst des frühen 20. Jahrhunderts vonstatten ging. Unter denen, die ein fundamentales Umdenken auslösten, war Albert Einstein. 1905 beschrieb er Licht als die Existenz winziger, individueller Energiepakete namens »Photonen« und erklärte: »Den Rest meines Lebens werde ich darüber nachsinnen, was Licht ist.« Die Lichtstruktur wurde davor von Isaac Newton als korpuskular beziehungsweise gemäß den Entdeckungen des Physikers James Clerk Maxwell als elektromagnetische Wellen verstanden. Aber mit der von Einstein weiterentwickelten Quantentheorie Max Plancks von 1900 wurde eine »neue Art Licht« geboren – ein »modernes« Licht. Unter Licht wurde nun sowohl eine Welle als auch ein Photon mit einer Mischung aus wellen- und teilchenartigen Eigenschaften verstanden. Diese frühen Entdeckungen haben, gefolgt von den jüngeren Spekulationen der Stringtheorie zu schwingenden Energiesträngen, nicht nur eine verwirrende Dualität in Bezug auf das Wesens des Lichts geschaffen, sie haben auch eine neue Physik hervorgebracht, nach der sich die Materie selbst mit wogenden elektrischen und magnetischen Kräften bewegt.

Die These, dass Licht ein reales Dasein im freien Raum – und sogar in physischen Dingen – besitzt, dass seine dynamische Intensität einem komplexen Zusammenwirken von Licht und Materie entstammt, wurde zeitgleich in der bildenden Kunst erforscht. Bereits im Nebel und Rauch eines impressionistischen Gemäldes von Monet oder im Pointilismus von Seurat findet sich ein molekulares, durch den Raum gleitendes Licht, das Objekte umhüllt und selbst zum Mittelpunkt des Bildes wird. In Bildern Van Goghs illuminiert das Licht selten Dinge, sondern erscheint als eine stoffliche Energie, die in der Luft pulsiert und Objekte durchdringt, es fließt in Wellen, die von einer schwefelgelben Sonne ausstrahlen beziehungsweise von einem Stern oder einer Lampe herabregnen. Die zunehmende Auflösung fester Formen in der abstrakten Malerei ließ Stimmung, Fluss, Farbe und Schatten des Lichtes zum vorherrschenden Subjekt werden. Maler wie André Derain und Gino Severini erweiterten, gefolgt von Jackson Pollock und Richard Pousette-Dart, den Begriff von Licht als vibrierende Partikel und Oszillationen mittels ihrer Verwendung leuchtender Pigmente und dicker, texturierter *Impasto*-Technik. Ihr körniges und farbiges Licht ist niemals statisch und zeugt von dem Wissen, dass Licht sich von allem anderen auf dieser Welt unterscheidet – scheinbar nie zur Ruhe kommend, immer in Bewegung. Sogar in den figürlichen Bildern Edward Hoppers findet sich ein Licht, das unabhängig ist von den Objekten, mit denen es sich verbindet. Ob es eine Sonnenwoge ist, die über das Land streicht, oder ein Sonnenstrahl, der in einen dunklen Raum eindringt – Hopper komponierte das Licht um seine Figuren herum als eine flüchtige Kraft, mit der sie kommunizieren, und er scheint zu sagen, dass diese einfachen Begegnungen möglicherweise die existenzielle Einsamkeit des modernen Menschen lindern können.

Dieses neue Verständnis von Licht in Kunst und Wissenschaft hatte Einfluss auf die Architektur des 20. Jahrhunderts. Pioniere wie Frank Lloyd Wright, Le Corbusier, Alvar Aalto und Louis Kahn waren zunehmend fasziniert von den *immateriellen* Aspekten von Gebäuden sowie von der Art und Weise, wie feste Volumina die Aufmerksamkeit auf die fließende Energie richten konnten, die sie einfingen und widerspiegelten. »Mehr und mehr«, sagte Wright, »wird das Licht zum Verschönerer des Gebäudes.« Er nutzte natürliches Licht als »den großen Leuchtkörper allen Lebens«, indem er es zum »Teil des Gebäudes selbst« machte. Le Corbusier war direkter, wenn er sagte: »Licht ist der Schlüssel zu Wohlbefinden«; oder: »Ich komponiere mit Licht«. Aalto stellte viele Analogien zwischen Licht und Akustik her und benutzte – wie die Physiker – divergierende Linien, um zu untersuchen, wie Lichtstrahlen gebrochen und in Gebäude geleitet werden können. Am poetischsten war Kahn, der das Licht als metaphysische Präsenz beschrieb, als »den Quell allen Lebens«, wenn er konstatierte: »Wir wurden aus Licht geboren. Die Jahreszeiten werden durch Licht

Postsparkassenamt, Otto Wagner

Kirche in Ronchamp, Le Corbusier

wahrgenommen. Wir kennen die Welt nur in der Form, wie sie durch Licht zum Leben erweckt wird, und daher rührt der Gedanke, dass alle Stoffe lichtgemacht sind. Für mich ist Tageslicht das einzige Licht, weil es über Stimmungen verfügt. Es bietet eine Grundlage, auf die sich alle Menschen einigen können: Es verbindet uns mit dem Ewigen. Tageslicht ist das einzige Licht, das Architektur zu Architektur macht.« Diese Architekten hatten angefangen sich zu fragen, ob Licht für sich allein *existiert*, für sich allein sichtbar ist – und nicht nur ein Vehikel, um andere Dinge sichtbar zu machen.

Im Verlauf des letzten Jahrhunderts hat die intensive Untersuchung dieser »neuen Art Licht« durch unsere herausragendsten Architekten ein neues Kapitel in der wechselvollen Geschichte der Baukunst aufgeschlagen. Anstatt Form und Geste zu verherrlichen, sind diese Gebäude zu allererst Wirkungsstätten immaterieller Energien, deren fließendes Geschehen mit dem Himmel verbunden ist. Sie repräsentieren aber auch eine noch heute gültige Sichtweise. Diese metaphysischen Werke bestechen durch die Erhebung des Lichts zum wichtigsten Faktor architektonischen Ausdrucks, wobei sie die physischen Anforderungen nicht ignorieren, sondern sogar hervorragend befriedigen. Zu den bedeutendsten Beispielen zählen: Antoni Gaudís Casa Batlló (1907), Otto Wagners Postsparkassenamt (1906; linke Seite), Pierre Chareaus Maison de Verre (1931), Gunnar Asplunds Anbau an das Rathaus in Göteborg (1937), Frank Lloyd Wrights Johnson Wax Headquarters (1939; S. 83), Le Corbusiers Kirche in Ronchamp (1955; linke Seite), Alvar Aaltos Kirche in Vuoksenniska (1959; S. 19), Luis Barragáns Kapelle für die Kapuziner-Sakramentsschwestern (1960), Louis Kahns Kimbell Art Museum (1972; unten), Jørn Utzons Kirche in Bagsværd (1976), das Cary House von Joseph Esherick (1960; unten) sowie Aldo van Eycks Kirche in Den Haag (1970; rechts). Bei allen wurde das Licht manipuliert, um ihm eine einzigartige und spürbare Form zu verleihen und, wichtiger noch, um die objektive Realität durch eine fließende Realität zu ersetzen, welche die Menschen zum kreativen Umgang mit ihr ermutigt.

Verschiedene Entwicklungen in verwandten Disziplinen haben dazu beigetragen, den sich erweiternden Diskurs über Licht zu formen. Die räumliche Freiheit, die dem Licht in der zeitgenössischen Architektur zukam, wurde in der Arbeit von

Katholische Kirche, Aldo van Eyck

Künstlern vorweggenommen, die »Umgebungslicht« zu ihrem Hauptmedium machten. Die Werke des Bauhaus-Künstlers László Moholy-Nagy und seines jüngeren Kollegen György Kepes sind voller Erfindungen und Voraussagungen zu einem Licht frei von jeder räumlichen Begrenzung – man denke an Moholy-Nagys »Lichtfresken« oder Kepes' »schwimmende, spiegelnde Bojen«. Das wahre Konstrukt von Moholy-Nagys gefeiertem *Licht-Raum-Modulator* aus den 1920ern waren weder der Mechanismus, noch der Raum in dem er stand: Es waren die ephemerischen Licht- und Schattenspiele, die an die Wände projiziert wurden,

Kimbell Art Museum, Louis Kahn

Cary House, Joseph Esherick

DIE ANDERE ARCHITEKTUR 11

sich nach einer bestimmten Choreografie drehten und nur existierten, wenn die Maschine angeschaltet war. Das Ziel, dem Licht in Werken ohne feste, konkrete Gegenstände eine führende Rolle zukommen zu lassen, wurde in den 1960ern von kalifornischen Künstlern wie Robert Irwin, James Turrell, Maria Nordman und Larry Bell aufgenommen. Sie suchten nach einer Klarheit, die den kinetischen Spektakeln ihrer Vorgänger fehlte. Einige Jahrzehnte lang produzierten sie im Prinzip keine Objekte, sondern bauten ihr Werk einzig auf vergänglichen Konstrukten aus Sonne und Schatten, Zeit und Mutation, Atmosphäre und Baumwollstoff auf. Ihr Ziel war es, nicht klar umrissene Phänomene im freien Raum zu erschaffen, auf die der Betrachter seine eigenen Vorstellungen übertragen kann. Ätherische Formen projizierten Lichts, amorphe Schatten und verschwommene Bilder waren von jeder Gegenständlichkeit befreit und kamen der flüchtigen Farbenflut der Dämmerung, dem Schimmern von Licht auf dem Wasser oder dem Silberschein des Mondlichts näher als der Malerei oder Bildhauerei. Turrell war hierbei besonders versiert und befreite sein Werk von Materialität, um die »Dinglichkeit des Lichts« zu betonen, deren alleiniger Wert durch direkte Wahrnehmung entsteht (rechts). »Licht offenbart weniger, als dass es die Offenbarung selbst ist«, betont er.

Der architektonischen wie der künstlerischen Sicht auf bestimmte Phänomene wurde durch den niederländischen Fotobiologen Marcel Minnaert eine empirische Grundlage gegeben. Indem er Wahrnehmung und Lichtphysik 1954 in seinem bahnbrechenden Buch *Licht und Farbe in der Natur* verband, schuf er die Grundlage für das Verständnis der konkreten Entstehung mannigfaltiger Phänomene.[1] Im Gegensatz zu Goethes subjektiv geschriebener *Farbenlehre* (1810), deren Hypothesen auf der persönlichen Beobachtung ungeachtet der Physik beruhen, verbindet Minnaert sorgfältige Beobachtung von Lichteffekten mit physikalischen Analysen zur Entstehung dieser Effekte. Sein Werk lenkt nicht nur die Aufmerksamkeit auf die Schönheit und das Geheimnisvolle des Lichts im täglichen Leben, sondern behandelt diese Phänomene als greifbare Qualitäten, die bewusst wahrgenommen und beschrieben werden sowie zu einem gewissen Grad kausal dahingehend verstanden werden können, wie Licht sich verändert, wenn es mit materiellen Dingen in Berührung kommt.

Quaker Meeting House, James Turrell

Minnaerts Beobachtungen werden ergänzt durch den Einfluss der Phänomenologie und ihrem Bestehen auf einem *phänomenologischen Denken und Sehen* – ein grundsätzlich anderer Ansatz als der analytische, objektive Blickwinkel der Wissenschaft. Als ein Zweig der existenzialistischen Philosophie, deren Motive ontologisch sind, baut die Phänomenologie – Mitte des 20. Jahrhunderts von Edmund Husserl und seinen Anhängern entwickelt – im Gegenteil zu intellektuellen Abstraktionen und Konstrukten auf einer »Rückbesinnung auf die Dinge« auf.[2] Obwohl sich die Phänomenologie nicht direkt auf die Architektur bezieht, bietet sie – als *Beschreibung* eines *Angefülltseins* mit *Verwunderung* – eine Methode zur Untersuchung von Phänomenen durch intensives Sehen und Erspüren. Indem man die Urteilskraft aussetzt und sich den Dingen auf ursprüngliche Weise nähert, kann man die am wenigsten greifbaren und subtilsten Aspekte von Gebäuden erkennen – auch Aspekte des Lichts, die wir oft nicht bewusst wahrnehmen.

Die weitreichende Bedeutung der Phänomenologie für die Architektur und für das Verständnis der Rolle von Licht an Orten, die uns sehr wichtig sind, hat in den Werken des französischen Philosophen Gaston Bachelard eine poetische Dimension angenommen. In seinem nach wie vor erstaunlichen Buch *Poetik des Raumes* (1958) und später in *Die Flamme einer Kerze* (1961) führt Bachelard das Konzept des »ursprünglichen Bildes« ein und sieht die Quelle seiner Vorstellungskraft in einfachen, archetypischen Orten – von »Nestern« und »Winkeln« bis zu »Kellern« und »Dachböden« – sowie in metaphysischen Orten wie der »Lampe, die im Fenster leuchtet«, »Träumen des kleinen Lichts« und Orten, die Teil am »kosmischen Drama« haben.[3] Laut Bachelard rührt der faszinierende Reiz von Bildern, in denen Licht gegen das Dunkel ankämpft, von ursprünglichen Erinnerungen her, die nur durch poetische Fantasie und Tagträumerei zugänglich sind – Sublimierungen jenseits rationalen Denkens.

Im Verlauf des letzten halben Jahrhunderts findet die Fähigkeit der Phänomenologie, unser Verständnis von Architektur zu ändern, direkter bei Theoretikern der umweltbezogenen Disziplinen Erwähnung. Einer der ersten Verfechter der These, dass das Wesen der Architekur sinnlicher Natur ist, war der dänische Architekt Steen Eiler Rasmussen, dessen treffend betiteltes Buch *Experiencing Architecture* (1959) Spekulationen darüber beinhaltet, wie etwas so Kapriziöses wie natürliches Licht künstlerisch gebändigt werden kann.[4] Er schließt damit, dass dies möglich sei, weil die Anpassungsfähigkeit des menschlichen Auges Abweichungen der Quantität des Lichts unbedeutend mache und eher die *Qualität* des Lichtes an erster Stelle stehe. Der Wert von Licht wird durch gleichförmige Beleuchtung gemindert, da es zu etwas Totem ohne Schatten verkommt, und wird durch direkte Beleuchtung mit Texturen und skulpturalen Qualitäten aufgewertet. In Bezug auf die phänomenologische Wahrnehmung gehen die Schriften des norwegischen Architekten Christian Norberg-Schulz noch einen Schritt weiter. In Bezugnahme auf Konzepte von Bachelard, Martin Heidegger und Maurice Merleau-Ponty versucht Norberg-Schulz unsere Aufmerksamkeit wieder auf die poetischen und qualitativen Aspekte der Architektur zu lenken.[5] Seines Erachtens ist die Aufgabe der Baukunst, einen »Genius Loci« zu schaffen, der nicht nur aus konkreten, materiellen Dingen besteht, sondern auch aus nicht Greifbarem – vornehmlich Licht und Atmosphäre –, das Gebäude und Landschaften beseelen kann.[6] Die Arbeiten des Autors des vorliegenden Buches zu ähnlichen Themen sind diesen Versuchen, Licht mit dem Erleben und der Kunst des Ortes zu verbinden und unsere Wertschätzung von Licht als Menschen zu vertiefen, nicht unähnlich.[7]

In den letzten Jahrzehnten haben verschiedene Architekten – in der Tradition von Wright, Le Corbusier und Kahn – die dualistische Untersuchung des Lichtes durch sich ergänzendes Schreiben und Bauen wiederbelebt. Der Finne Juhani Pallasmaa erweitert kontinuierlich die phänomenlogische Basis der Architektur, wobei er die gelegentlichen Vorurteile von Norberg-Schulz gegenüber architektonischer Nostalgie vermeidet. In seinem Buch *The Eyes of the Skin* (1996) und Gebäuden wie dem Kunstmuseum in Rovaniemi (1986; unten) erinnert uns Pallasmaa daran, dass dem Licht eine entscheidende Rolle dabei zukommt, uns unser Daseins auf der Welt voll bewusst zu machen. Er regt eine Auseinandersetzung mit dem Licht auf einer unmittelbaren, instinktiven und vor-kognitiven Ebene an.[8] Eine vergleichbare Sichtweise manifestiert sich in der Arbeit des Amerikaners Steven Holl (unten rechts), dessen Konstrukte den zentralen Gedanken verkörpern, dass der »wahrnehmende Geist und die metaphysische Stärke der Architektur angetrieben werden durch die Qualität von Licht und Schatten, die geprägt wird von Körper und Raum, Opazität, Transparenz und Transluzenz. Tageslicht – mit seinen vielfachen ätherischen Veränderungen – bestimmt grundlegend die Intensität der Architektur.«[9] Der Schweizer Peter Zumthor weist Lichtempfindungen ebenfalls große Bedeutung zu. In *Architektur Denken* (1998) und *Atmosphären* (2006) beschreibt er den Einfluss, den Kindheitserinnerungen an den »milden Glanz des gewachsten Eichenholzes im Treppenhaus« bei seiner Tante auf ihn hatten, und konstatiert allgemeiner, »daß

Kunstmuseum in Rovaniemi, Juhani Pallasmaa

Bellevue Art Museum, Steven Holl

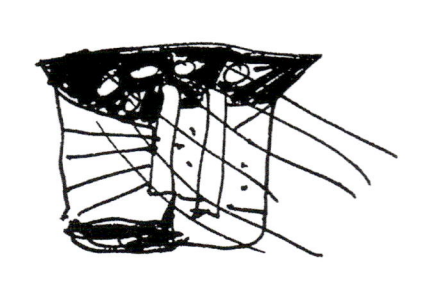

Hauptsitz der Caja Granada Savings Bank, Alberto Campo Baeza
Im Uhrzeigersinn von oben links: Modell; fertiggestelltes Gebäude; Schnittstudie; Entwurfsskizze

14 **DIE ANDERE ARCHITEKTUR**

das Tageslicht, das Licht auf den Dingen mich manchmal so berührt, daß ich darin manchmal fast etwas Spirituelles zu spüren glaube. Wenn die Sonne am Morgen wieder aufgeht – was ich immer wieder bewundere, das ist wirklich fantastisch, die kommt jeden Morgen wieder – und sie beleuchtet die Dinge wieder, dann meine ich, dieses Licht, das kommt nicht von dieser Welt! Ich verstehe dieses Licht nicht. Ich habe da das Gefühl es gibt etwas Größeres, das ich nicht verstehe. Ich bin sehr froh, ich bin unendlich dankbar, daß es das gibt.«[10] Der Spanier Alberto Campo Baeza fragt: »Ist Licht letztlich nicht das Wesen der Architektur? Ist die Geschichte der Architektur nicht die Suche nach dem Begreifen des Lichts – und der Herrschaft über das Licht?« Campo Baeza setzt Licht in seinen reinweißen Häusern und Gebäuden wie der Caja Grenada Savings Bank (2001; linke Seite) nicht ein um zu verschönern, sondern um »die Menschen den Rhythmus der Natur spüren zu lassen, Räume durch Licht in Harmonie bringend, durch den Verlauf der Sonne entschärfend.«[11]

All diese Tendenzen zeigen, dass sich in der architektonischen Balance von absoluter Form und ephemerem Licht ein stiller Wandel vollzieht – und ebenso in der Rolle des Architekten: auf der einen Seite als Gestalter vordefinierter, zunehmend exhibitionistischer Formen und auf der anderen Seite als Katalysator undefinierter Wahrnehmungsmöglichkeiten. Dabei entdecken wir die verborgene Anziehungskraft der immateriellen Aspekte von Gebäuden und jener »anderen« Ebene, auf der sich die Architektur seit ihren Ursprüngen entwickelt. Die vertrauteste dieser Ebenen – von umittelbarem Nutzen und leicht zu kontrollieren – ist die Welt der Formen. Es ist das Reich von Masse und Material, Körper und Leere, Dekoration und Oberfläche: permanente, stabile Eigenschaften von Gebäuden, die man anfassen, messen und untersuchen sowie als physische Behausung gestalten kann. Aber ebenso wichtig, wenn auch weniger klar und oft unausgesprochen, da sie sich weitgehend der Macht der Sprache entzieht, ist die Welt des Lichts, die unabhängig von den Objekten existiert, die sie umhüllt. Dies ist das Reich der Atmosphäre, des Schattens und der Reflexion, der Tonalität und des Temperaments – ätherische und flüchtige Eigenschaften von Gebäuden, die man wahrnehmend und empfindend begreifen und fühlen kann; oder wie der Dichter sagen würde: Man kann sie mit der Seele, nicht mit dem Körper berühren, noch kann man sie mit dem Verstand ordnen oder messen. Schon der Begriff »Licht« beinhaltet, dass Architektur über die physische Ebene *hinausgehen* und eine metaphysische Existenz annehmen wird, die nur durch die Dematerialisierung der Form ermöglicht wird.

Jene Architekten, die zurzeit die Entwicklung einer *Architektur der Phänomene* vorantreiben, verstehen unter natürlichem Licht mehr als ein Gebrauchsgut, und materielle Form ist zu einem Werkzeug geworden, um etwas Wichtigeres zu gestalten als Form an sich. So wie der wahre Wert einer Geige oder eines Klaviers für einen Musiker in ihrem bestechenden Klang liegt, so dient den heutigen virtuosen Lichtarchitekten das Gebäude als Instrument zur Gestaltung wunderbarer Phänomene aus den Strahlen des Himmels. Diese Architekten beziehen Licht als primäre Kraft in ihre ersten Entwürfe mit ein und reduzieren dabei die Gebäudevolumen häufig auf das Wesentliche, damit das Licht zum Hauptgegenstand werden kann. Sie setzen maßstäbliche Modelle ein, um zu erforschen wie Lichtströme von Bauformen geleitet und modelliert werden können und experimentieren ebenso mit fließender Energie wie Musiker, die proben, um die akkustischen Schwingungen in der Luft zu verfeinern. Und diese Architekten sprechen und schreiben über diese unbeschreiblichen Qualitäten mit noch nie dagewesener Klarheit und Leidenschaft.

Architekten, die Licht einsetzen um Orte zu gestalten, deren Wahrnehmung flüchtig ist – und damit subjektiv und temporär –, teilen die Auffassung, dass Bauen dem Wesen nach experimentell ist und größtenteils davon abhängt, wie kunstvoll das Licht *im Moment des Gewahrwerdens* auftritt. Das erlaubt uns, bestimmte Aspekte des Seins konkret wahrzunehmen, die uns sonst verborgen blieben und uns vor ein Paradox stellten: Auf der einen Seite wäre ohne Licht nichts sichtbar, andererseits zeigt Licht dem geistigen Auge aber auch Dinge, die dem physischen Auge entgehen würden. Indem man Menschen hilft, ihr Verhältnis zu sich selbst und ihrer Umwelt neu zu definieren, wird eine Welt voller Phänomene geschaffen, deren Betonung eher auf dem *Sein* als auf dem *Sehen* liegt und denen jeder Betrachter seine eigenen Erfahrungen zuordnen kann – eine zutiefst menschliche Welt, gerade weil sie nur durch die Vorstellungskraft des Menschen entsteht.

VERGÄNGLICHKEIT

SYMPHONIE DES LICHTS ALS AUSDRUCK ZEITLICHEN WANDELS

1 VERGÄNGLICHKEIT
Symphonie des Lichts als Ausdruck zeitlichen Wandels

Obwohl Gebäude physisch gesehen statisch sind, erlaubt ihnen die Fähigkeit, Änderungen und Bewegungen des Tageslichts festzuhalten, Zeichen des Lebens darzustellen: tote Bauvolumen erwachen zu neuem Leben, wenn Lichtstrahlen in Räume dringen und über Wände gleiten; dumpfe Objekte spiegeln die Stimmungen des Wetters oder der Tageszeit; Schatten werden greifbar und verändern ihre Intensität und Umrisse je nachdem, wie sie auf die Wände geworfen werden oder wo sie sich im Raum niederschlagen. Räume erhellen oder verdunkeln sich in Abhängigkeit vom Sonnenlicht und scheinen – je nachdem, was sich am Himmel bewegt – einzuschlafen oder aufzuwachen. Es sind diese stillen Einflüsse, die es der Architektur gestatten, sich über ihre physischen Grenzen zu erheben und die lebensbestimmenden Rhythmen widerzuspiegeln.

Gebäude, die den Fluss der Himmelsenergie zelebrieren, bringen einige der grundlegendsten Aspekte konventioneller Architektur aus der Balance. Indem sich die Architektur zu einem Zustand der Vergänglichkeit hin entwickelt, liegt die Betonung nicht mehr auf Form und Objekt, Rationalität oder Messbarkeit. Ebenso bestechend ist die Art und Weise, wie fließendes Licht einen größeren Raumkosmos schafft und so den Himmel Innenräumen einbeschreibt. Irdischen Gebäuden wird eine himmlische Domäne zugewiesen und es wird ihnen ermöglicht, um Bachelard zu zitieren, »das All zu bewohnen. Oder, anders gesagt, das All nimmt Wohnung in seinem Haus«[12].

Die Grundlagen hierfür wurden vor Urzeiten von Baumeistern gelegt, die ihre Formen mit der Macht des Kosmos verbanden. Die Gestirne wurden als Gottheiten betrachtet, deren Energiestrahlung den Rhythmus allen Lebens bestimmt und deren Metamorphosen als eine heilige Erscheinung und Kraft der Wiederauferstehung betrachtet wurden. Der morgendliche Sonnenstrahl über dem Fersenstein in Stonehenge (unten), im Schacht eines ägyptischen Tempels oder in der Apsis einer mittelalterlichen Kirche markierten die periodische Wiederkehr der Götter. Durch sorgsam gen Horizont gerichteter Öffnungen wurde Licht dazu gebracht, das zu tun was Mircea Eliade »Hierophanie« nennt, in der das Aufscheinen des Lichts ein numinose Ankunft darstellt.[13] Wiederkehrendes Licht stellte auch das Auftauchen einer spirituellen Energie aus dem Dunkel dar, deren zyklische Wiederkehr und endloser Neubeginn sichtbares Zeugnis einer kosmischen Ordnung waren.

Die Neuentdeckung ephemeren Lichtes durch die zeitgenössische Architektur seit den 1960ern und 1970ern fiel zusammen mit dem Aufkommen der neuen Wissenschaft der Archäoastronomie und deren Feststellung, dass der Zweck vieler altertümlicher Gebäude die Enthüllung und Verehrung der Geschicke des Universums sei. Man entdeckte in archaischen Denkmälern weltweit – vom irischen Newgrange bis nach Cahokia in Illinois – Phänomene der Sonnenwendausrichtung, und es erschienen einige einflussreiche Bücher, unter ihnen die Neuauflage (1964) von Norman Lockyers *The Dawn of Astronomy* und Gerald Hawkins' *Stonehenge Decoded* (1965).[14] Diese archäologischen Entdeckungen nährten die verblüffende Prämisse, dass es seit Urzeiten eines der wesentlichen Ziele der Architektur gewesen sei, den Himmel zu integrieren und durch den Blick zu den Gestirnen die menschliche Sehnsucht nach Orientierung zu befriedigen.

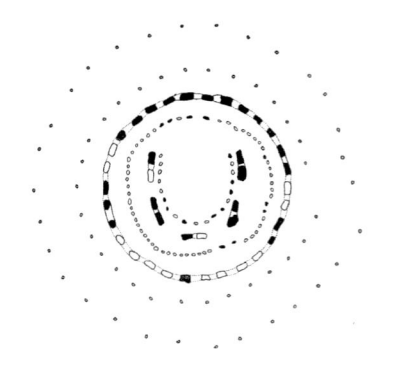

Stonehenge, England

Obwohl diese mythische Dimension immer noch präsent ist, weist die heutige Architektur eine größere Faszination für die belebenden Kräfte des Lichts auf. Anstatt nur bestimmte Richtungen und Zeitpunkte der Sonnenbahn zu berücksichtigen – von denen in der Vergangenheit angenommen wurde, dass sie wichtige Ereignisse kosmischer Energie markierten –, liegt das Hauptaugenmerk nun darauf, Gebäude für längere Zeit in Bewegung zu versetzen: mit Bildfolgen, die in emotionaler Intensität ab- und zunehmen. Fließende Energie und sichtbare Bewegung sind auch ein Mittel, um den weitreichenden Glauben zu verbreiten, dass Raum untrennbar von Zeit ist und die Realität eine vierte Dimension hat: eine zeitliche, in der Licht und Zeit ein und dasselbe sind.

Bei Kirchen des 20. Jahrhunderts, die mit dem »erlösendem« Licht arbeiten, ist das zeitliche Formenspiel noch ausgeprägter als in der Vergangenheit. Es zeichnet sich durch andauernde Progressionen voll plötzlicher Abweichungen und unerwarteter Gesten aus. Aaltos Kirche in Vuoksenniska (1959; rechts) und Le Corbusiers Kloster La Tourette (1960) werden etwa nicht durch herausragende Momente bestimmt, sondern durch andauernde Licht-und-Schatten-Sequenzen an verschiedenen Stellen und in immer wieder neuen Formen. Vergleichbar entfaltet sich das Anschwellen und Abebben des Lichts in der Studentenkapelle von Kaija und Heikki Sirén (1957) durch die mittägliche Filterung der Sonne durch Holzträger; und ähnlich zeigt sich dieses auch in den radialen Sonnenstrahlen in einem Kreis aus Betonrahmen in Reima Pietiläs Kaleva-Kirche (1966); oder aber in Paul Rudolphs Kapelle in Tuskegee (1969; unten) mit parallelen Strahlen, die an Mauerwänden auf- und absteigen.

Unter den zeitgenössischen Architekten ist Tadao Ando besonders versiert darin, Gebäude mittels des Sonnenverlaufs zu genau vorbestimmten Tageszeiten zu »sprengen«. Er gestaltete das Haus Koshino (1981; unten und Seite 21), das JUN Port Island Building (1985; unten), die Kapelle auf dem Berg Rokko (1986; S. 59) und den Wassertempel (1991; S. 24) so, dass sie das Licht als eine kunstvolle Entfaltung fließender Formen und sich verändernder Helligkeit empfangen, deren Bewegungen dramatisiert werden, indem sie über den nackten Beton streifen und diesen verändern. Diese Phänomene streben gemäß Ando nach einem »Gefühl der Vergänglichkeit«, nach einem »Vergehen der Zeit«, in dem zwei verschiedene Modi zeitlicher Existenz verbunden werden: »Das Festhalten des Momentes und das gleichzeitige Erwecken eines Eindrucks von der Ewigkeit.« Andos kinematische Arrangements entstammen der östlichen Denkweise, im Besonderen dem japanischen Gespür für die Schönheit der Vergänglichkeit – der Vorliebe für die Phasen des Mondlichtes, für die Stimmungen von Herbst und Frühling, Kirschblüten und Prunkwinden, die vergehende Dämmerung und entschwindenden Nebel. Der Philosoph Daisetz Suzuki verortet die Wurzeln dieser »auf den Moment fixierten Tendenzen« im Zen-Buddhismus. In Japan sei »Ver-

Kirche in Vuoksenniska, Alvar Aalto

Kapelle in Tuskegee, Paul Rudolph

Haus Koshino, Tadao Ando

JUN Port Island Building, Tadao Ando

änderung an sich oft Gegenstand der Bewunderung ist [...]. Denn sie bedeutet Bewegung, Fortschritt, ewige Jugendlichkeit und sie wird mit der Tugend der ›Nicht-Anhänglichkeit‹ assoziiert, die für den Buddhismus charakteristisch und ebenso ein Aspekt des japanischen Charakters ist.«[15]

Auch für Shoei Yoh ist vergängliches Licht von zentraler Bedeutung. In einer Reihe kleiner Häuser mit assoziativen Namen wie »Light-Lattice« (1981; S. 28), »Sundial« (1984; unten) und »Cross of Light« (1985) hat er das Fenster als Muster von Spalten neu erdacht und die Wohnung in eine »Sonnenuhr« verwandelt, »die das Vergehen der Zeit anzeigt«. Die satinierte Edelstahloberfläche des Light-Lattice House reagiert auf das Himmelsspektrum so sensibel wie die Edelstahlpaneele von Kahns Yale Center for British Art (1974). Diese sollen an einem bewölkten Tag wie eine »Motte« und an einem sonnigen wie ein »Schmetterling« erscheinen. Die Perlgrautöne von Yohs Stahlverkleidung verwandeln sich bei Dämmerung in satte Violetttöne mit gelben Umrissen dort, wo Glühbirnenlicht durchscheint und sich die gegensätzlichen Schattierungen durch diesen Kontrast gegenseitig verstärken.

Die Renaissance des vergänglichen Lichts in der westlichen Architektur ist durch ähnliche Entwicklungen in der bildenden Kunst befördert worden, besonders durch James Turrell, Maria Nordman und Susan Vogel. Vor allem Turrell hat die Wahrnehmung von Lichtgeschwindigkeit und Zeitspanne als Ausdrucksmittel ausgelotet, indem er die normale Zeit aussetzt und sie durch die von Sonne und Wetter geschaffene Zeit ersetzt (unten). Der einzige Zweck von Turrells *Skyspaces* – einschließlich seines Quaker Meeting House in Houston (2000; rechte Seite) – ist das Öffnen eines Fensters gen Himmel, durch das die Menschen »himmlische Ereignisse wirken lassen« können und durch das es ihnen möglich gemacht wird, zu erleben, »was es heißt, auf diesem Planeten zu sein«. Die Außenwelt ist dem Blick entzogen, der Raum auf den Himmel fokussiert, was eine intensive Betrachtung leichter Farbveränderungen an diesem befördert. Der Ablauf beschleunigt sich im Morgengrauen und bei Dämmerung und bringt dramatische Farbveränderungen mit sich: Bei Sonnenuntergang wird aus Hellblau ein tiefes Kobaltblau, das sich über ein tiefes Ultramarin und diverse Purpurtöne schließlich in ein samtenes Schwarz verwandelt.

Den Versuchen, vergängliches Licht festzuhalten, liegen bestimmte philosophische Konzepte zugrunde. An erster Stelle zu nennen sind hier die Begriffe »Dauer« und »reine Dauer«, *la durée réelle*, die von Henri Bergson entwickelt wurden, um zwischen messbarer Zeit und von Menschen erlebter Zeit zu unterscheiden. »Die Dauer, die unser Bewusstsein durchlebt«, schreibt Bergson, »ist eine Dauer mit einem eigenen bestimmten Rhythmus, eine Dauer die sich sehr von der des Physikers unterscheidet«, welche homogen und für jeden identisch bleibt.[16] Erstere ist subjektiv und qualitativ, Letztere objektiv und quantitativ. Erlebniszeit wird durch das menschliche Gedächtnis möglich, das »einen Kern von unmittelbarer Wahrnehmung mit einer Hülle von Erinnerungen umwebt« und »eine Mehrzal von Momenten in eins zusammenzieht.«[17]

Die amerikanische Philosophin Susanne Langer erweitert Bergsons Zeitbegriffe in ihrem Buch *Feeling and Form* (1953). Sie unterscheidet zwischen »Uhrzeit«, deren Ticken gezählt werden kann, und der völlig anderen Struktur der »Gelebten Zeit« oder »Erlebniszeit«, deren zugrundeliegendes Prinzip der »Verlauf« ist, der »reine Dauer« darstellt.[18] Erstere ist »eindimensional«, Letztere »räumlich« und voller »Spannungen«, deren »merkwürdiges Zustandekommen und [...] deren Zerbrechen, Abnehmen und Verschmelzen zu längeren und größeren Spannungen eine riesige Palette zeitlicher Formen hervorbringt«.[19] Wenn man in Langers Erklärung das Wort »Musik« durch »Licht« ersetzt, findet man eine erstaunliche Beschreibung zeitlicher Phänomene in neuerer Architektur: »Licht breitet Zeit zu unserem direkten und völligen Verständnis aus [...]. Es erzeugt ein Bild der Zeit, das gemessen wird anhand der Bewegung von Formen, die ihm scheinbar Substanz verleihen – eine Substanz jedoch, die völlig aus Licht besteht, und somit die Vergänglichkeit selbst ist.«[20] Eine weitere Eigenschaft der »Dauer« wird von Merleau-Ponty herausgestellt, der anmerkt, dass vergängliche Phänomene – wenn sie tief empfunden werden – eine »zeitliche Perspektive« und einen »doppelten Horizont« aufweisen.[21] Solche Phänomene dehnen die Zeit, weisen über das Jetzt hinaus, indem sie ihre Entwicklung andeuten. Sie sind aber auch ein Echo der unmittelbaren Vergangenheit, aus der heraus sie sich entwickelt haben. Dauer beinhaltet sowohl ein Gefühl des nahen Zukunft als auch der Erinnerung.

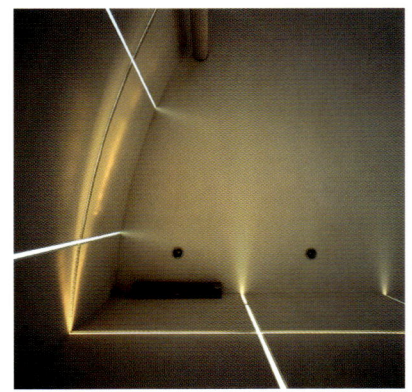

Sundial House, Shoei Yoh

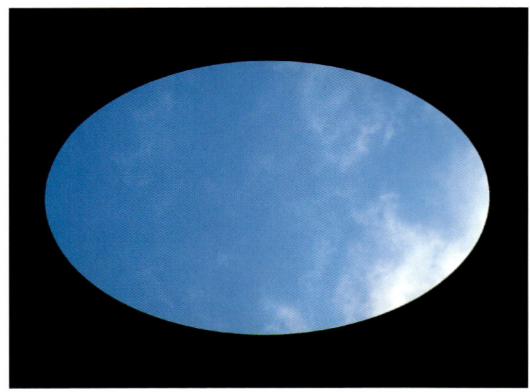

Light Reign, James Turrell

Gemeindezentrum in Kirkkonummi, Juha Leiviskä

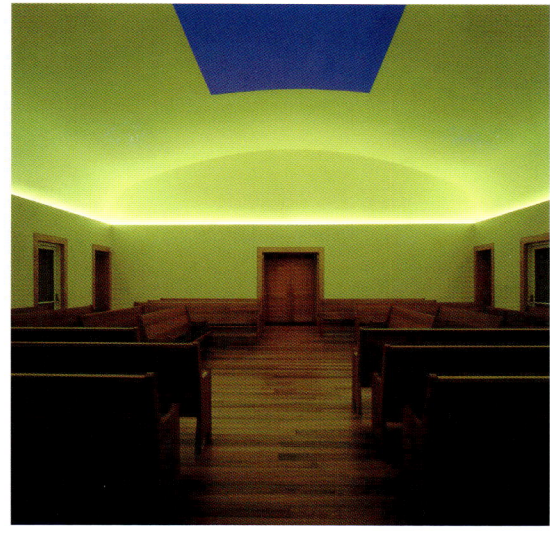

Lichtsequenz im Quaker Meeting House, James Turrell (Nachmittag; Dämmerung; Nacht)

Viele dieser Ideen fanden ihren frühesten und schönsten Ausdruck in der skandinavischen Architektur, speziell der finnischen, wo die Baukunst sich um die bezaubernden Extreme und Rhythmen des einzigartigen Nordlichtes herum entwickelte. Von den taglosen Wintern zu nachtlosen Sommern erlebt der arktische Himmel erstaunliche Kontraste von großer Intensität. Raum und Zeit erscheinen endlos – gefangen in einem ständigen Kreislauf mit Anzeichen des Verfalls und der Erneuerung. Die Stimmung hat etwas Traumartiges, sie verführt zum Nachdenken über das, was war, und das, was kommen mag. Seit Erik Bryggman und Alvar Aalto versuchen finnische Architekten, den ruhelosen Himmel ins Gebäude zu holen. Aalto entwickelte zahlreiche bahnbrechende Techniken, die dazu führen, dass sich seine Gebäude mit dem Licht verändern – von den aufgefächerten Flügeln des Sanatoriums in Paimio (1933), das das Sonnenlicht als Therapeutikum einfängt, bis zum Mauerwerk des Rathauses von Säynätsalo (1952), das, leicht geneigt, die Sonne auf ihrer Bahn einfängt.

Die »Dauer« im finnischen Sinne erreicht ihren Höhepunkt in den Kirchen von Juha Leiviskä (linke Seite). Hier zeigt sich ein Umgang mit beweglichen Phänomenen, der so überzeugend wie im Kino ist. Auf seinen Umgang mit Licht passt Andrey Tarkowskis Beschreibung der Regiearbeit: »Bildhauerei aus Zeit«.[22] Leiviskäs langsamste Effekte entstammen den Umgebungsfarben des Himmels, die auf karge, weiße Wände fallen. Diese Töne sind so subtil, dass man sie übersehen kann, und verändern sich so langsam, dass man sie nur im Verlauf eines Tages begreift. Dynamischer ist jeweils das Auftreten der Vormittagssonne, deren verblüffendes Eindringen in Kirchen wie Myyrmäki (1984; S. 30) oder Männistö (1992; S. 34) eng an religiösen Rituale gebunden ist: »In meinen Kirchen«, so Leiviskä, »soll die Sonne am Ende der Morgenmesse eintreten.«[23]

Das Anheben und Abfallen der Lichtenergie in Kirchen von Leiviskä, der auch Pianist ist, hat große Ähnlichkeit mit dem Anschwellen und Abebben von Spannungen in der Musik. Er vergleicht sein Licht mit »Flüstergeräuschen«, »polyphoner Musik« und der »Fuge«. Bedächtige Beleuchtungsstrahlen und -kaskaden sind so fein eingestellt, als wäre das Gebäude ein Musikinstrument. Die Größe der Lücken zwischen Wänden wird justiert und Wände werden so verlängert, dass sie die Sonne zu bestimmten Tageszeiten blockieren. Damit erhält jede

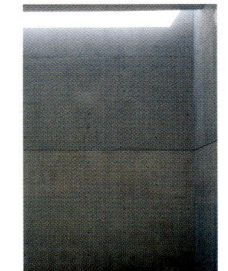

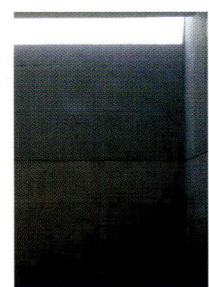

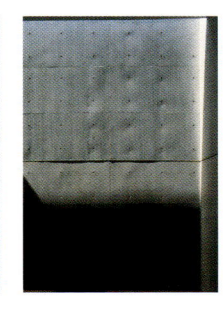

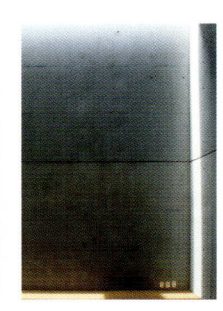

Lichtsequenz im Wohnraum des Hauses Koshino von Tadao Ando

VERGÄNGLICHKEIT 21

Fläche ihren einzigartigen optischen Moment und ihre individuelle Betonung innerhalb einer Sequenz. Die Schlitze werden zu rhythmischen Abschnitten angeordnet, um im Ganzen ein »Abbild der Zeit« zu konstruieren, um Langers Begriff zu verwenden. Das Licht wandert als »Auftakt« eine Fläche hinab, um dann zunehmend von Licht auf den anderen Wänden begleitet zu werden. Dabei treten einige Wände aufgrund von Leuchtstreifen oder transparenten Farben stärker hervor, wobei sich die Vorder- und Hintergrundflächen in der Komposition abwechseln, jedoch immer in liturgischer Folge zu einem Höhepunkt des Lichtspiels führen.

Mit einer Reihe strenger, auf weiße Räume reduzierter Gebäude, die wenig übrig lassen außer wanderndem Licht, dessen atmosphärischer Fluss einen umfängt, hat Alberto Campo Baeza Fragen zum Wesen der Architektur gestellt. Diese Gedanken treten am stärksten in einer Reihe von Gebäuden in der Nähe von Cadíz zutage, besonders in den Häusern Gaspar (1992; S. 185), Asencio (2001; S. 36) und Guerrero (2005; S. 40), deren primäres Material nicht Putz oder Farbe ist, sondern das vom Himmel ausgehende Licht-und-Schatten-Spiel. Campo Baeza öffnet seine Baukörper diskret an diversen Punkten entlang der Sonnenbahn – Oberlichter lassen zenitales Licht eintreten, Lichtgaden diagonale Strahlen, tief liegende Fenster sammeln horizontales Licht aus den Innenhöfen. Die Öffnungen dienen auch dazu, Blicke auf das Farbenspiel auf den Umfassungswänden zu eröffnen. In seinem bedeutenden Buch *Die Welt der Wissenschaft* (1948) beschreibt der Schweizer Philosoph Max Picard die archaische Architektur. Diese Beschreibung könnte sehr wohl auch auf Campo Baezas Häuser zutreffen, in deren Mauern »die himmlischen Sphären und Sonnenstrahlen wieder auf der Erde lebten, und in ihrer Stille hörte man ihre Bewegung am Himmel.«[24]

In der Dominus Winery (1998; S. 134) von Herzog & de Meuron wird die Zeit bei Sonnenauf- und -untergang ins Bewusstsein gerufen. Durchlässige Gabionenwände – entwickelt, um die Hitze und den Blendeffekt der Sonne zu verringern und gleichzeitig für eine kühle Brise zu sorgen – lassen horizontales Licht durch die Lücken zwischen den Steinen eindringen. Tausende Lichtfunken dringen nach innen, tanzen über den Boden und prallen auf Glasflächen, die Szintillation verdoppelnd. Ähnlich wie Moholy-Nagys *Licht-Raum-Modulator* oder Otto Pienes *Lichtballett* (1964) durchdringen die Lichtprojektionen den Raum, erfüllen die Luft und sprenkeln jede Oberfläche. In den Momenten des Übergangs wird der Innenraum von einem Zauber erfasst und verleiht der einfachen, steinernen Box eine sinnliche, hypnotisierende Wirkung.

Die Videoarbeiten des amerikanischen Künstlers Bill Viola behandeln eine andere Dimension entschleunigter Zeit. Er verlangsamt Film, um damit etwas zu erreichen, was Walter Benjamin in Bezug auf die Zeitlupe als einen »ungeheuren und ungeahnten Spielraum« bezeichnet.[25] In Filmen wie *Catherine's Room* (2001) integriert Viola das, was er »simultane Zeitebenen« nennt: Derselbe Raum – aber anders möbliert, jeweils zu einer anderen Tageszeit und mit entsprechend anderer Lichtsituation – erscheint gleichzeitig auf fünf Bildschirmen.[26] Zusätzlich zur »realen Zeit« menschlichen Handelns gibt es Viola zufolge die »parallele Zeit« des Lebens, das sich gleichzeitig in mehreren Räumen abspielt, und die »natürliche Zeit« des eindringenden Lichts, das sich mit den Stunden und Jahreszeiten wandelt und das »übergeordnete Verständis für die Naturzeit in unseren eigenen Körpern manifestiert.«[27] Simultane Ebenen dieser Art sind auch Gegenstand der Betrachtung des Wiener Architekten Heinz Tesar, der in seiner Kirche in der Donau City (2000; unten und S. 138) drei verschiedene Zeitströme miteinander verbindet. Während die Farbtöne der dunklen Stahlhaut einem ganztägigen Wandel unterliegen, wird der Innenraum früh und spät von einem einzelnen Sonnenstrahl erweckt, der jeweils von einer der zwei Ecklaternen schräg über die Altarwand fällt und einen »Lichtfinger« auf das spirituelle Zentrum des Raumes richtet. Eine langsame und zerstreute Gegenbewegung erfolgt in Form kleiner »Sonnennadeln«, die durch zahllose Löcher in der Wand dringen und über den Boden tanzen.

Steven Holl bezieht sich auf Bergsons »Dauer« sowie auf den buddhistischen Glauben an den »ständigen Fluss«. Er schlägt eine Form der Architektur vor, in der sich sinnliche Phänomene ständig verändern und sowohl von Erinnerung als auch von Zukunft erfüllt sind. Kern dieser Idee sind phänomenologische Konzepte wie »Schattengeschwindigkeit« und »Lichtdruck«, beide in seinem unrealisierten Palazzo del Cinema in Venedig (1990) angedeutet. Teilweise durch das Kino beeinflusst, beinhalten Zeit und Licht verbindende Ideen etwas,

Lichtsequenz in der Kirche in der Donau City, Heinz Tesar (Nachmittag; Sonnenuntergang)

das Holl als »durchsichtige Zeit« der Wasserreflexionen und die »absolute Zeit« eines pantheonartigen Sonnenstrahls nennt. Bei zwei seiner Projekte aus dem Jahr 1996, beim Stadtmuseum in Cassino und dem Center for Contemporary Art in Rom sowie im Falle des Sun Slice House am Gardasee (2008) nehmen gewagtere Experimente mit beweglichem Licht die zentrale Rolle ein. Anhand von Modellen und Fotos untersucht Holl den Eintritt der Sonne durch verschiedene Schlitze, deren Strahlen an den Winkeln von Wand und Boden umgebogen werden. Um diese kinematischen Bewegungen in eine Sequenz zu bringen – eine Idee die von Moholy-Nagy in den 1920ern und jüngst von Bill Viola untersucht wurde –, gruppiert Holl einem Storyboard gleich Fotografien, um zusammengesetzte Bilder von Zeitpunkten zu schaffen (unten).

»Zeit, oder auch Dauer, ist ein zentraler Bestandteil des Innenraums«, schreibt Holl über seine Chapel of St Ignatius (1997; S. 44); doch ebenfalls präsent sind – wie bei Le Corbusiers Kirche in Ronchamp (S. 10) und dem Kloster La Tourette – simultane Kreisläufe, die den fast nicht wahrnehmbaren »ko-existierenden Zeitzuständen« von Violas Videoschirmen entsprechen.[28] Als »Lichtgefäße« tituliert, fangen die sieben »Dachschaufeln« diverse Lichtströme ein und dirigieren sie nach unten. Unterschiede resultieren aus den variierenden Ausrichtungen und Durchmessern der »Lichtgefäße« sowie aus den doppelten Einfärbungen des Lichtes – es wandert durch verborgene Buntglaslinsen und reflektiert Komplementärfarben, die auf den hinteren Umlenkpaneelen aufgebracht sind. So wird man im Inneren mehrerer Lichtsequenzen gewahr, die je einen anderen Moment des Licht- und Farbenspiels einfangen.

Moholy-Nagys entkörperlichten »Lichtfresken« und »Lichtsymphonien« kommen folgende Werke am nächsten: das Schattenspiel des Sonnendaches in Palma de Mallorca von Martínez Lapeña-Torres Arquitectos (1992; rechts) und die Farbspiele an Wänden des Glaskünstlers James Carpenter. Die verblüffenden Muster gesättigter Farben in Carpenters Installation in der Sweeney Chapel von Edward Larrabee Barnes (1987; S. 48) sind losgelöst von der gebauten Form. Wenn das späte Morgenlicht die Rasterblende aus Klarglas – deren Rost dichroitisches Glas enthält – im Ostfenster trifft, tauchen wie aus dem Nichts Komplementärfarben auf, die durch den Altarraum streifen.[29]

Sonnendach in Palma de Mallorca, Martínez Lapeña-Torres Arquitectos

Architekten, die vom Lauf der Sonne beinflusste Gebäude erdenken, schenken ihrer Umwelt ein Bild der Wirklichkeit, das nicht mehr »stabil« ist, sondern sich ständig ändert. Dadurch verlassen sie das Feld einer durch physikalische Fakten bestimmten Welt und erforschen Aspekte der Architektur, die sich aus einem Prozess ableiten. Die radikale und unumkehrbare Wandlung menschlicher Wahrnehmung ist in diesen Werken von vergleichbarer Wichtigkeit. Die Auswirkungen sind nicht nur visueller Natur, denn ihre Rhythmen korrespondieren mit unseren eigenen Fluss von Stimmungen und körperlichen Zyklen. Von Bedeuung ist auch ihre Forderung nach einer eindeutigen Zeit der Wahrnehmung: Besucher müssen Zeit *investieren* um Zeit zu *erleben*. Wir müssen unseren Gang verlangsamen, um die *durée réelle* dieser Gebäude zu erleben, und wir müssen uns weniger auf unsere Netzhaut verlassen als auf das Verschmelzen von Gedanken und Ideen, Gefühlen und Wahrnehmungen. Diese rhythmische Kontinuität schafft die Grundlage für die Innenwelt aller lebenden Dinge und bietet dem Architekten ein unmittelbares, universal verständliches Instrument, um Gebäude eng an das Leben zu binden.

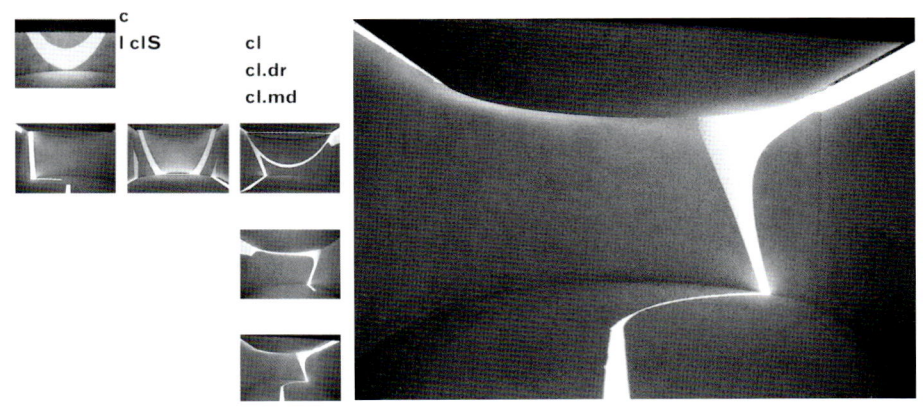

Lichtpartitur für das Stadtmuseum, Steven Holl

VERGÄNGLICHKEIT 23

Bewegliche Schatten auf der Betonwand
und den weißen Kieseln
Rechte Seite: Die Treppe als Lichtschlitz

Wassertempel, Japan Tadao Ando

Dieser Tempel auf der japanischen Insel Awai (1991) nutzt verschiedene Arten sich verändernden Lichts, um den Wiederauferstehungsglauben seiner buddhistischen Konfession zu visualisieren. Große freistehende Betonwände, durch die und entlang derer der labyrinthische Pfad gewoben ist, bilden den Hintergrund für riesige Muster aus Licht und Schatten, die sich den ganzen Tag über verschieben und wandeln. Im Anschluss an diesen Pfad erreicht man die leuchtende Fläche eines Lotusteiches – beziehungsweise man steigt symbolisch zu ihm hinab. Der Teich selbst ist ein Symbol der Erleuchtung. Diese Vorwärtsbewegung durch eine Art Höhle erfährt ihren Höhepunkt in einer dunklen, kurvenförmigen Passage, die letztlich in einen Altarraum führt, der sich am Ende des Tages dramatisch erhellt, wenn das rote Licht der untergehenden Sonne durch eine einzige Öffnung dringt. Die Dunkelheit am Rande des Raumes und der intensive Farbton in seinem Innersten werden täglich bei Sonnenuntergang neu geboren – dabei wird sein warmes Licht noch farbiger, indem es durch zinnoberrote Schirme tritt und den heiligen Raum erfüllt.

24 **VERGÄNGLICHKEIT**

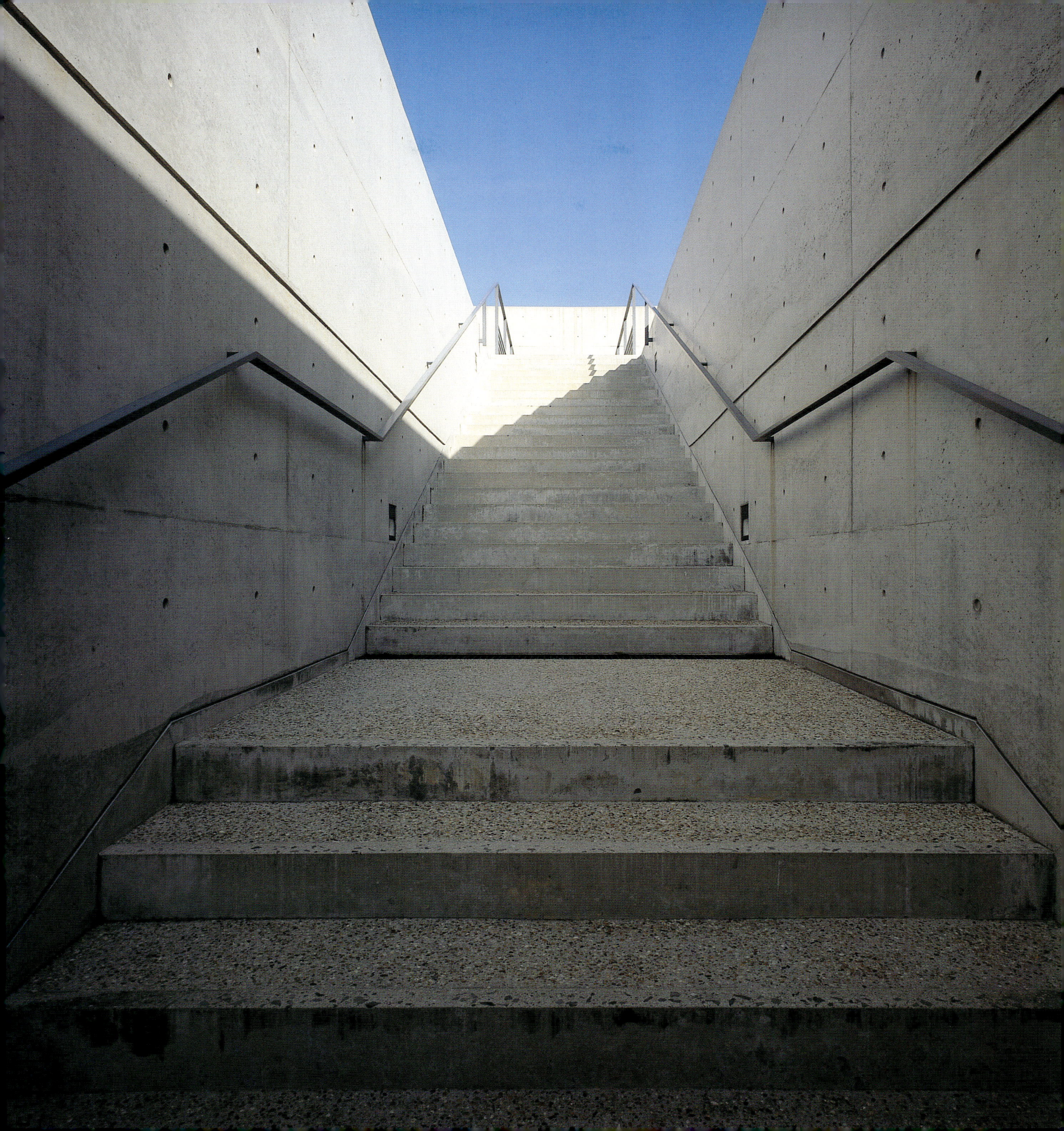

Die untergehende Sonne flutet in den Tempel

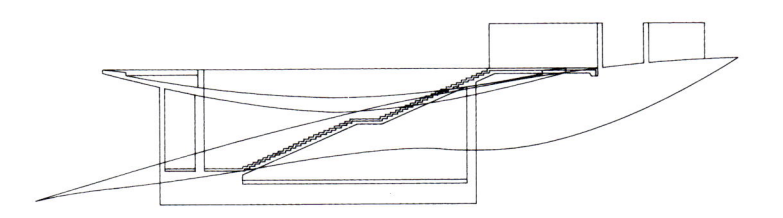

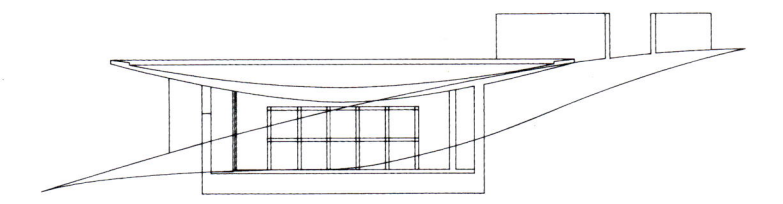

Fotografie: Gesättigtes rotes Licht bei Sonnenuntergang
Zeichnungen (von links nach rechts): Schnitt durch die Treppe, die zum Tempel hinunterführt; Schnitt durch die kreisförmige Buddha-Halle

VERGÄNGLICHKEIT 27

Blick vom Atrium in den Wohnraum bei Dämmerung
Rechte Seite (im Uhrzeigersinn von oben links):
Lichtsequenz im Wohnraum (Morgen; Mittag); Schnittperspektive von oben; Wohnraum am Mittag

Light-Lattice House, Japan Shoei Yoh

In Shoei Yohs kleines Haus in Nagasaki (1981) fallen durch Spalten im doppelten Raster der Tragkonstruktion aus Stahlprofilen den ganzen Tag kreisende Sonnenraster. Projizierte Muster verdoppeln die leuchtenden Linien in der Außenhaut und gleiten langsam durch jeden Raum. Die Neigung des Lichtes nimmt jeden neuen Sonnenstand auf und erreicht mittags eine dramatische Vertikalität, wenn sich beispielsweise der Unterschied zwischen Leuchtschlitzen und projizierten Lichtstreifen auflöst. Das nicht wahrnehmbare Tempo der Sonne wird anhand der grafischen Koordinaten von Wand, Boden, Fliese und Fuge enthüllt, die Sonnenbahn wird damit nachvollziehbar.

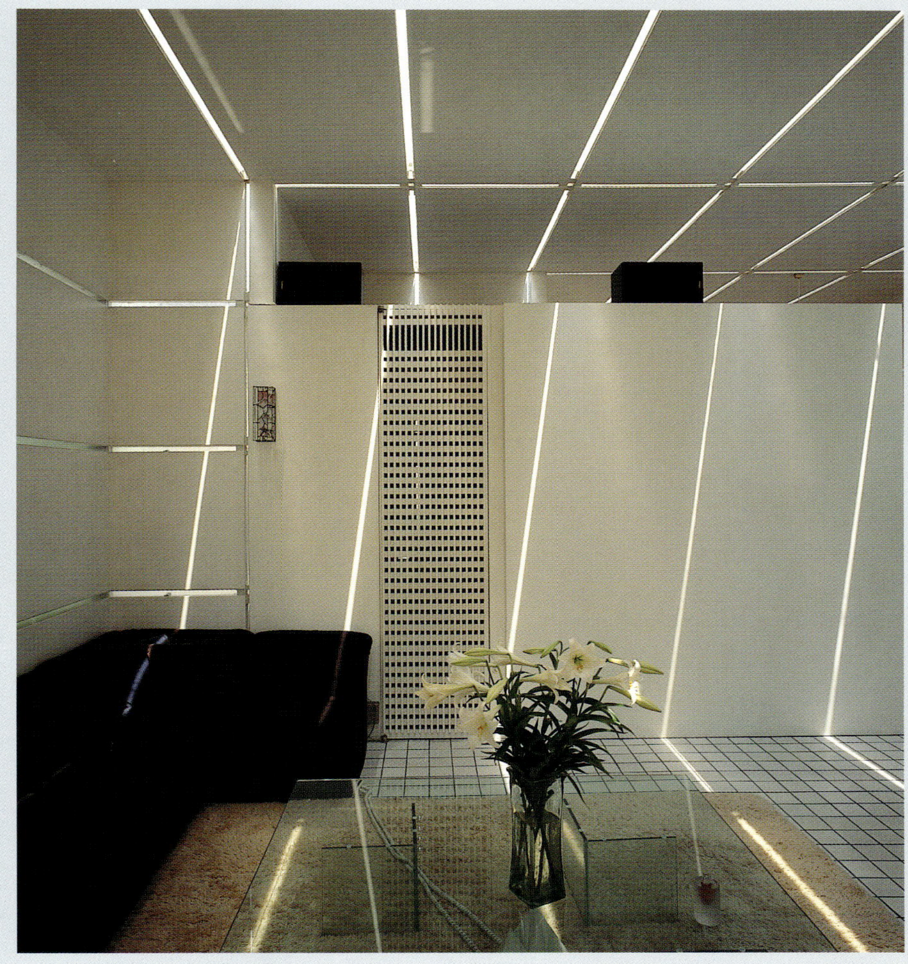

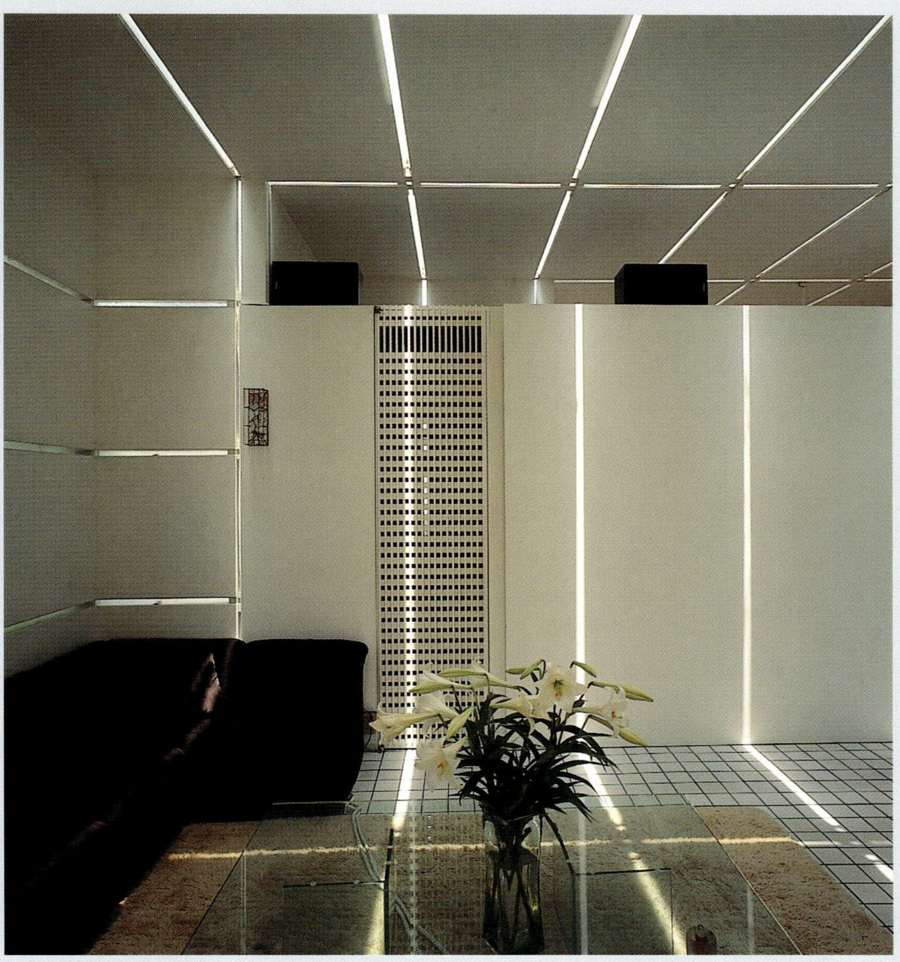

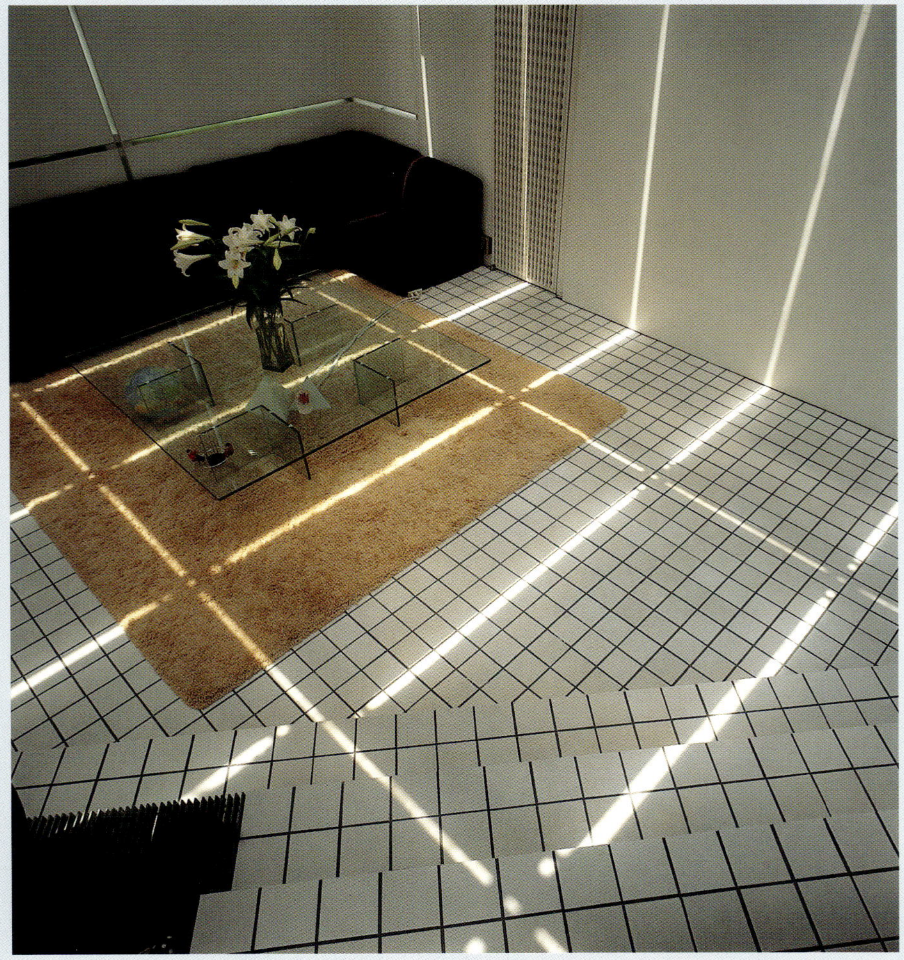

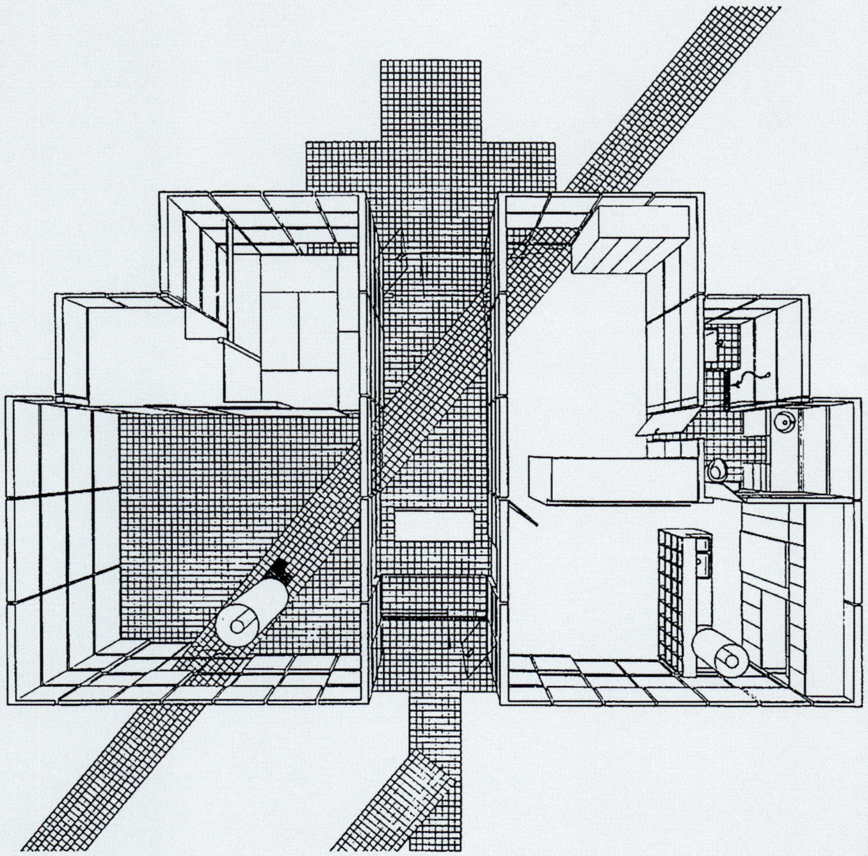

Diffuses weißes Licht an einem bewölkten Tag
Rechte Seite: Crescendo des Sonnenlichts auf der Altarwand

Myyrmäki-Kirche, Finnland Juha Leiviskä

Niemals betritt das Sonnenlicht Leiviskäs Kirchen auf einmal – es entfaltet sich vielmehr im zunehmenden Verlauf seiner eigenen Vergangenheit und Zukunft. Schlitze zwischen Wandflächen, durchgehend nach Süden ausgerichtet, werden in schneller Folge erleuchtet, wenn die Sonne von der Seite her einfällt. Sie überzieht dabei die Oberfläche mit einem Muster, dessen Neigung sich mit den Jahreszeiten ändert. Obwohl die Lichtphasen im Allgemeinen etwa gleich bleiben – Sonnenstrahlen, die über abgestufte Wände gleiten und hinter dem Altar ihren Höhepunkt finden, bevor sie verschwinden –, so ist doch die zeitlich geprägte Form jeder Kirche einzigartig. In der Kirche in Vantaa (1984) erscheint die Südsonne schrittweise von links, gleitet eine Wand im Vordergrund hinab, wandert über taktile Tafeln, glatten Putz und abgehängte Stoffe, bis sie die gesamte Fläche gegenüber der Gemeindemitglieder voll erleuchtet, um dann plötzlich zu verschwinden und anschließend konzentriert jenseits des Altars wieder aufzutauchen.

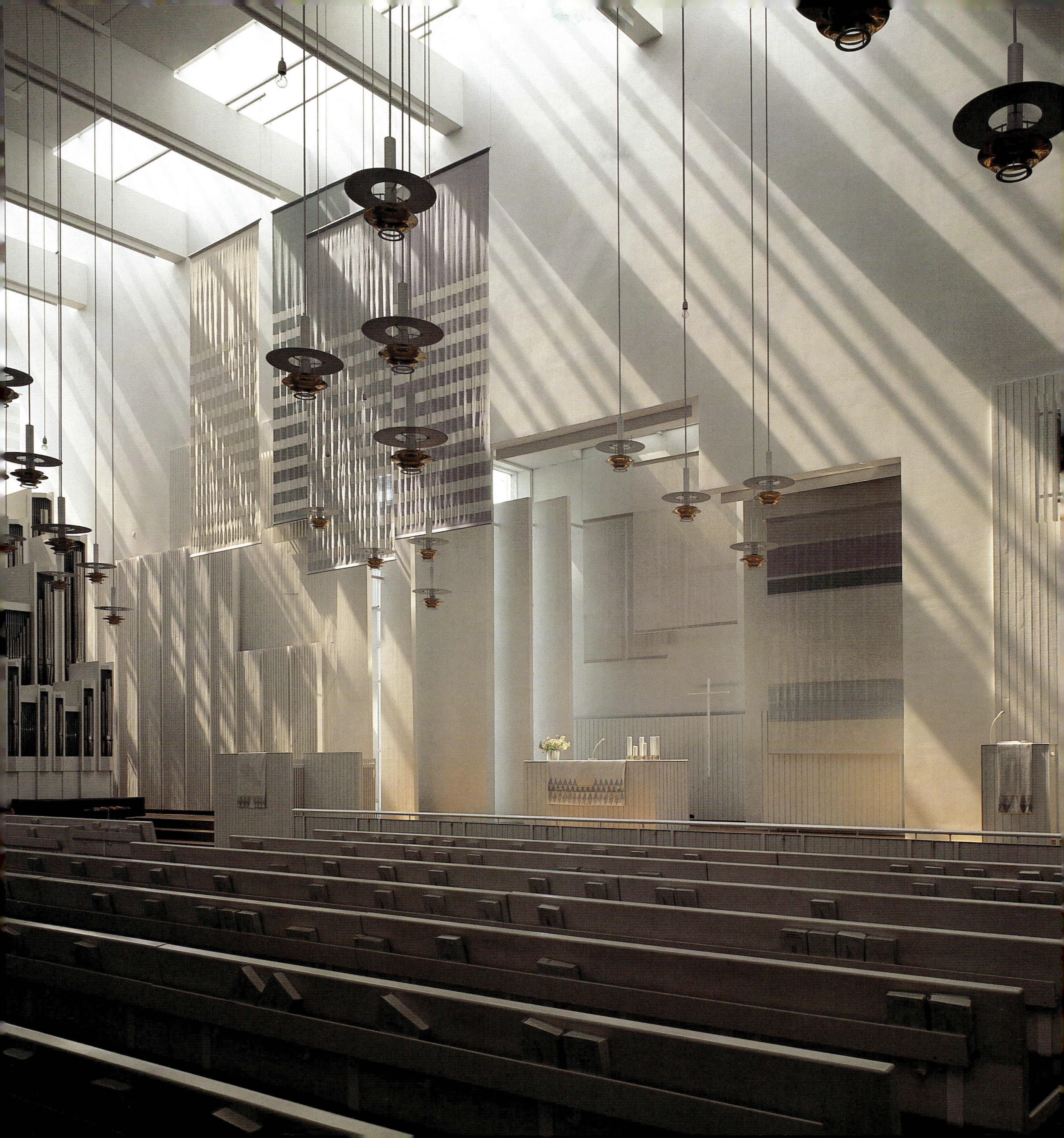

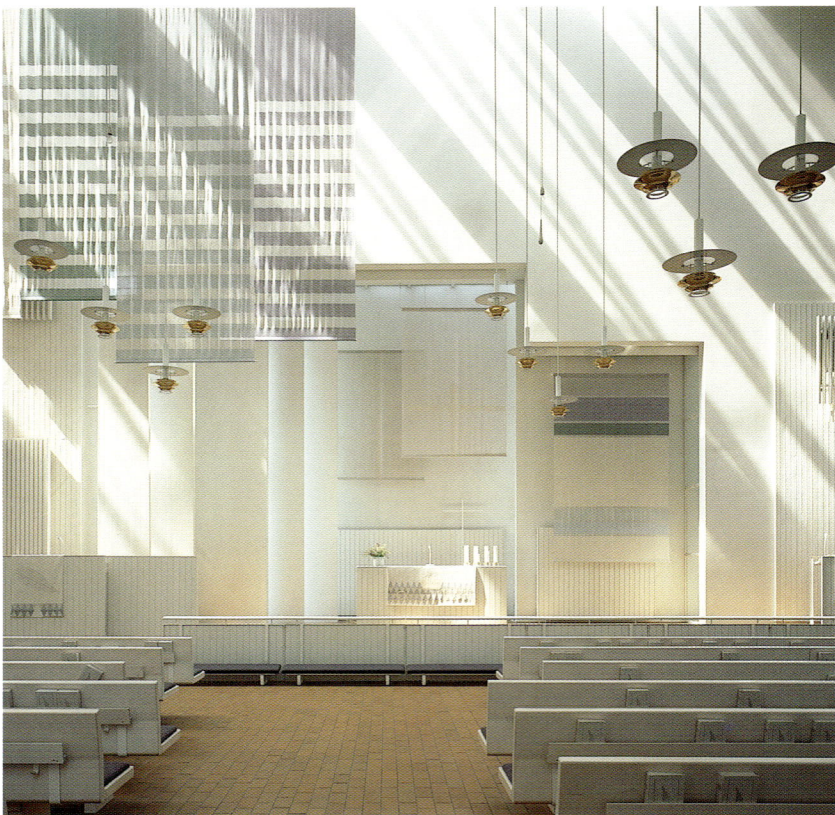

Im Uhrzeigersinn von oben links: Lichtsequenz auf der Altarwand – Mittag; später Nachmittag; früher Morgen; später Morgen

32 **VERGÄNGLICHKEIT**

Querschnitt

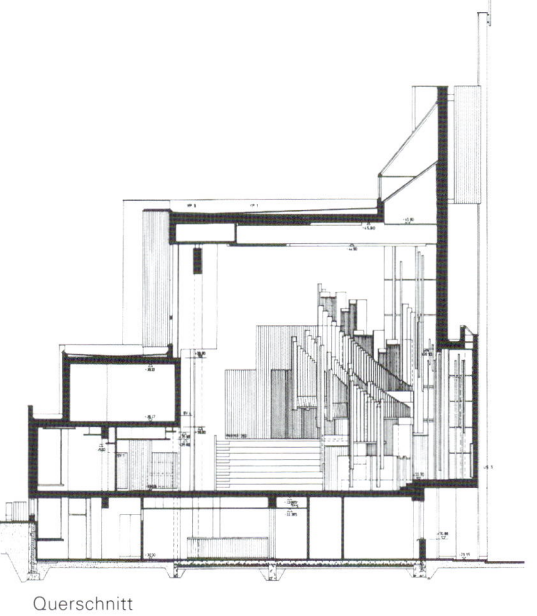

Großes Bild: Licht in der Altarnische am frühen Morgen
Kleine Bilder: Lichtsequenz in der Altarnische am späten Morgen (links) und nachmittags (rechts)

VERGÄNGLICHKEIT 33

Schlussakkord der Sonne hinter dem Altar
Rechte Seite (im Uhrzeigersinn von oben links): Lichtsequenz auf der Altarwand – diffuses weißes Licht; reflektierte Farben; die sich zurückziehende Sonne; diagonal in den Raum greifende Sonne

Männistö-Kirche, Finnland Juha Leiviskä

Im Unterschied zur Myyrmäki-Kirche (S. 30) werden die Altarwände der Männistö-Kirche in Kuopio (1992) von Westen her mit Blickrichtung nach Osten betrachtet, sodass das Sonnenlicht von rechts eintritt und eine andere zeitliche Struktur bildet. Die Sequenz beginnt mit geisterhaften Farben aus Licht, das von verborgenen Pigmenten auf den hinteren Lichtleitwänden reflektiert wird. Es folgt die plötzliche Ankunft des Sonnenlichts, welches die Wände in einem großen Crescendo entflammt, bis es nach und nach entschwindet und letztendlich nur eine einzige, vertikale Fläche hinter dem Altar beleuchtet. In beiden Kirchen verifiziert das Erscheinen und Verschwinden des Lichtes die Existenz des Betrachters in der Zeit, während es etwas begründet, was die Griechen »Epiphanie« nannten – eine plötzliche Erscheinung, die das Göttliche enthüllt und manifestiert.

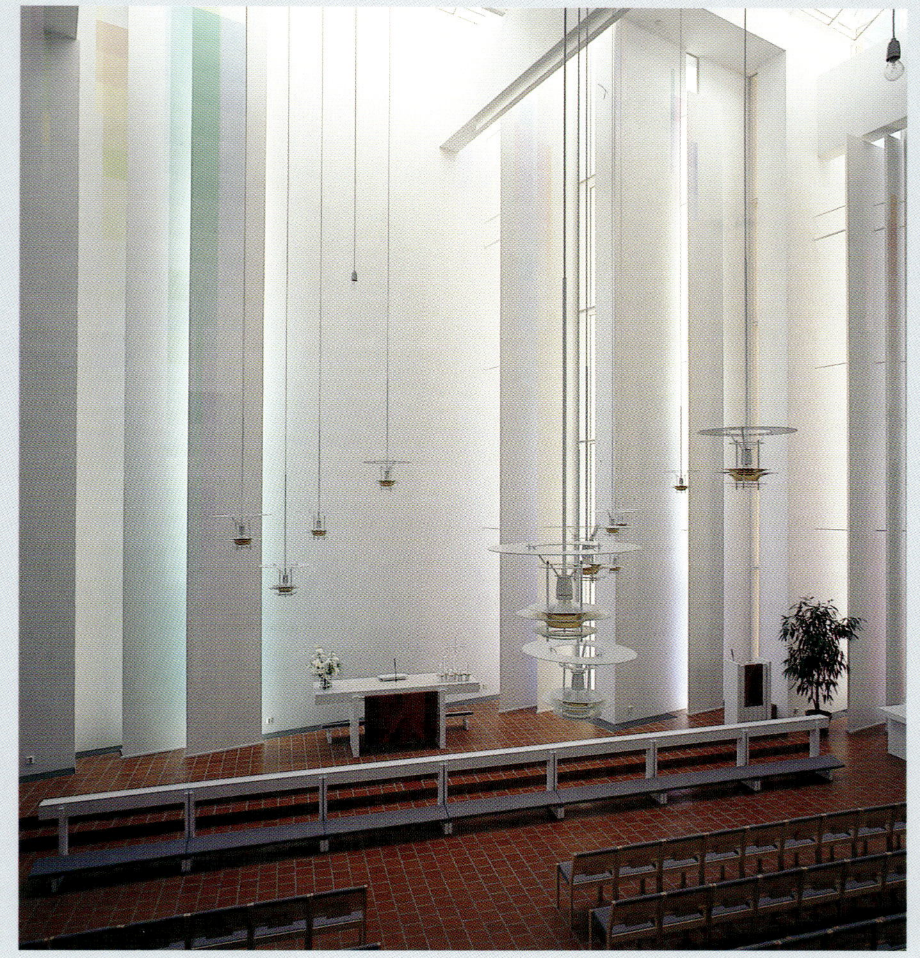
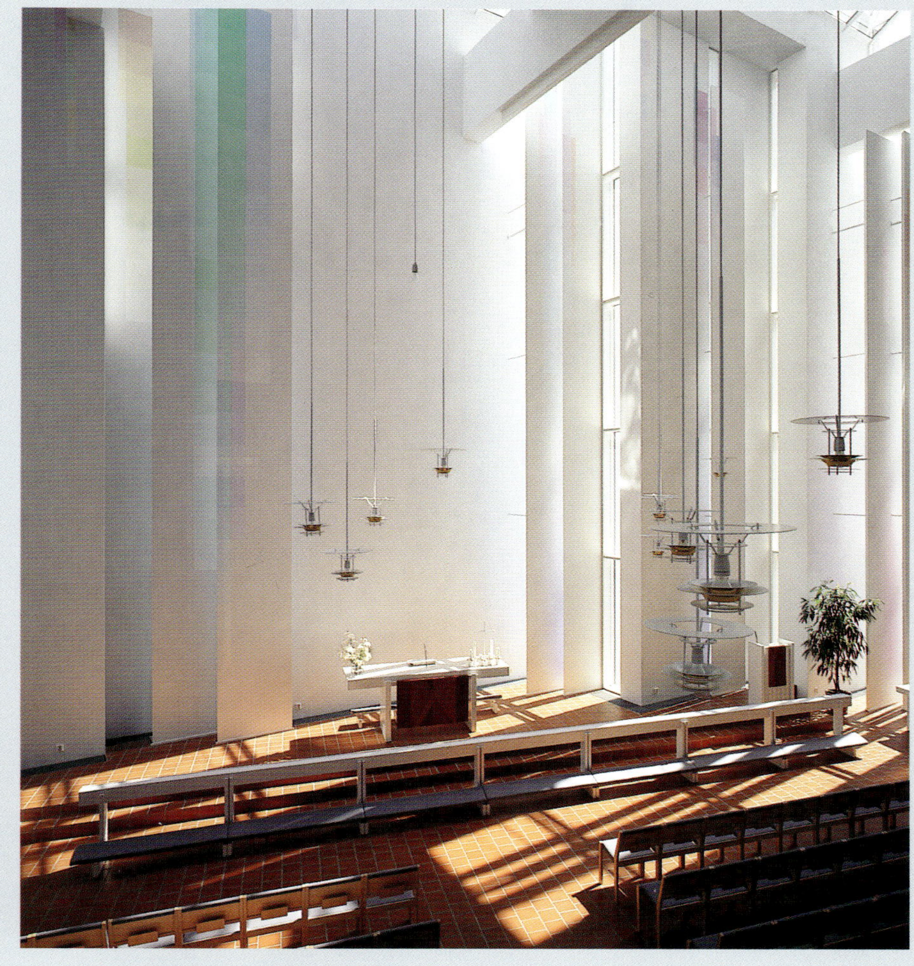
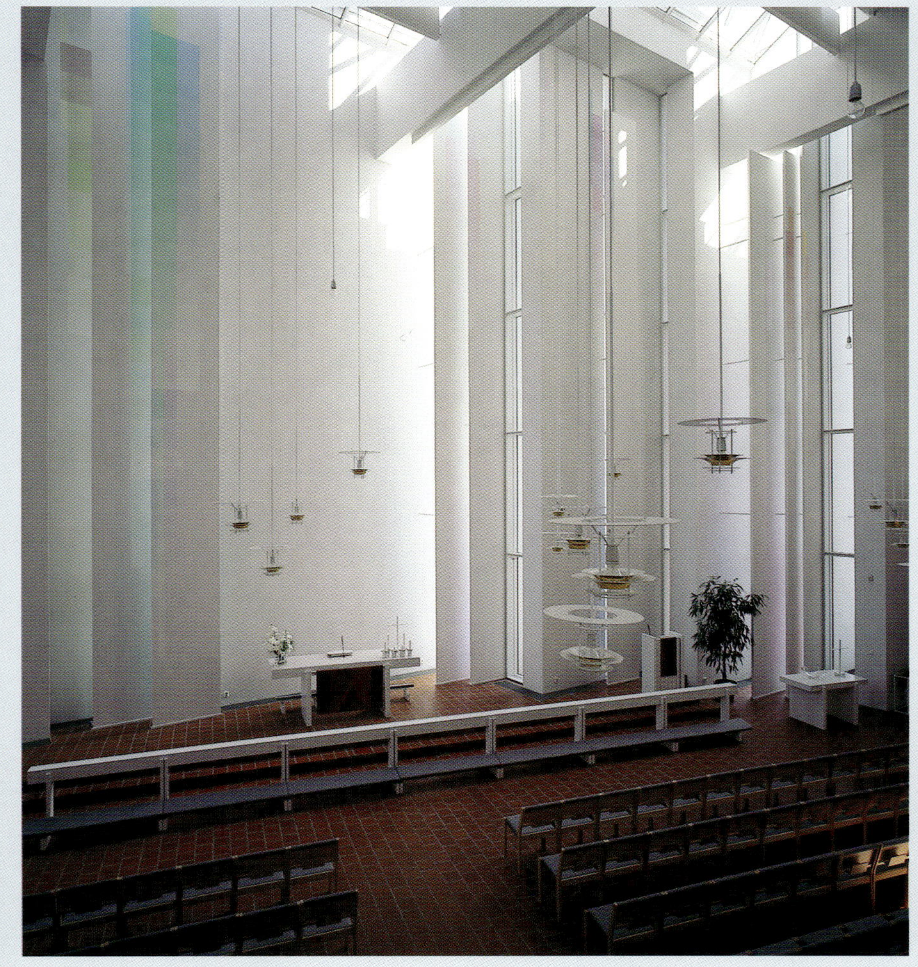
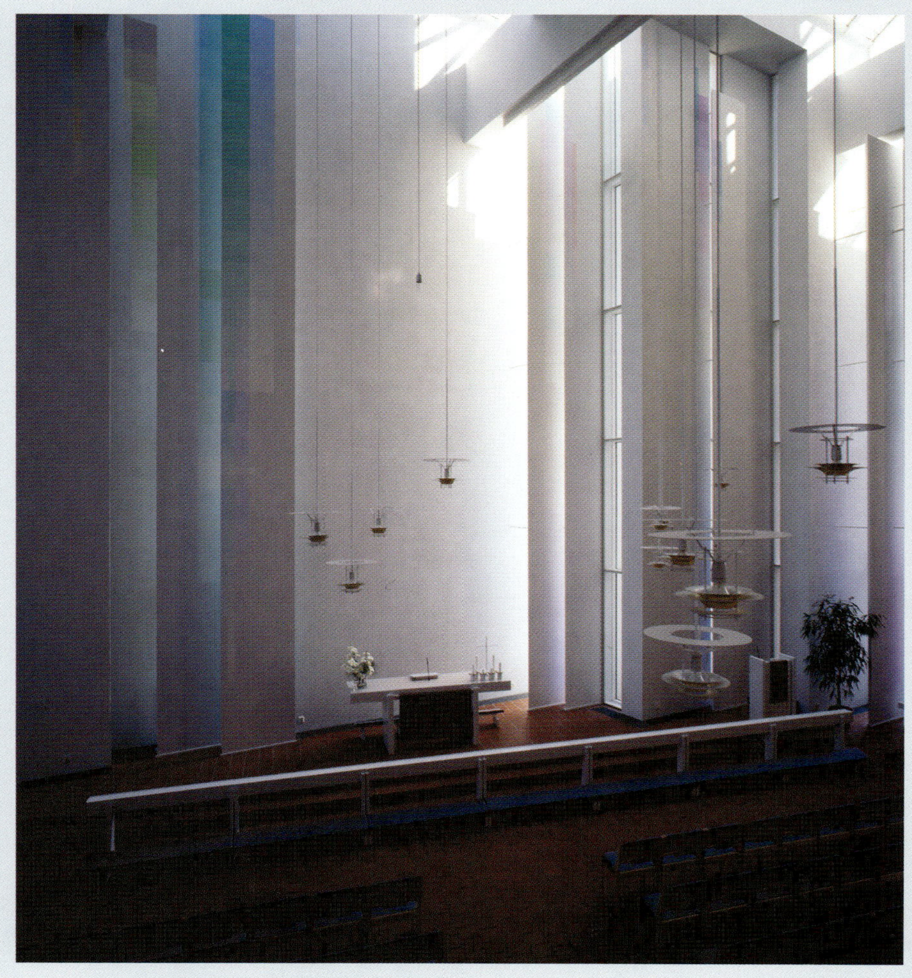

Dachterrasse am Mittag mit gerahmten Wolken
Rechte Seite: Farbiges Licht auf der Dachterrasse (früher Nachmittag).

Haus Asencio, Spanien Alberto Campo Baeza

Das malerische Drama dieses Hauses in Novo Sancti Petri (2001) wird durch die intensive Sonne der Costa de la Luz ausgelöst, deren Energie dem Architekten zufolge »das primäre Material ist, mit dem dieses Haus geschaffen wurde.« Während drei Seiten den neugierigen Blicken der Nachbarn verschlossen sind, öffnet sich die Westfassade dem Licht durch verschiedene Öffnungen. Den größten Teil des Tages vollkommen weiß, werden die Westwände jeden Abend eine Stunde lang von der vollen Wucht der untergehenden Sonne getroffen, deren Regenbogenfarben das Haus der Länge nach durch vielzählige Öffnungen ins Kreuzfeuer nehmen. Die bläulichen Töne der von oben beleuchteten Räume werden mit einzelnen gelborangen Strahlen durchkämmt, während das Sonnenlicht in nach Westen orientierten Räumen hin- und herreflektiert wird, bis es in einer einzigen sanften, goldenen Explosion kulminiert. Die Farben werden von verwischten und zunehmend dichteren Schatten von Bäumen überblendet und verbinden Bilder von Erde und Himmel zur Atmosphäre eines Hopper-Gemäldes.

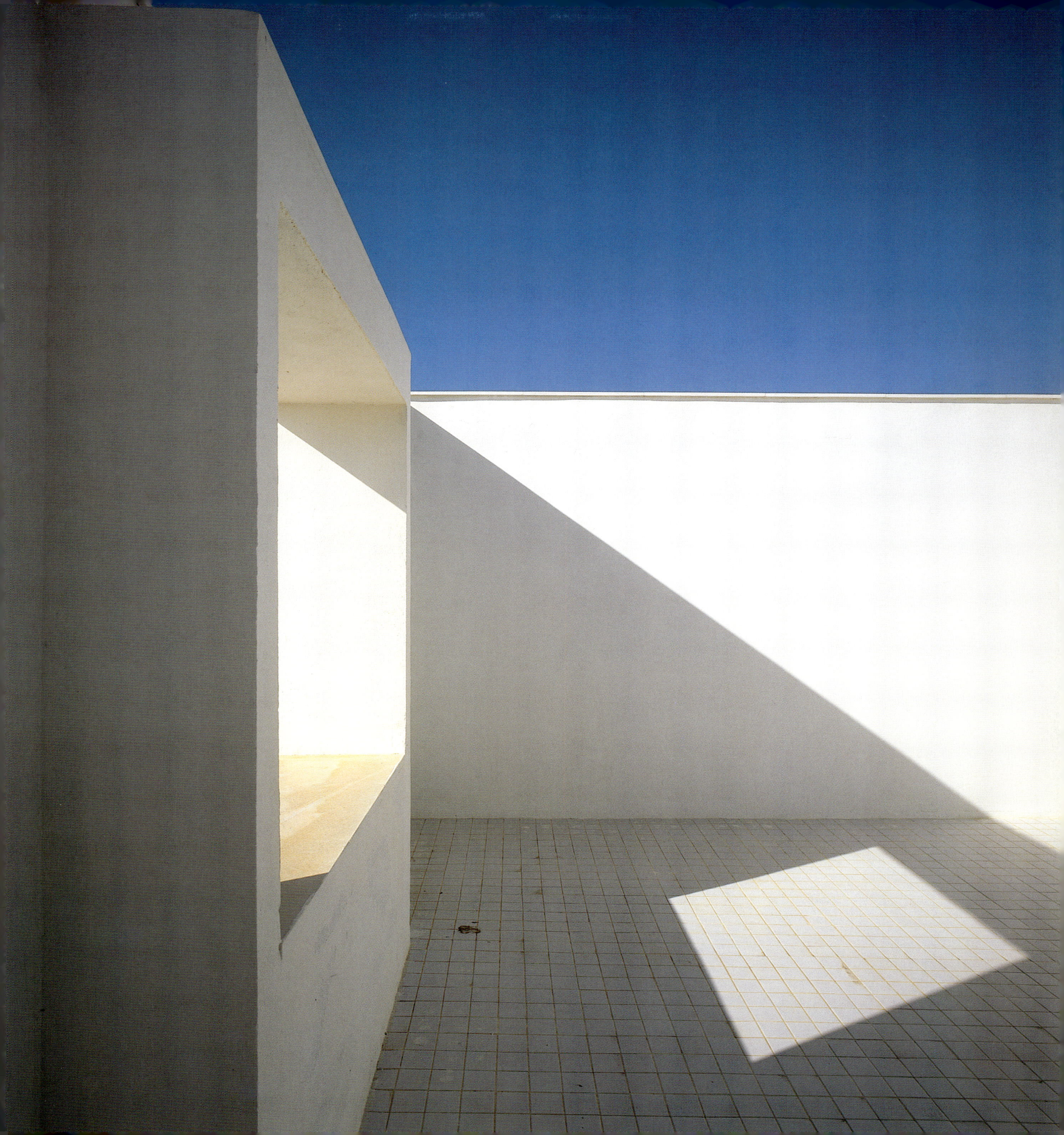

Großes Bild: Eine Flut goldenen Lichts im Haus bei Sonnenuntergang
Kleine Bilder (von links nach rechts): Lichtsequenz auf der Treppe – am Tag; beginnender Sonnenuntergang; später Sonnenuntergang

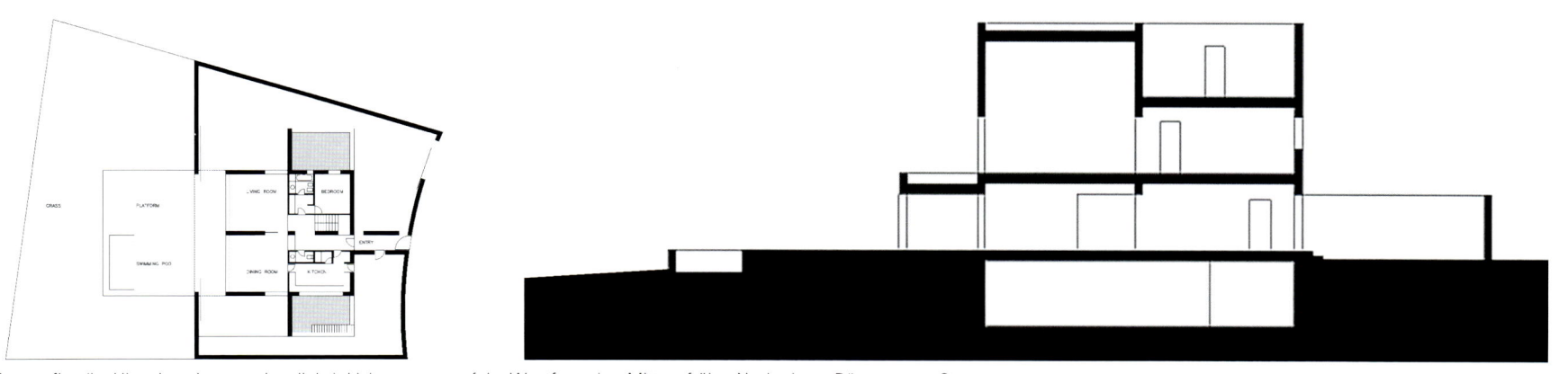

Fotografien (im Uhrzeigersinn von oben links): Lichtsequenz auf der Westfassade – Mittag; früher Nachmittag; Dämmerung; Sonnenuntergang
Zeichnungen (von links nach rechts): Grundriss Erdgeschoss; Schnitt mit Blick nach Norden

VERGÄNGLICHKEIT 39

Strahl der Morgensonne
Rechte Seite: Sonnenlicht und blaue Schatten auf weißem Gipsputz

Haus Guerrero, Spanien Alberto Campo Baeza

Die durchlöcherten Boxen von Alberto Campo Baeza basieren auf etwas, was der Architekt »Impluvium des Lichtes« nennt; es wird durchstochen, um einen »feinen Lichtregen« zu erzeugen, der »uns mit seinem langsamen Strom durchtränkt«, aber auch das wechselnde Spektrum des Sonnenlichts offenbart – in »Flecken sich verändernden Lichts aus Oberlichtern, die den ganzen Tag auf den Wänden tanzen und einen Raum schaffen, in dem die Zeit stillsteht.« Sobald die Dämmerung das Haus in Zahora (2005) – vielleicht Campo Baezas »instationärste« Leistung – erreicht, färbt sich die Sonnenreflexion auf seinen riesigen weißen Wänden in immer satteren Gelbtönen, gefolgt von orangefarbenen Tönen auf sich einstellenden blauen Schatten. Für einen hypnotischen Moment werden sie pink, bevor sie am Schluss endgültig von wässrigem Purpur eingeholt werden.

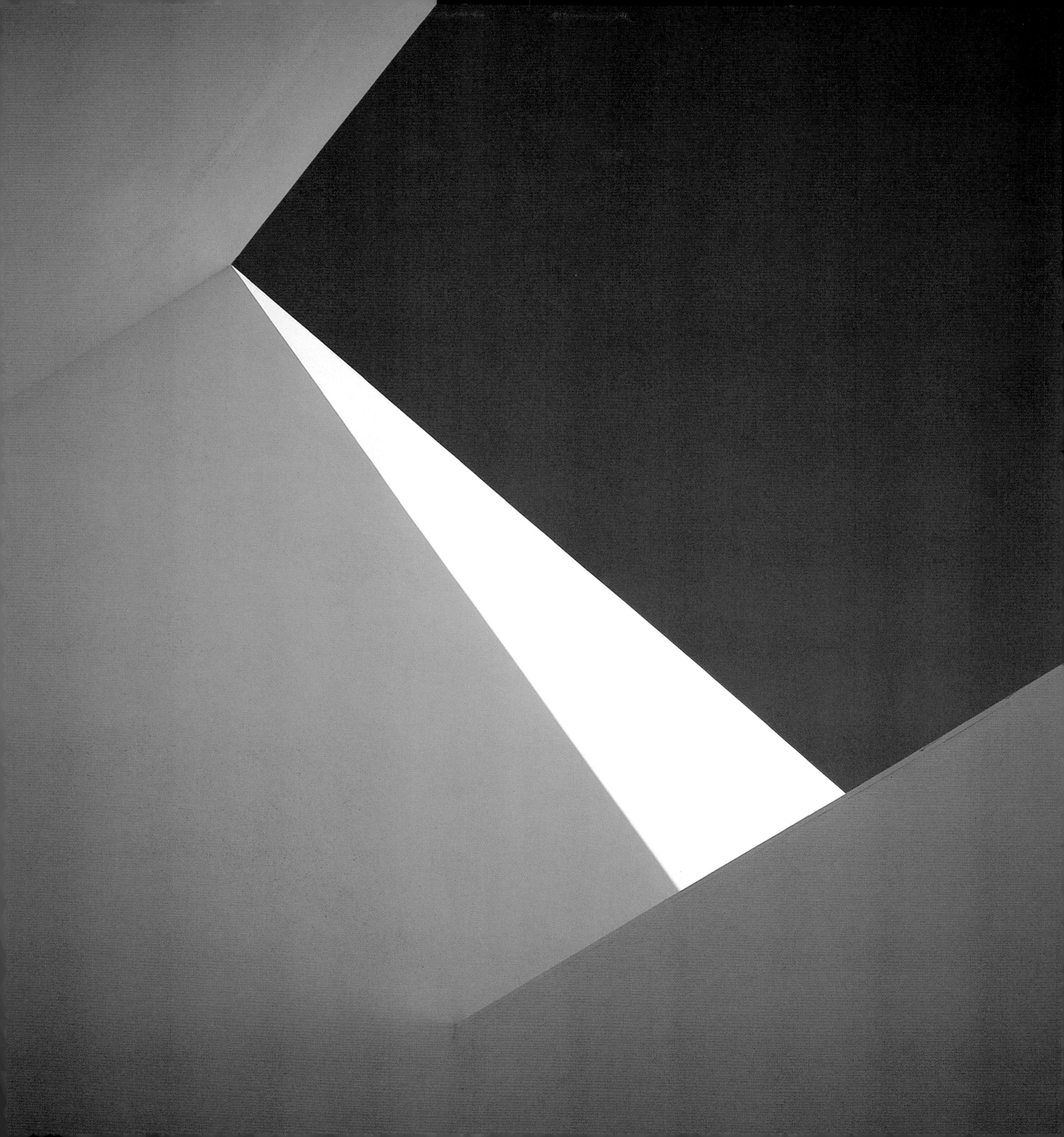

Großes Bild: Licht im Hinterhof am Morgen
Kleine Bilder (von links nach rechts): Lichtsequenz im überdachten Eingangsbereich – Mittag; Nachmittag; Sonnenuntergang; Dämmerung

VERGÄNGLICHKEIT

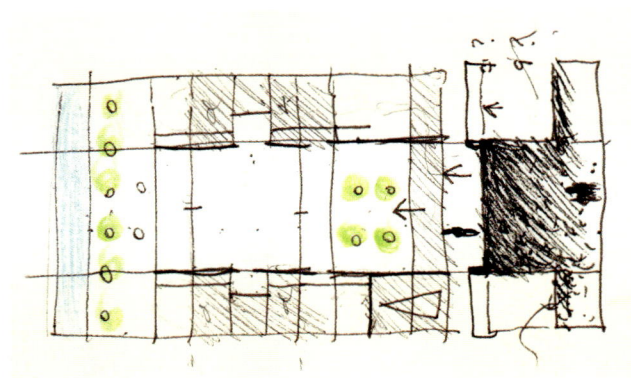

Fotografie: Licht im Hinterhof bei Sonnenuntergang
Zeichnungen (von links nach rechts): Grundriss und Querschnitt; Längsschnitt

VERGÄNGLICHKEIT 43

Einsickerndes gelbes Licht
Rechte Seite: Innenraum mit Blickrichtung zum Altar

Chapel of St Ignatius, Washington, USA Steven Holl

In der Kapelle in Seattle (1997) agiert jedes »Lichtgefäß« als eine Art Periskop mit eigenem Sonnenlichtanteil, was an die Lichtschaufeln von Le Corbusiers Kirche in Ronchamp (S. 10) und die umlaufenden Lichtkanäle von Alvar Aaltos Kirche in Vuoksenniska (S. 19) erinnert. Die Lichtfarben nehmen je nach Sonnenstand zu oder ab und verleihen dem Innenraum ein sichtbares, intuitives Zeitgefühl. Vorbeiziehende Wolken fügen eine weitere Dimension hinzu, die von Steven Holl als »gewaltiger Puls« beschrieben wird, dessen »oszillierende Wellen reflektierter Farbe […] dem stillen Raum Kraft verleihen«. Dieser Bergson'sche Verlauf erlebt zwei Höhepunkte: Mittags streicht helles Sonnenlicht über die Altarwand, wirft ein Schlaglicht auf das Kruzifix und versetzt den unebenen Putz in rastlose Schwingung. Länger verweilt ein orangefarbener Sonnenstrahl, welcher durch die Kapelle streift – seine Präsenz noch steigernd durch seine sich wandelnde Form und den Kratzputz, auf den er trifft. Das Orange wird durch ein purpurnes Ambiente intensiviert – und dieses Zusammenspiel wiederholt sich in feinerer Abstufung: Warme Strahlen fliegen über Putzgrate, verwoben mit purpurnem Licht, das sich in den Vertiefungen fängt.

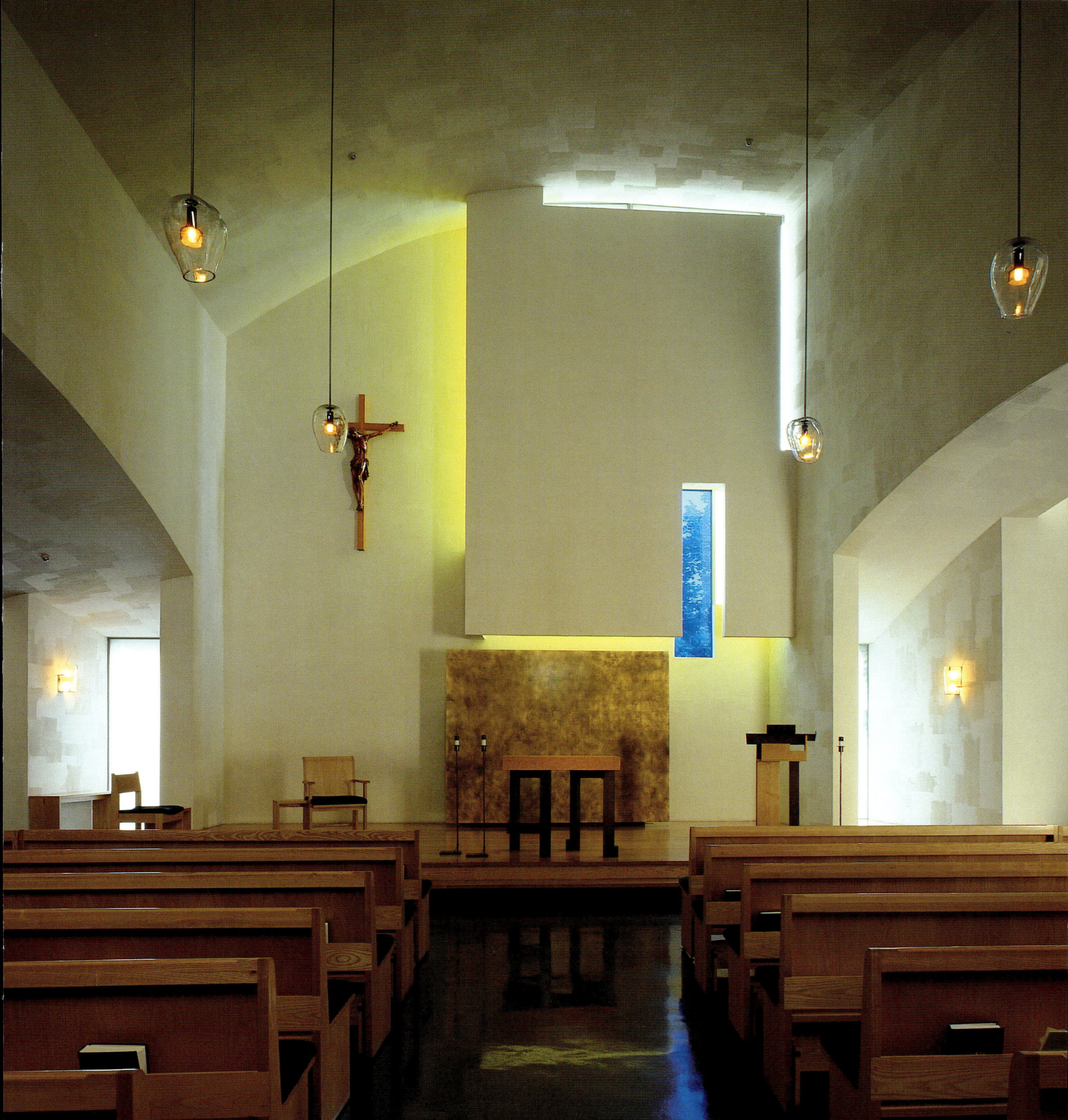

Großes Bild: Kapelle des Heiligen Sakramentes mit »orangefarbenem Feld« und »purpurner Linse«
Kleine Bilder (von links nach rechts): Lichtsequenz in der Versöhnungskapelle mit »purpurnem Feld« und »orangefarbener Linse« –
Mittag; später Morgen; Nachmittag

VERGÄNGLICHKEIT

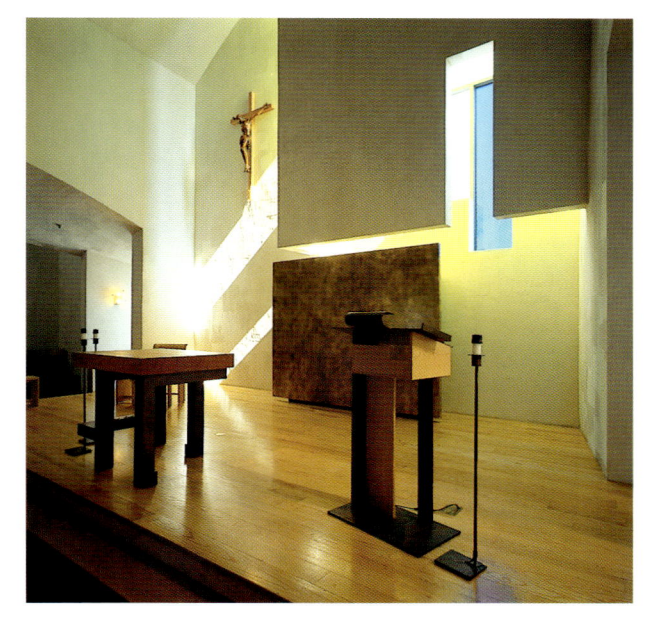

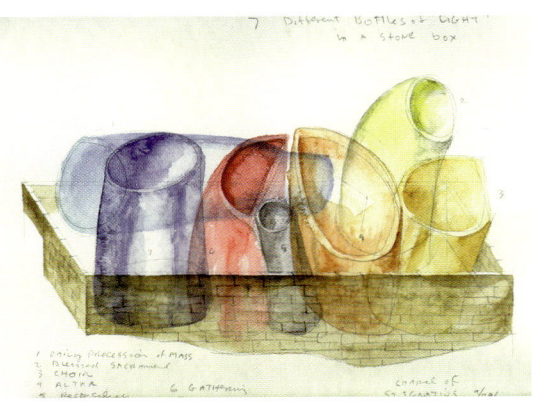

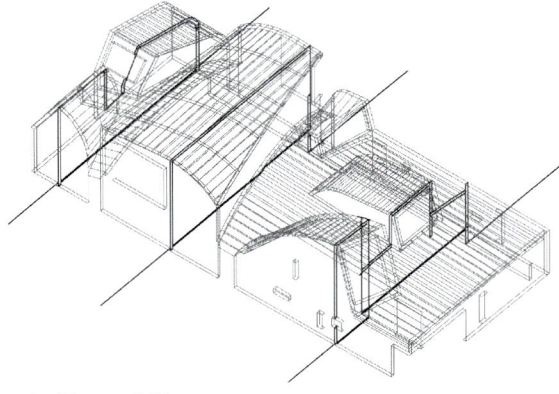

Fotografien (im Uhrzeigersinn von oben links): Lichtsequenz auf Altarwand – Morgen; Mittag;
Wandputzdetail am Mittag; Detail des Kreuzes am Mittag
Zeichnungen (von links nach rechts): Aquarell der »Lichtgefäße«; Axonometrie

VERGÄNGLICHKEIT 47

Moment mit blauem und weißem Licht
Rechte Seite: Transparente Rasterblende von unten gesehen

Sweeney Chapel, Indiana, USA
Edward Larrabee Barnes mit James Carpenter

Bei dieser Kirche in Indianapolis (1987) senden dichroitische Glasscheiben – unbemerkt im Fensterrost aus transparentem Glas – kreuz und quer verschiedene blaugrüne und rotgelbe Lichtbänder aus, deren Komplementärfarben enigmatisch auftauchen, über dem Altar tanzen und somit den Hauptort der Kirche betonen. Die ätherischen Bilder wandeln sich fortlaufend in Form und Lage, Winkel und Farbe. Gelegentlich mischen sich die Farben. Zu anderen Zeiten wiederum dominieren warme oder kühle Töne, während ihre Muster sich in Neigung und Größe in dem Maße wandeln, wie der Winkel der einfallenden Sonne steigt.

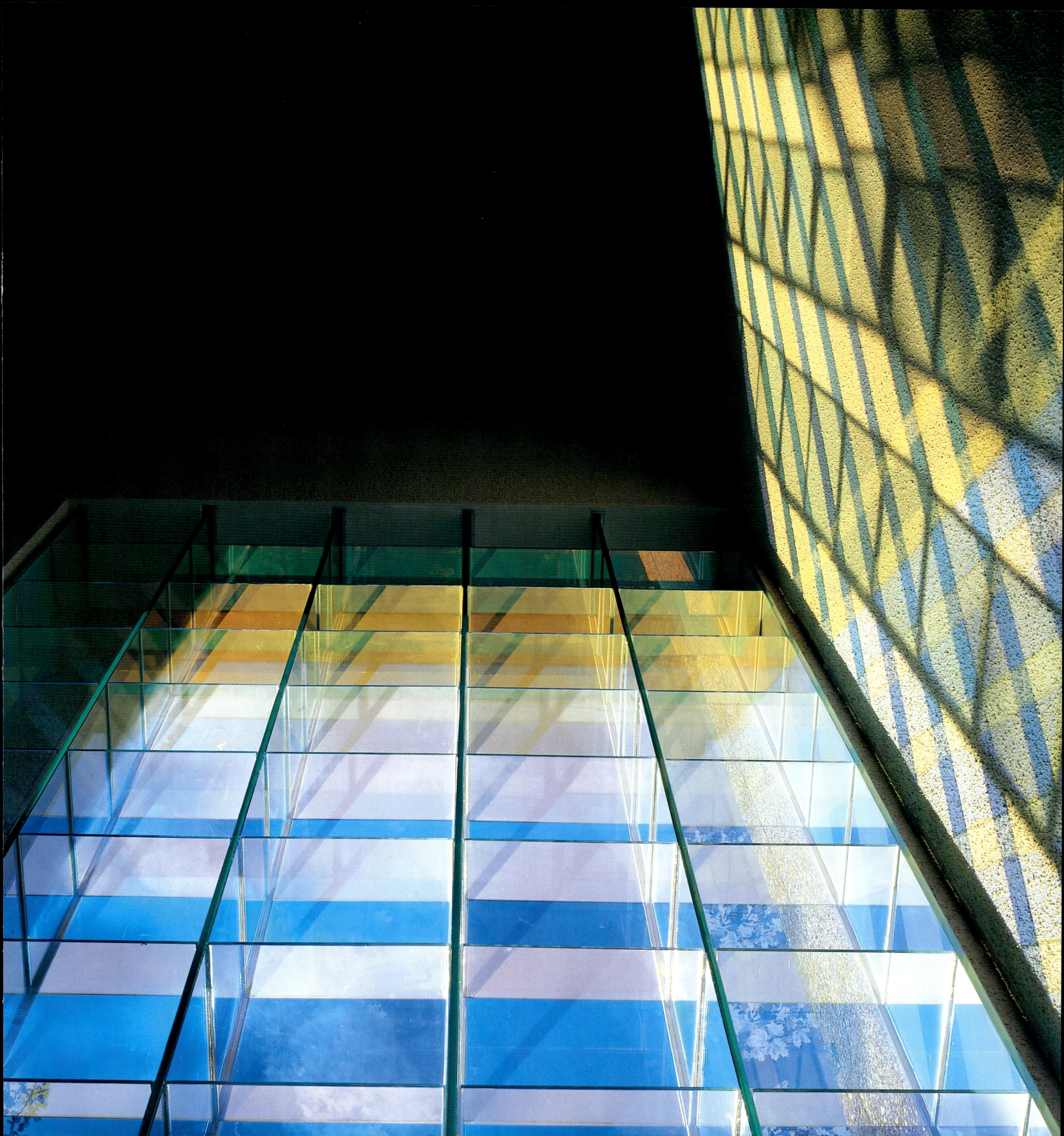

Im Uhrzeigersinn von oben links: Lichtsequenz auf Altarwand – am späten Morgen; am Mittag; Licht auf der Altarwand am frühen Nachmittag; Farbprojektionen auf Altarwand, Kruzifix und Decke

50 **VERGÄNGLICHKEIT**

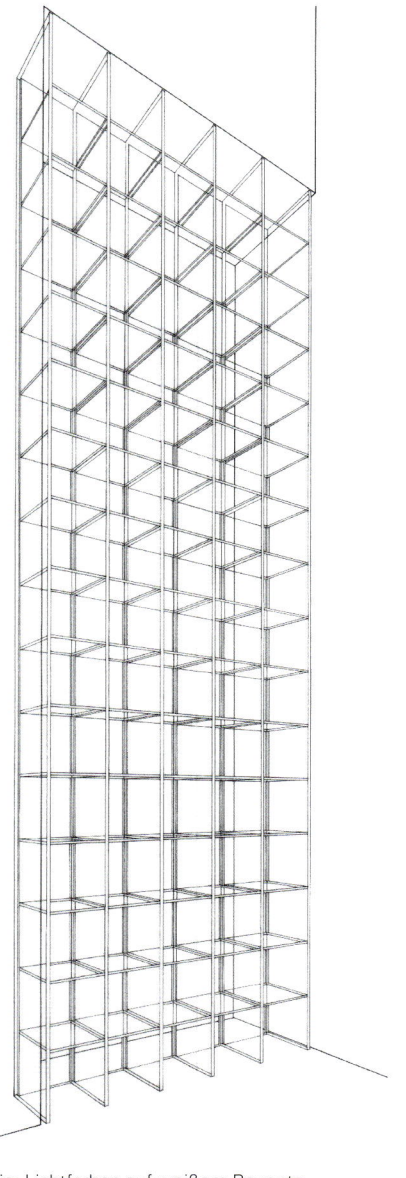

Fotografie: Lichtfarben auf weißem Rauputz
Zeichnung: Perspektivzeichnung des Glasrostes

VERGÄNGLICHKEIT 51

PROZESSION

LICHT-CHOREOGRAFIE FÜR DAS AUGE IN BEWEGUNG

2 PROZESSION
Licht-Choreografie für das Auge in Bewegung

Das »Licht am Ende des Tunnels« und »das Licht im nächtlichen Fenster« bedienen sich visueller Affinität und laden den Raum mit starken emotionalen Energien auf. Diesem Ansatz liegt eines der bezauberndsten »ursprünglichen Bilder« Gaston Bachelards zugrunde, welches die eindrücklichste Begegnung des Menschen mit Licht darstellt: der Verlust und das Wiederfinden des Lichtes in der Dunkelheit. Dieser Zustand verstärkt das Streben einer barocken Kuppel nach oben, die horizontale Verlockung einer mittelalterlichen Apsis (unten), den Sog weißen Sandes in einem Zen-Tempel, das hypnotisierende Aufblitzen einer von oben beleuchteten Arkade oder eines Shintoschreins, die Erleichterung, wenn man von einer düsteren Gasse auf eine italienische Piazza tritt.

Aufgrund seiner verführerischen Kraft spielt Licht immer eine zentrale Rolle in einprägsamen Raumfolgen. Nicht isolierte Momente oder Blickwinkel sind für das Auge in Bewegung wichtig, sondern ein kontinuierlicher Fluss menschlicher Erkenntnis – eine Erfahrung, die laut Edmund Bacon auf dem »modularen Rhythmus der Schritte« und »der zeitlich erlebte Beziehung von Räumen zueinander« basiert.[30] Le Corbusier wendete bei der Formulierung seiner Poesie der Bewegung ähnliche Gedanken an, beginnend mit seiner Maison La Roche (1923; S. 150) in Paris, über die er schrieb, dass dieses Haus »wie eine *promenade architecturale*« sein würde, in der sich »das architektonische Schauspiel dem Auge nach und nach erschließt. Der Zuschauer folgt einem vorgeschriebenen Weg und die Szenen entfalten sich in großer Formenvielfalt. Es gibt ein Spiel hineinfließenden Lichts, das die Wände erleuchtet oder Halbdunkel erzeugt«.[31] Seine Villa Savoye basiert ebenfalls auf der langsamen Entfaltung »ständig variierender Aspekte – unerwartet und manchmal erstaunlich«. Um dieses Zusammenspiel von Licht und Bewegung zu erreichen, arrangierte er Wege entlang festgelegter Blickwinkel und Punkte sowie eine Reihe von gerahmten Blicken. Seine Häuser waren als die sich entwickelnden Elemente Licht und Raum gedacht, die nur durch die Bewegung in ihnen wahrgenommen werden können. Diese Art des Sehens in Sequenzen beinhaltet das, was Gordon Cullen in seinen *Townscape*-Essays als »serielles Sehen« bezeichnet.[32] Miteinander verbundene Blickpunkte bieten ein »Werkzeug, mit dem die menschliche Vorstellungskraft die Umgebung zu einem kohärenten Schauspiel formen kann.« Die filmischen Methoden der Architekten vorwegnehmend, empfiehlt Cullen die Benutzung von »seriellen Zeichnungen«, um die »Abfolge von Offenbarungen« zu studieren, die mit der Bewegung durch miteinander verbundene Räume einhergeht.

In den letzten Jahrzehnten sind unsere Vorstellungen von einer fließenden Wahrnehmung infolge der zunehmend beweglichen Bilder unserer visuellen Kultur weitreichender und lockerer geworden. Ein Aspekt dieser Verschiebung ist das wachsende Interesse an einer Art des Sehens, die vom Besucher Improvisation und Selbstbestimmung erfordert. Die Linzer Architekten Riepl Riepl setzen in ihrer Kirche St. Franziskus (2001; S. 234) das Licht dazu ein, die Aufmerksamkeit erst durch ein erhöht liegendes Leuchtelement zu erregen und dann den Besucher nach und nach mittels einer Reihe leuchtender, multi-axialer Komponenten durch das Gebäude zu leiten. Dabei erweitern sie den Begriff von Ikonen des »Raumes in Bewegung« wie Mies van der Rohes Barcelona-Pavillon (1929; rechte Seite). Ein glasumschlossener Garten zieht den Besucher zum Eingang, während ihn entfernt liegende Glaswände weiter nach drinnen locken: entweder schräg nach links über mehrere Wege in den Altarbereich oder zu einer Kapelle am rechten Ende – eine indirekte Wegeführung, die durch Abzweige oder Abkürzungen unterbrochen wird und schließlich in einer ebenso polyvalenten Haupthalle endet, deren eindringliche Altarwand sich mit dem Licht messen muss, welches umlaufend einsickert. Lichtreize kommen an strategischen Verbindungspunkten zum Einsatz und verlangen bei der Erfassung des asymmetrischen Raumkontinuums nach Improvisation.

La Madeleine, Vézelay, Frankreich

Peter Zumthors Therme in Vals (1996; S. 60) wird von ähnlichen Gedanken getragen, aber dieser durchlässige »Irrgarten« ist komplexer, seine geologischen Hohlräume vermitteln die Spannung einer Höhlenforschung. Diese radikal unbestimmte Choreografie findet ihre Parallele in den Versuchen von Künstlern und Dichtern des 20. Jahrhunderts, einen nicht linearen Wort- oder Bilderfluss zu konstruieren. In Anlehnung an die kubistische Malerei legte William Carlos Williams seine Dichtung als unvollendete Struktur an, in welcher der Leser sich in einem losen Rahmen bewegen kann, wodurch die Erzählstruktur »etwas flüssig […] wie Eis im März« werden kann.[33] Williams Bestreben verwandt ist der »projektive« oder »offene« Vers, der von Charles Olson entwickelt wurde, um ein Gedicht zu konstruieren, das »kinetisch« ist und sich ohne lineare Ordnung über das Blatt ausbreitet. Diese Art von Struktur ist im Wesentlichen ein »Prozess«, erklärt Olson, der es erfordert, dass »jede Wahrnehmung sofort und ohne Umweg zu einer weiteren Wahrnehmung führt.«[34]

Diese Vorstellungen von frei fließender Bewegung durch den Raum wurden wiederholt von Enric Miralles und Carme Pinós eingesetzt. Der räumliche Fluss ihrer Projekte leitet sich von der Topografie ab. Beim Internat in Morella (1994; rechts) entfaltet er sich als sprunghafte Folge schräger Einschnitte, die aus den Konturen heraustreten und in sich verdreht den Hang hinabfließen. Besucher bahnen sich ihren Weg durch trapezförmige Räume, angezogen von dem gebrochenen Glanz der Fenster und Oberlichter, die wie leuchtende Splitter flüchtige Blicke auf die Landschaft freigeben. Diese Kaskade zerstreuten Raumes beschreibt Miralles als eine »Explosion reflektierender Kristalle«, die sich in den »Fensterläden und transparenten Flächen manifestiert, die das Licht sammeln und es fragmentieren«. In Morella sind Lichtreize lose verteilt, wie die verstreuten, scheinbar zufälligen Volumina des amerikanischen Künstlers Michael Heizer. Es scheint, als ob sie durch die Naturgewalten Wasser und Wind dort platziert wurden. Heizer schreibt über sein Werk *Match Drop Dispersal* (1968): »Die Streichhölzer wurden als eine Art Mikado gebraucht […,] aus einer Höhe von zwei Fuß auf ein Blatt Papier geworfen und festgeklebt«, wodurch sie eine Form von »zerfallendem« Raum erzeugen, der auch den räumlichen Fluss in seinem zeitgleich erschienenem Werk *Dissipate* definiert.[35]

Internatsschule in Morella, Miralles & Pinós

In Steven Holls unterirdischem Anbau an das Nelson-Atkins Museum in Kansas City (2007; S. 64) ist die Bewegung »eingefädelt« und wird durch »Folgen gleitender und überlappender Perspektiven« gesteuert, wie er es beschreibt. Verführerisches Licht lockt den Besucher an und leitet ihn durch eine eher fragmentarische Narration – eine Idee, welche der »schwachen Ontologie« des italienischen Philosophen Gianni Vattimo ähnelt.[36] Licht zentriert weder den Raum, noch richtet es ihn aus, sondern tritt am Rand auf als ein »vages« und »marginales Hintergrundgeschehen«.

Barcelona-Pavillon, Mies van der Rohe

PROZESSION 55

Ein weiteres Medium, welches den prozessionsartigen Charakter des Lichtes in der Architektur beeinflusst hat, ist das Kino. Fumihiko Maki sagte einmal, dass Entwerfer wie Filmregisseure arbeiten und dabei innerhalb eines Gebäudes verschiedene Szenerien einsetzen. Entsprechend hat er Gebäuden wie der Spirale in Tokio (1985; unten) und dem Kyoto Museum of Modern Art (1986) eine Choreografie verliehen, die an Federico Fellinis Filme erinnert. Verwandte Ideen lassen sich in den Filmen Andrei Tarkowskis ausmachen, für den der Verlauf eines Filmes eher ein organisches als ein lineares Erlebnis ist, das durch Streckung des Filmes eintritt – hervorgerufen durch das menschliche Gedächtnis und durch Bilder, die eine Bedeutung heraufbeschwören, die über das unmittelbar Gesehene hinausgeht, und somit der Zeit gestatten, einen bestimmten Rahmen zu verlassen.[37] Dieser Prozess wird in Filmen wie *Nostalghia* (1983) durch traumhafte, atmosphärische Momente und den hypnotisierenden Zauber rhythmischen Lichts verstärkt. Eine weitere Technik, derer sich Tarkowski bedient, ist das Anlegen simultaner Zeitebenen, die Williams Analogie vom »Eis im März« und Violas »parallelen Zeiten« nicht unähnlich sind.

Simultane Strukturen können auch durch eine serielle Fensteranordnung geschaffen werden, wie beim Auditorium in León von Mansilla + Tuñón (2002; S. 68). Unregelmäßig angeordnete Lichtszenen leiten die Besucher eine serpentinenförmige Rampe empor. Bewegte Bilder werden auch von Jean Nouvel eingesetzt, der seine Gebäude als »szenografisch« beschreibt – mit Wegen, die entlang einer Serie von »Aufnahmewinkeln und Bildfenstern« komponiert sind. Im Kultur- und Kongresszentrum in Luzern (1999; oben rechts und S. 130) werden die Treppen zur Konzerthalle von metallischen Schleiern gesäumt, die abwechselnd Ausblicke ermöglichen und verhindern. Beim Betreten der dämmrigen Lobby oder der ebenfalls dunklen Terrasse darüber wird die Aufmerksamkeit des Besuchers einzig auf eine Serie von Öffnungen gelenkt, die in Lage und Form variieren. Jede Szene ist sorgfältig auf ausgewählte städtische Monumente oder alpine Landschaftspunkte ausgerichtet, wird sowohl durch das Leben draußen als auch durch das eigene bewegliche Auge animiert und erzeugt den Eindruck vielfacher Filmprojektionen in einem dunklen Kino. Diese Bilder erinnern an Michelangelo Antonionis Geschichten aus »Passagen und Fragmenten«, die »unausgeglichen, wie unser Leben« sind und in Filmen wie *L'avventura* (1960) oder *Blow-Up* (1966) eingesetzt wurden.[38] Auf die gleiche Weise gerät (sobald der Besucher einen Ausblick passiert hat) eine weitere, ganz andere Szene ins Blickfeld, die eine Raum-Zeit schafft, welche episodisch ist, deren Sequenz vom Betrachter verlangsamt oder beschleunigt, vorwärts oder rückwärts abgespielt werden kann.

Zu den eindrucksvollsten neueren Kompositionen mit divergenten Lichtbewegungen zählen die Gebäude Rafael Moneos, die gemäß der Idee des »Prozessionsrituals« konstruiert sind. Ein frühes Beispiel ist sein Museum für Römische Kunst in Mérida (1986; S. 58), dessen starke »Hauptströmung« sich stetig in Nebenarme verzweigt. Einer dieser Wege senkt sich auf einer Zickzackrampe in die unterirdische Dunkelheit archäologischer Überreste, schwach erhellt von vertikalen Lichtschächten. Andere Wege zweigen im rechten Winkel an Treppen oder Brücken ab und durchlaufen eine Reihe von Galerien, die von Wänden unterteilt sind, welche Ruinen ähneln. All diese Fragmente von Zeit und Raum werden durch eine hypnotisierende Reihe von Mauerwerksflächen,

Kultur- und Kongresszentrum, Jean Nouvel

Spirale, Fumihiko Maki
Rechte Seite: Modern Art Museum of Fort Worth, Tadao Ando

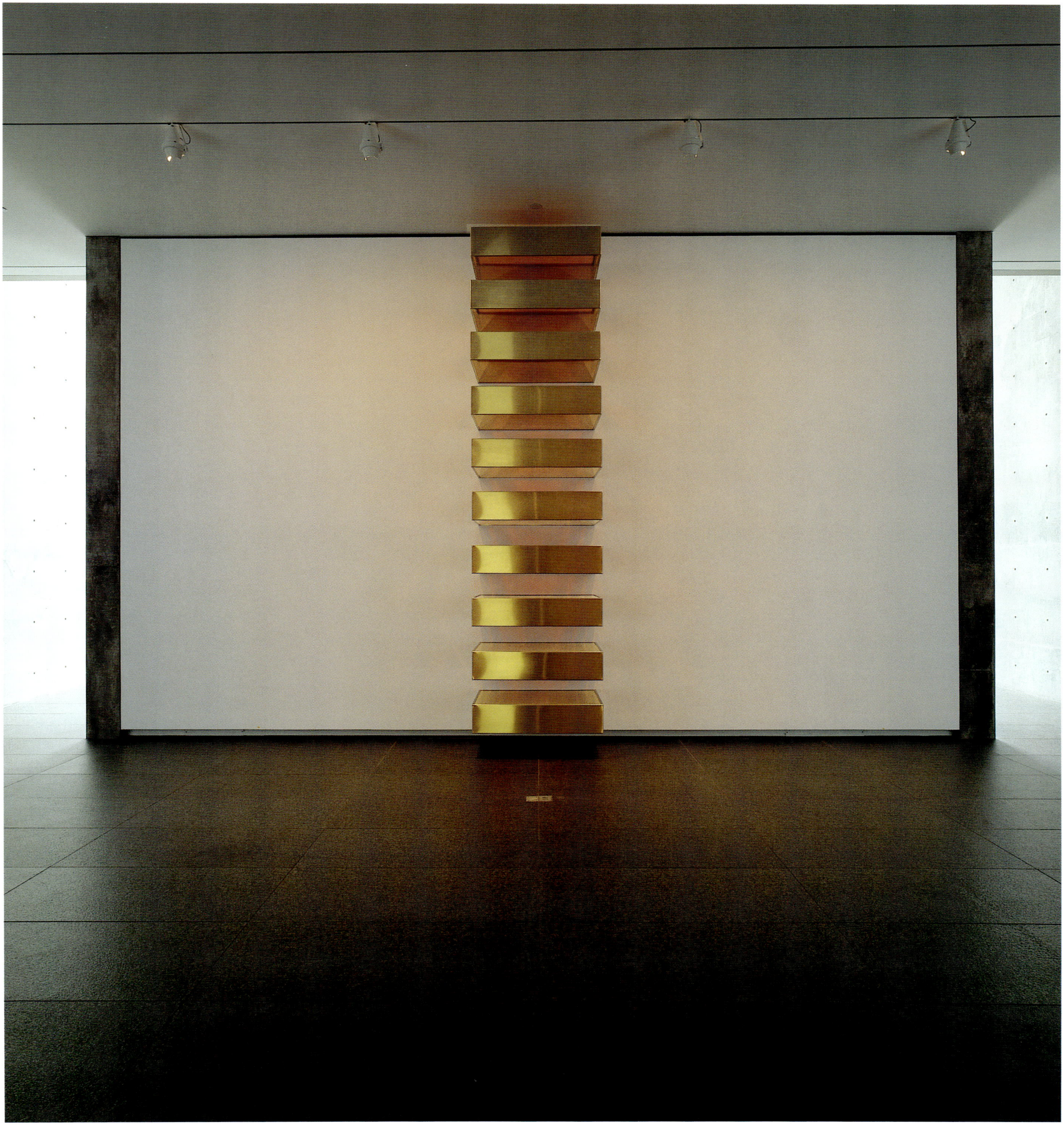

die mittels die Hauptachse querender Dachschlitze und durch die gezielte Beleuchtung einer einzigen Stirnwand Licht erhalten, zwar verbunden, nicht aber bestimmt.

Moneos Fähigkeit, in jedem Gebäude eine multivalente Prozession zu inszenieren, wird ferner deutlich im Davis Museum am Wellesley College, Massachusetts (1993; unten). Vom Erdgeschoss aus steigt man über nah beieinander liegende, gegenläufige Treppenarme langsam nach oben – unterbrochen nur von den Podesten, wo sich die Arme wieder treffen. In der Mitte jeden Armes öffnet sich die spärlich beleuchtete Treppe zu darüber und darunter liegenden Galerien, die von oben her Licht erhalten und Blicke wie von einem Balkon freigeben. Dieses Oszillieren zwischen Dunkelheit und Helligkeit findet sich auch in einem weiteren, viel stärkeren Erlebnis: einem stufenweisen Aufstieg von der Erde zum Himmel, der seinen Höhepunkt in einer Skulpturengalerie findet, welche über Oberlichtbänder mit Tageslicht überflutet wird. »Der Aufstieg ist wie ein Akt der Reinigung«, sagt Moneo, »in dem das Licht vom Oberlicht kommt – nahezu vom Himmel.« Im Unterschied dazu schlängeln sich die lose aufgeteilten Pfade der Miró-Stiftung in Palma de Mallorca (1993; S. 72) einen Hügel hinab. Ihre Form ist von der kindlichen Fröhlichkeit der Werke Mirós inspiriert. Wiederum völlig anders ist Moneos Cathedral of our Lady of the Angels in Los Angeles (2003; S. 230), bei der die Bewegung durch gelegentlich abzweigende Pfade aufgelockert wird. Der Wunsch nach einer ostorientierten Apsis führte zu einem indirekten Weg, der am östlichen Ende beginnt und dann in einen dunklen Chorumgang übergeht, der das Hauptschiff umfasst, das durch eine Reihe von Kapellen teilweise verdeckt wird. Dieser Weg wird zum hinteren Teil der Kirche geführt: durch eine Lichtwoge, die auf der einen Seite durch einem fortlaufenden Dachstreifen hereinströmt, sowie auf der anderen Seite durch den Rhythmus der von oben beleuchteten Kapellen, zwischen denen sich abwechselnd schmale Sichtschlitze und Zugänge in das hoch aufragende, leuchtende Schiff befinden. Das Auge wird durch optische Rhythmen und ein schwebendes Kreuz in einem Lichtschacht zum Altar geleitet.

Einer solchen Komplexität der inneren Wegeführung steht eine Gruppe von Gebäuden des norwegischen Architekten Sverre Fehn entgegen. Die Wege

Forest of Tombs Museum, Tadao Ando

erwachsen hier aus einer längeren Wanderung durch die Landschaft. Obwohl sich Fehns Architektur – von kleinen Häusern bis zu Museen wie dem Ivar-Aasen-Zentrum (2000; S. 74) – im Allgemeinen eher entlang einer einfachen linearen Achse entwickelt, überlagert er diesen Weg mit Strängen, die ständig auseinander- und zusammenlaufen, sich kreuzen und wieder vereinen. Und er verbindet diese mit poetischen Bildern, die eine Reise zu Ufern jenseits des menschlichen Auges heraufbeschwören. Innere Wege öffnen sich an beiden Enden zur Natur hin, im Tageslicht beginnend und endend, und werden unter-

Museum für Römische Kunst, Rafael Moneo

Davis Museum, Rafael Moneo

Villa Busk, Sverre Fehn

wegs von einem Rhythmus aus Licht und Dunkel moduliert, der an nordische Wälder denken lässt. Diese archetypischen Muster werden von Fehns Begriff der »verlängerten Architektur« bestimmt, bei der »das Gebäude wie eine Linie in der Landschaft liegt« und »einen Pfad nachvollzieht, indem es auf das Antlitz der Welt schreibt.« Ein hervorragendes Beispiel ist seine Villa Busk (1990; linke Seite), die als Linie gedacht ist, die horizontal und vertikal durch eine glaziale Landschaft schneidet, als eine Linie, von der Fehn »annahm, sie wäre der Traum von einer Reise, die ich noch vor mir hatte.« Dieser Traum ist zutiefst norwegisch, angefangen bei den schützenden Felsen und Bäumen des Waldes und über die Freiheit der Fjorde hinaus, deren Horizonte sich der weiten Welt und einer viel versprechenden Zukunft öffnen.

Rem Koolhaas führt seine Gebäude wieder ihrem urbanen Kontext zu. Die Promenade seiner niederländischen Botschaft (2004; S. 76) in Berlin bezieht die städtische Umgebung wiederholt in ihren Verlauf mit ein. Die angrenzende Klosterstraße läuft als Rampe in die Botschaft, die sich im weiteren Verlauf durch eine Lobby schlängelt und sich entlang einer Spirale unregelmäßiger und oft spontaner Fragmente bis aufs Dach windet. Unterwegs werden Rampenabschnitte – und Übergänge zwischen diesen – von Tageslichtreizen geleitet: von plötzlichem Lichteinfall und gerahmten Ausblicken auf die Stadt sowie von den Reflexionen der Aluminiumhaut.

Tadao Ando setzt Licht als Mittel ein, um Auge und Geist zu beruhigen, indem es sich langsam von der Außenwelt zurückzieht. Umgekehrt soll es Hürden abbauen, indem es an der Nahtstelle von sich verschneidenden Raumvolumen eindringt. Ando beschreibt seine Intentionen als ein »Entfalten des Raumes« mit »Entdeckergeist«, in dem die einzelnen Komponenten eine »Reihe architektonischer Räumen unterschiedlicher Stimmung« bilden. Obwohl sie Kompositionen äußerst abstrakter, zeitgenössischer Volumen darstellen, sind den inneren Wegen zutiefst japanische Bilder einbeschrieben, die an das weiche, diffuse Licht erinnern, das zu einem Teehaus führt; an den labyrinthischen Zugang zu einem Shintoschrein oder Zentempel; an die sanfte Technik des Verbergens und Enthüllens eines Wandelgartens. Ando übertrifft diese zeitlich-räumlichen Quellen sowohl in der Komplexität und Spannung seiner Wegführung als auch hinsichtlich der vielen Brüche: Er verwandelt Gebäude in eine lang gestreckten Serie beweglicher kinematischer Fragmente.

Andos Gebäude sind von einer einzigartigen Choreografie von Licht und Bewegung bestimmt und werden durch ein Gefühl der Rückkehr zu unseren Wurzeln intensiviert. Da ist zum Beispiel die Kapelle auf dem Berg Rokko (1986; unten), deren transluzente Glasröhre die Sinne beruhigt, bevor man durch die Dunkelheit in das wiederbelebende Licht einer halb unterirdischen Kapelle tritt; oder die Akka-Galerie (1990; unten), deren hängende Treppe an einer riesigen, gekrümmten Wand zum Himmel emporsteigt und dabei zwischen Schatten und Lichtströmen hin- und herschwingt. Und da ist das Forest of Tombs Museum (1992; unten und linke Seite), dessen spiralförmige Rampe sich zunächst in dunkle, unterirdische Galerien hinabschwingt, um dann mit einem rampenförmigen Aufstieg zu enden, der an von oben beleuchteten Wänden entlang und durch diese hindurchführt. Die Galerien des Modern Art Museum of Fort Worth (2002; S. 57) besitzen ebenfalls gewundene Wege, auf denen sich Schatten mit metaphysischen Wasserreflexionen abwechseln. Diese Labyrinthe widerspiegeln eine japanische Finesse: die Vergrößerung begrenzter Räume, durch Vervielfachung der Anzahl und Qualität der wahrgenommenen Ereignisse. Das Tempo der eigenen Bewegung wird verlangsamt, mit Momenten angereichert. Doch das Beeindruckendste an diesen Gebäuden ist die Bandbreite von Ebenen, auf denen die Lichtsequenzen wirken: Sie befriedigen die menschliche Sehnsucht nach Ruhe, bieten aber auch das Erlebnis einer spirituellen Reise. Sie erinnern uns dabei an die grundlegenden Rhythmen des Lebens und an das Vereinen der Gegensätze – beides versinnbildlicht in der Zenphilosophie.

Kapelle auf dem Berg Rokko, Tadao Ando

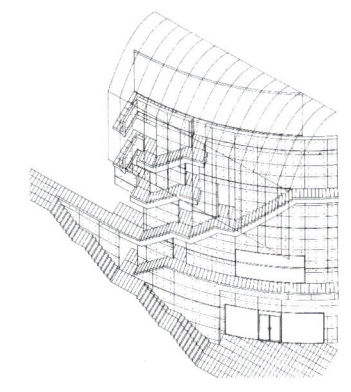

Akka-Gallerie, Tadao Ando

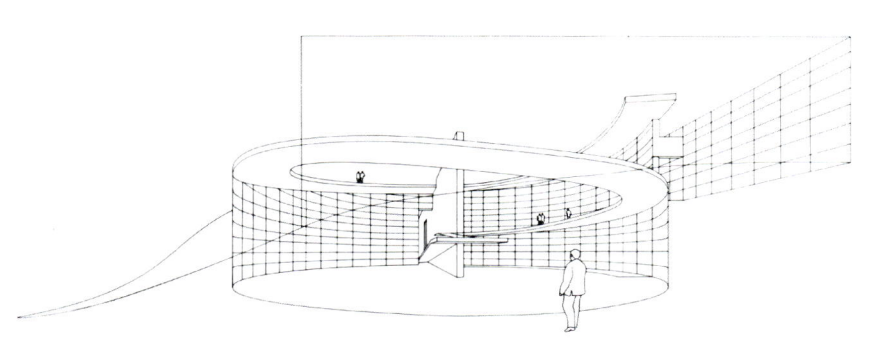

Forest of Tombs Museum, Tadao Ando

Lichtpfad zum »Feuerbad« (rechts) und zum hinten liegenden »Trinkstein«
Rechte Seite: Passage zum Außenbecken im Hintergrund, vorbei am »Massageraum« (links) und dem zentralen Bad (rechts)

Therme in Vals, Schweiz Peter Zumthor

Die feierliche Prozession durch diese Bäder (1996) im Schweizer Dorf Vals beginnt mit einer absichtlichen Umkehrung: ein düsterer unterirdischer Tunnel, gefolgt von dunklen Mahagoni getäfelten Umkleideräumen, was eine Sehnsucht nach dem folgenden Licht bewirkt. Der nunmehr nackte Badende steigt in eine gigantische Höhle hinab, wobei Licht hier und da aus Spalten im Dach in die Dunkelheit dringt. Die Navigation in dem Wegenetz, das zu den Bädern und Duschen führt, die sich in eigenen Steinkammern befinden, wird von den leuchtenden Pfaden entfernter Fenster erleichtert. Sie tauchen überall wie der Ariadnefaden Theseus' auf, um den Besucher durch die Räume – und letztlich zu einem Außenbecken – zu geleiten. Diese rituelle Bewegung von lose gefasster Choreografie wird von Zumthor als »mäandrierend« beschrieben. Die Kontraste in Temperatur, Geruch und Klang werden von einem wechselnden Licht begleitet, das von oben einfällt. »Es war unglaublich wichtig für uns, ein Gefühl der Bewegungsfreiheit zu erzeugen«, erinnert sich Zumthor, »eine Umgebung des Wandelns, eine Stimmung, welche die Leute weniger leitet als verführt.«

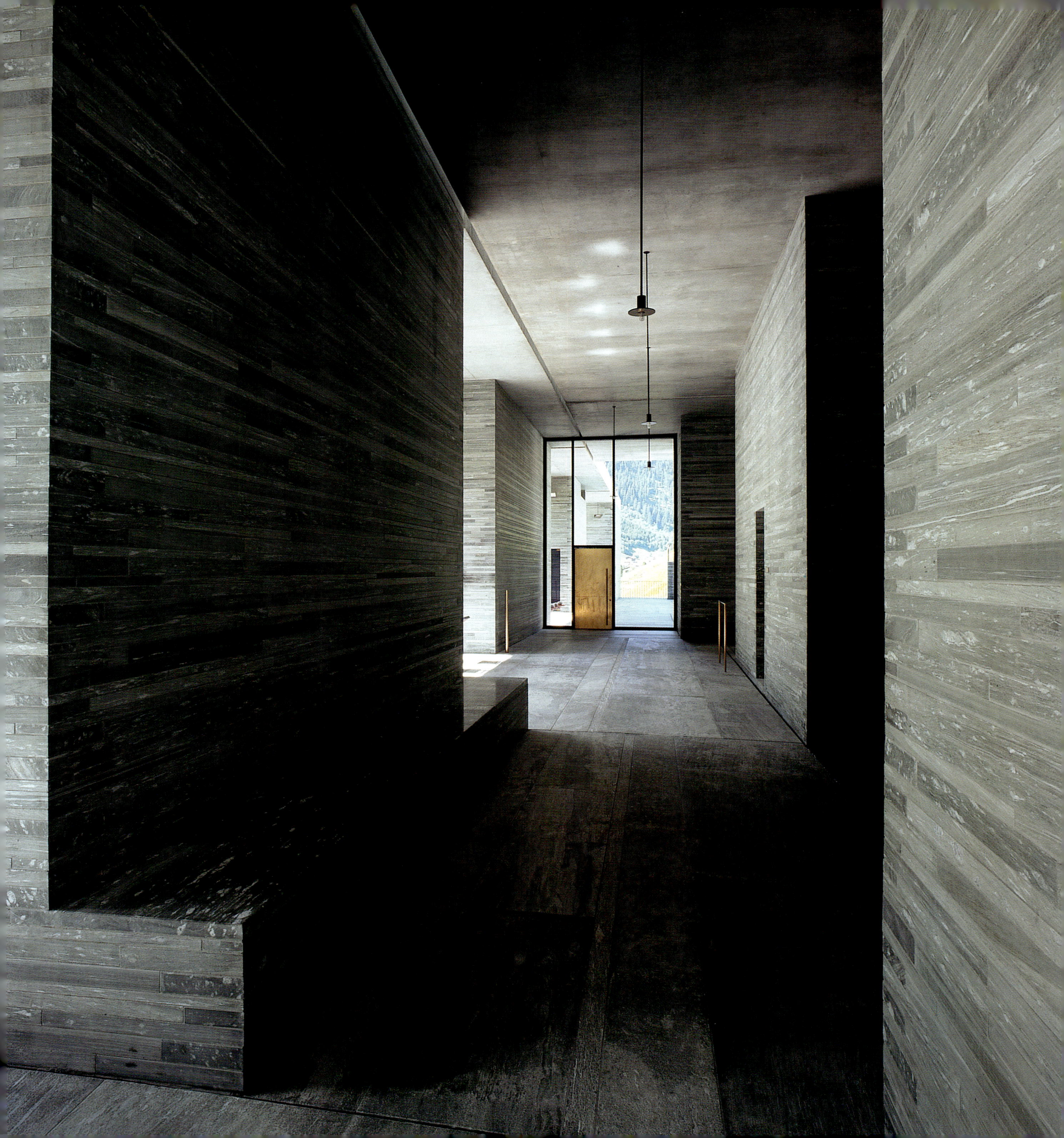

Rampe von den Umkleiden (links) zu den Bädern (rechts)

Im Uhrzeigersinn von oben links: Wasser und Licht führen im 180-Grad-Winkel zum »Klangbad« (rechts); Zweiteingang zu den Bädern; zentrales »Innenbecken«; zentrales Bad (rechts) und dunkler Ankunftsbereich (hinten links)

PROZESSION 63

Sequenz der »Glaslinsen« in der Dämmerung
Rechte Seite: Ankunft im Erdgeschoss mit Rampen hinunter zum Museum und hinauf zur Bibliothek

Bloch Building, Nelson-Atkins Museum, Missouri, USA
Steven Holl

Obwohl sie niemals als hierarchische Signale eingesetzt werden, locken in Steven Holls Erweiterungsbau für das Nelson-Atkins Museum in Kansas City (2007) die Leuchtflächen – von Klarglas bis zu transluzenten U-Profilgläsern, von seitlichem Licht zu Oberlicht sowie schließlich glatte Reflexionen polierter Böden und Putzwände – das Auge in viele Richtungen: durch immer neue durchlässige Räume sowie über zahllose Rampen und Treppen, die alle zu neuen Lichtquellen führen. Die Transparenz der Aktivitäten im Gebäude erwächst aus optischen Eindrücken verschiedener Position und Art, die sporadisch von oben, unten oder von beiden Seiten das Auge locken, während sie entlang der Außenhaut des Gebäudes konzentriert auftreten. Nachts erscheinen diese Lichteindrücke unter anderen Vorzeichen außen: als eine Kaskade von Laternen, welche die Besucher auf ihren Wegen durch einen Skulpturenpark leiten.

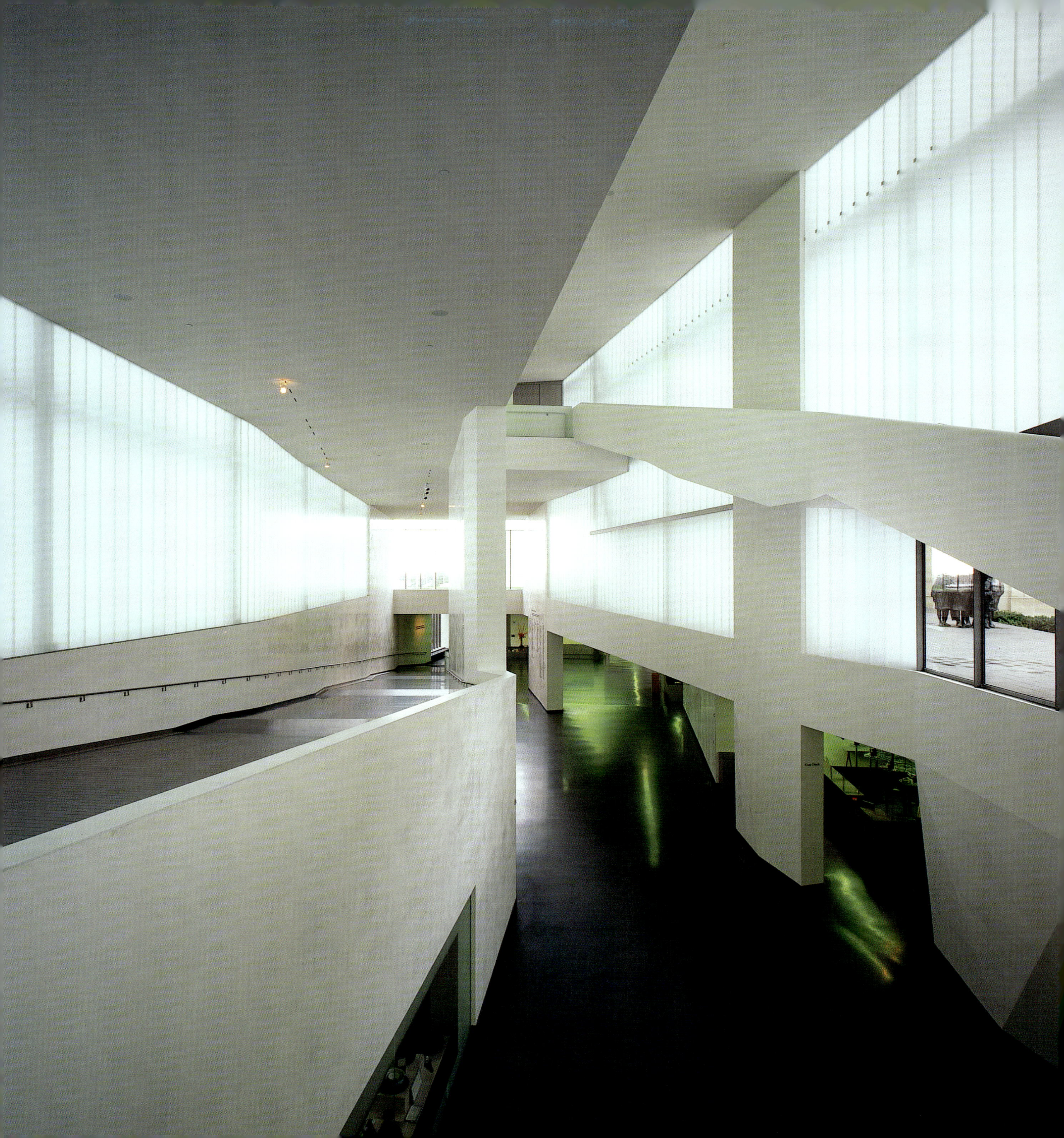

Auseinanderlaufende, von oben beleuchtete Pfade in den Galerien

66 **PROZESSION**

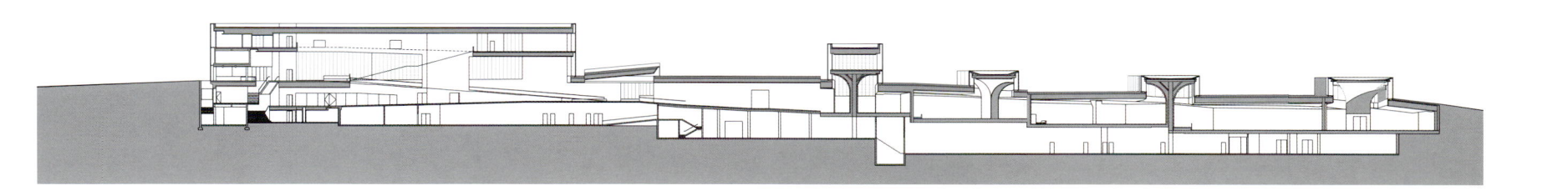

Fotografien (von links nach rechts): Noguchi-Galerie am Fuß der Rampe Richtung Skulpturenpark; Rampe zu den Galerien mit Zugang (rechts) zum Skulpturenpark
Zeichnungen (von oben nach unten): Längsschnitt; Aquarell der »Glaslinsen«

PROZESSION 67

Aufenthaltsbereich am Fuß der Rampe zu den Galerien
Rechte Seite: Hohe Fenster als Höhepunkt der Prozession auf der oberen Galerie

Auditorium in León, Spanien Mansilla+Tuñón

Mittels eines sogenannten »Fensterstapels« wird bei diesem öffentlichen Gebäude aus dem Jahr 2002 eine Prozession zu Ausstellungsräumen auf verschiedenen Niveaus geschaffen. Die kubistische Fassade dieser Serie von Rampen besitzt plastisch herausgearbeitete Fensterlaibungen, die unweigerlich an die Südwand von Le Corbusiers Kirche in Ronchamp (S. 10) erinnern, die aber in diesem Fall so geneigt sind, dass sie Blicke auf eine Stadt (León) freigeben, die einst den Jakobsweg markierte, und dem sich wandelnden Licht somit eine weitere Dimension verleihen. In einzelnen Zellen ist Licht gefangen – Signallichter evozierend –, welches das Auge Anstiege empor- und um Ecken herumleitet, während es den Wanderer dazu veranlasst, an jedem neuen Aussichtspunkt zu verweilen. Das Ergebnis sind eine Reihe von Filmausschnitten, eingebettet in einen längeren Film: Erstere bestehen aus einzelnen Szenen städtischer Lokalitäten und Letzterer ist ein ständigen Flimmern zwischen Himmel und Erde.

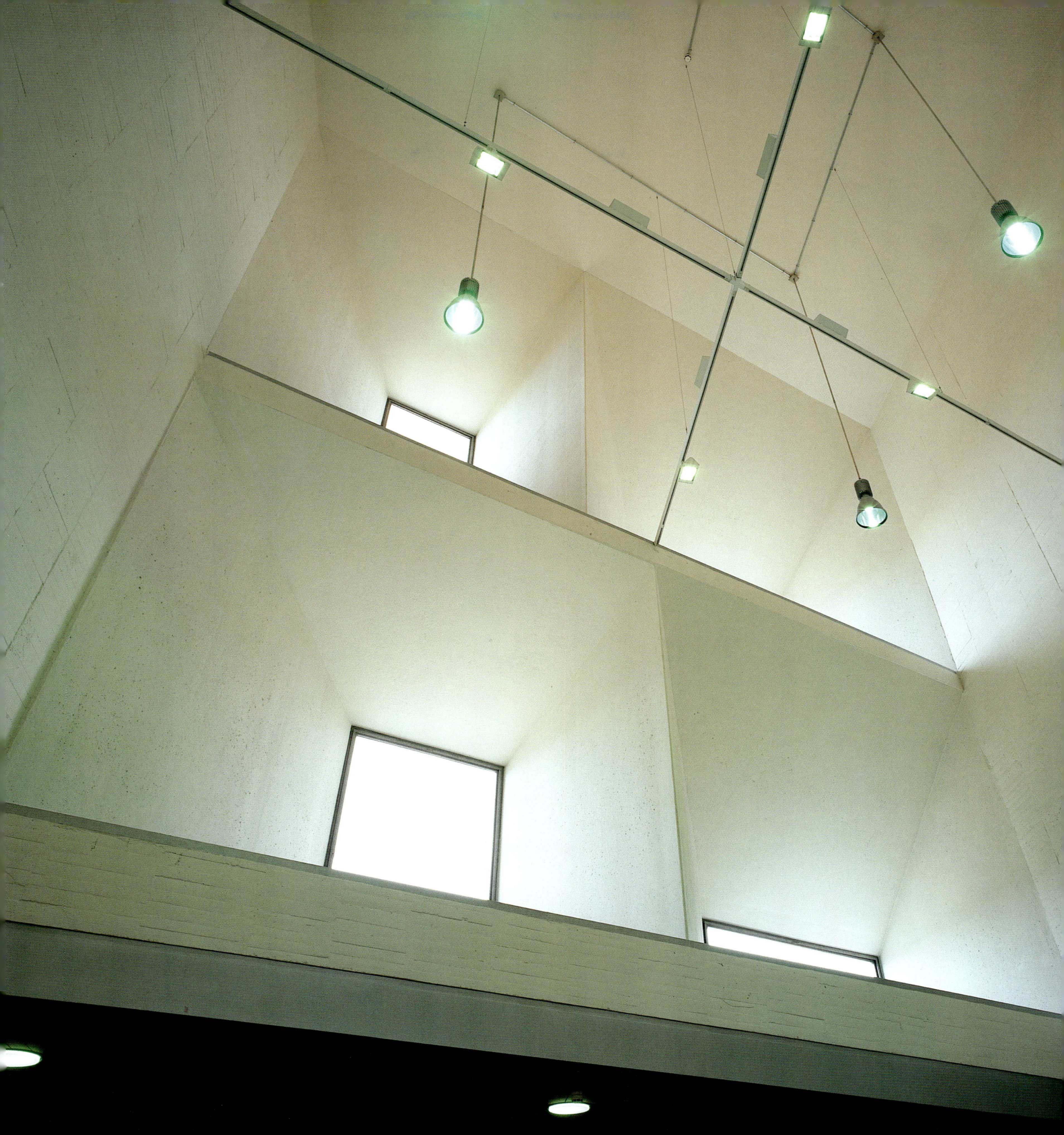

Im Uhrzeigersinn von oben links: Lobby des Auditoriums; erste Rampe mit tiefen Fensterlaibungen; Blick die Mittelrampe hinunter, die letzte Rampe zur oberen Galerie sichtbar auf der rechten Seite; gerahmter Ausblick zum historischen Kloster San Marcos

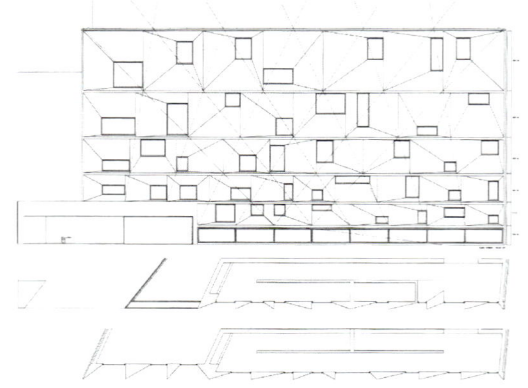

Ansicht und Grundrisse der Lichtfassade und der Rampen

Außenansicht

70 PROZESSION

Eingang

PROZESSION 71

Direkter Weg zu den Galerien der mittleren Ebene
Rechte Seite (im Uhrzeigersinn von oben links): Weitschweifige Verbindung von mittleren und unteren Galerien; Leuchtfenster aus Alabaster und transluzentem Glas; Fenster mit tiefer Laibung als optischer Reiz; Untergeschossplan der Galerien

Stiftung Pilar und Joan Miró, Spanien Rafael Moneo

Beim Betreten des Eingangsportals des Museums in Palma de Mallorca (1993) wird der Besucher mit einem surrealen Bild konfrontiert: einem wasserbedeckten Dach, das mit dem Meer im Hintergrund verschmilzt, dessen leuchtende Fläche es abstrahiert und näher bringt. Nachdem man über Treppen in die Lobby hinabgestiegen ist, gelangt man indirekt zu Galerien. Von dort an löst der Pfad das Gebäude in Teile auf, die sich in Stufen den Hang hinabbewegen. Wege mäandern hinein und heraus, teilen oder vereinen sich an keilförmigen Wänden und werden dabei vom Schimmern des Lichtes geleitet: von tief liegenden Fenstern, die das Auge auf Wassergärten leiten; von geneigten horizontale Lamellen, die das Sonnenlicht filtern; von geometrischen, aus dem Dach geschnittenen Trichtern; von abgewinkelten Laibungen, die wie Leuchtsignale wirken; und überall von dem warmen, einladenden Leuchten des Alabasters, der die Wandabstände ausfüllt. Wege verbinden die Galerien auf eher ausschweifende denn direkte Weise, teilen sich in viele Richtungen mit turbulenten, unerwarteten Ausblicken, plötzlichen Licht-und-Schatten-Kontrasten und wiederkehrenden Überlagerungen von Schirmen und optischen Alterationen.

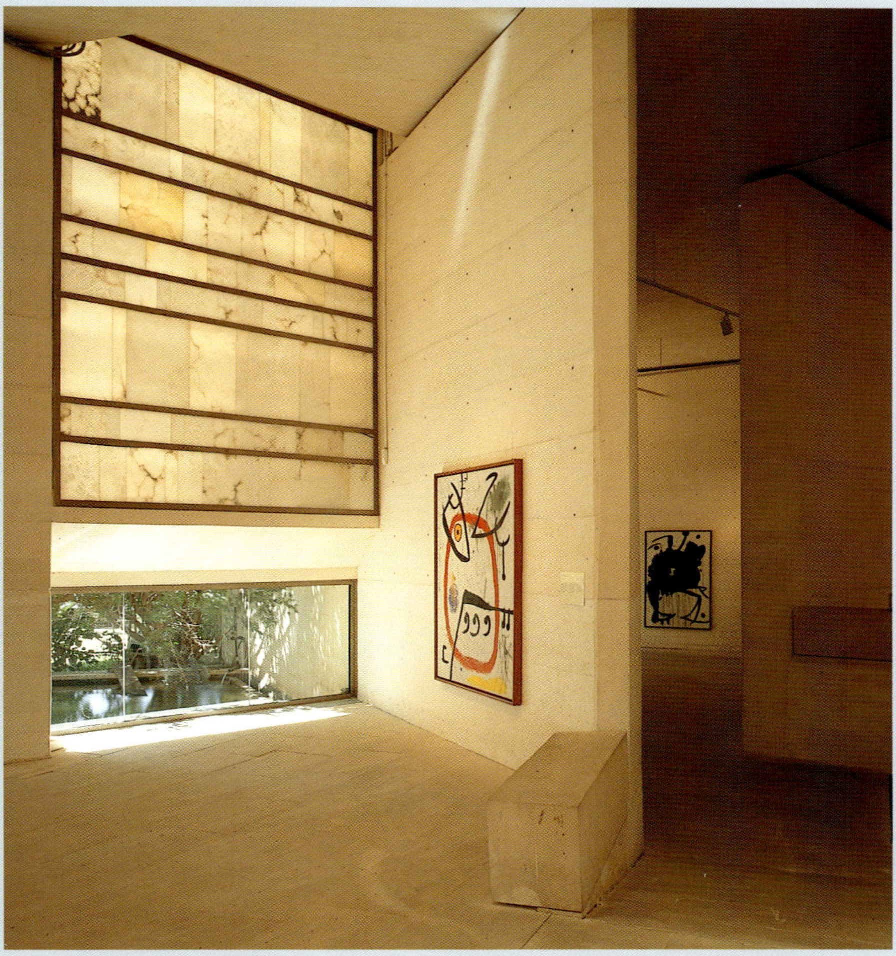

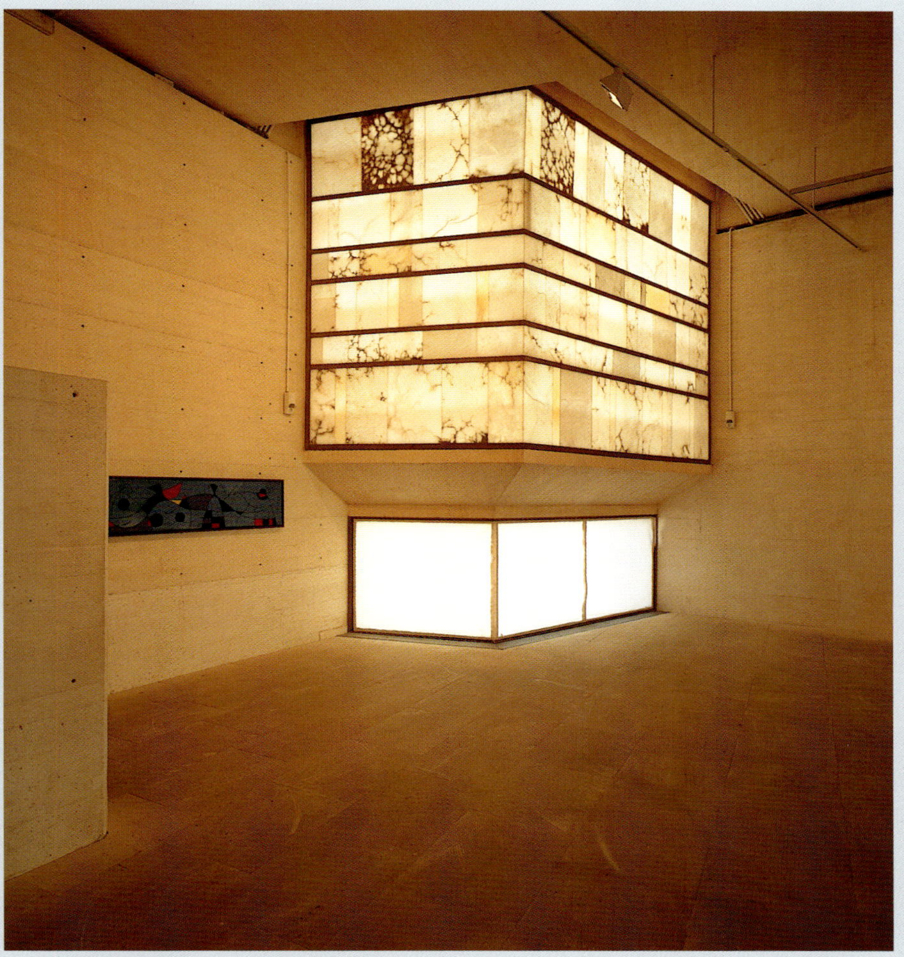

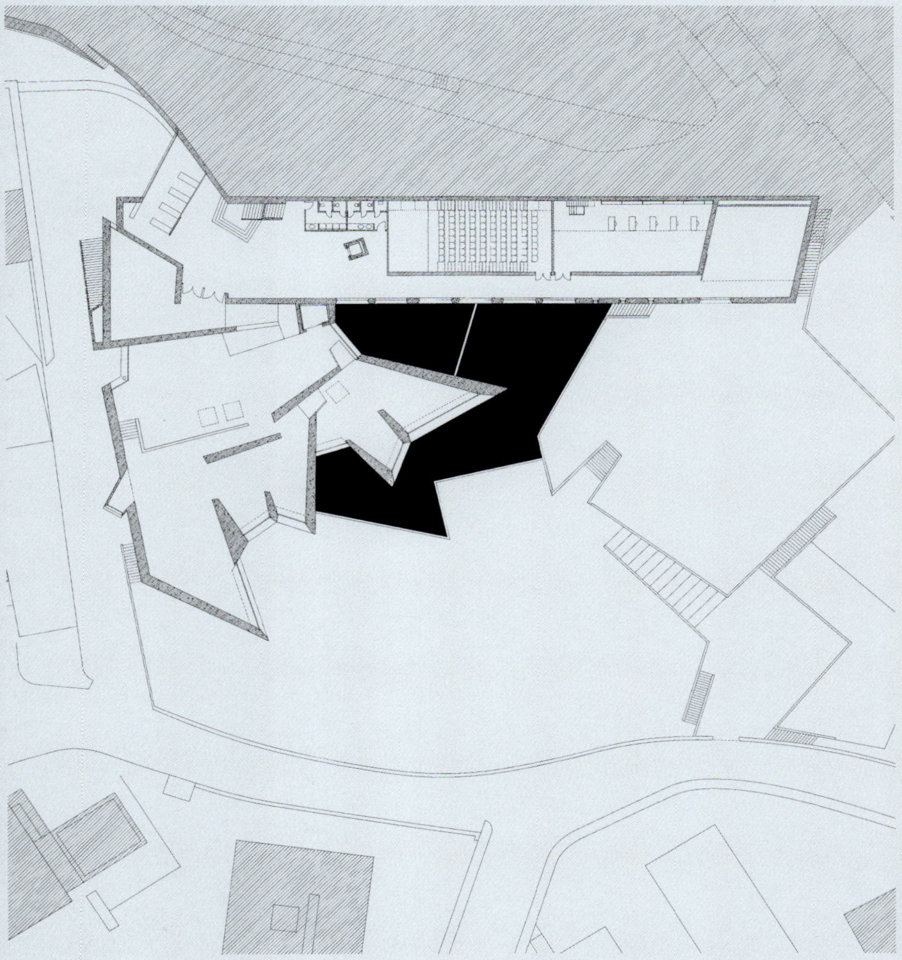

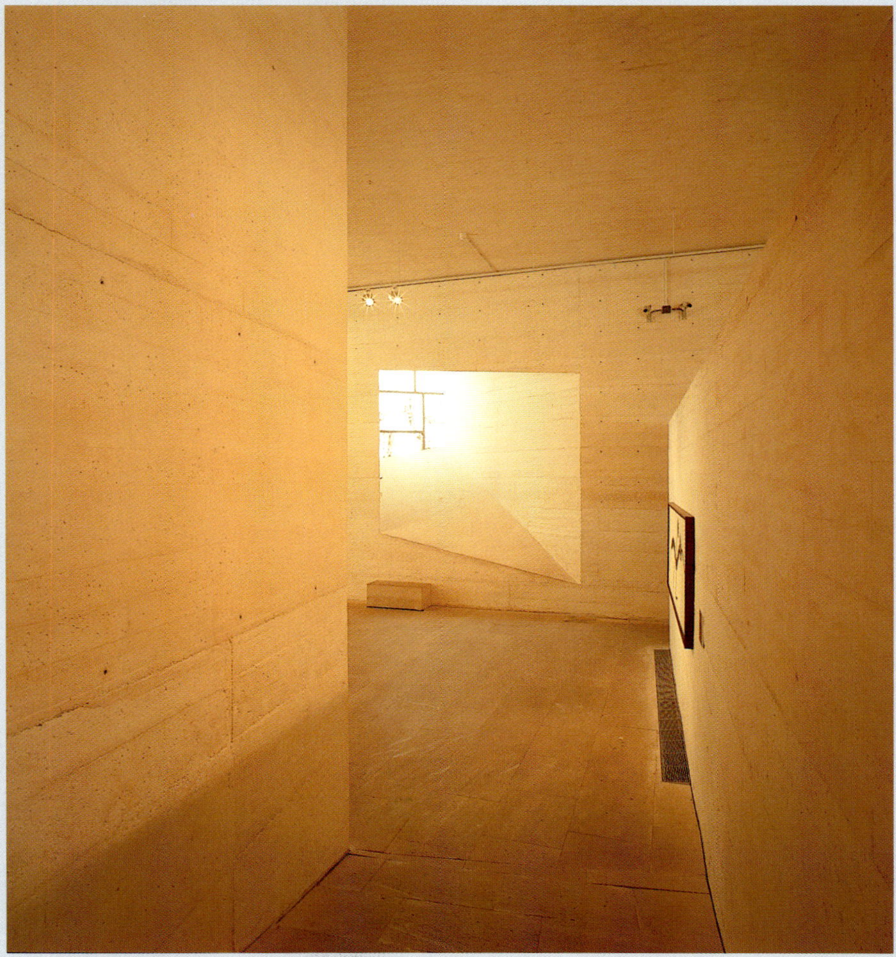

Von oben beleuchtete Bibliothek auf der Nordseite des Korridors
Rechte Seite (im Uhrzeigersinn von oben links): Von der Seite beleuchtete Galerie mit rekonstruiertem Arbeitszimmer Aasens; Lichtfang der Stützwand in von oben beleuchteten Galerien; Exponate im Südfenster; Anfang der Museumssequenz mit Blickrichtung nach Westen

Ivar-Aasen-Zentrum, Norwegen Sverre Fehn

Im Herzen von Sverre Fehns Museen entstehen poetische Reisen durch pulsierendes Licht, wobei Letzteres zwischen Waldesrhythmen und dem eisigen Glänzen von Glaskästen changiert. Das Ivar-Aasen-Zentrum in Ørsta (2000) besetzt die Schnittstelle zwischen dem Haus der Kindheit seines Namensgebers und dem fernen Voldsfjord, und verbindet somit den dunklen Raum der Wurzeln des Linguisten Aasen mit dem hellen Horizont seiner folgenden Berühmtheit. Diese Promenade vom Licht des Waldes zum Licht des Ozeans wird von Galerien mit unterschiedlicher Beleuchtung nachvollzogen: Die nördlichen werden von einer riesigen, kurvenförmigen Wand geschützt, die das spärliche arktische Licht einfängt und an verwobene, unterirdische Galerien verteilt. Die südlichen wechseln hingegen zwischen dunklen Nischen und gläsernen Räumen, welche das glazial geformte Tal und den Berg rahmen.

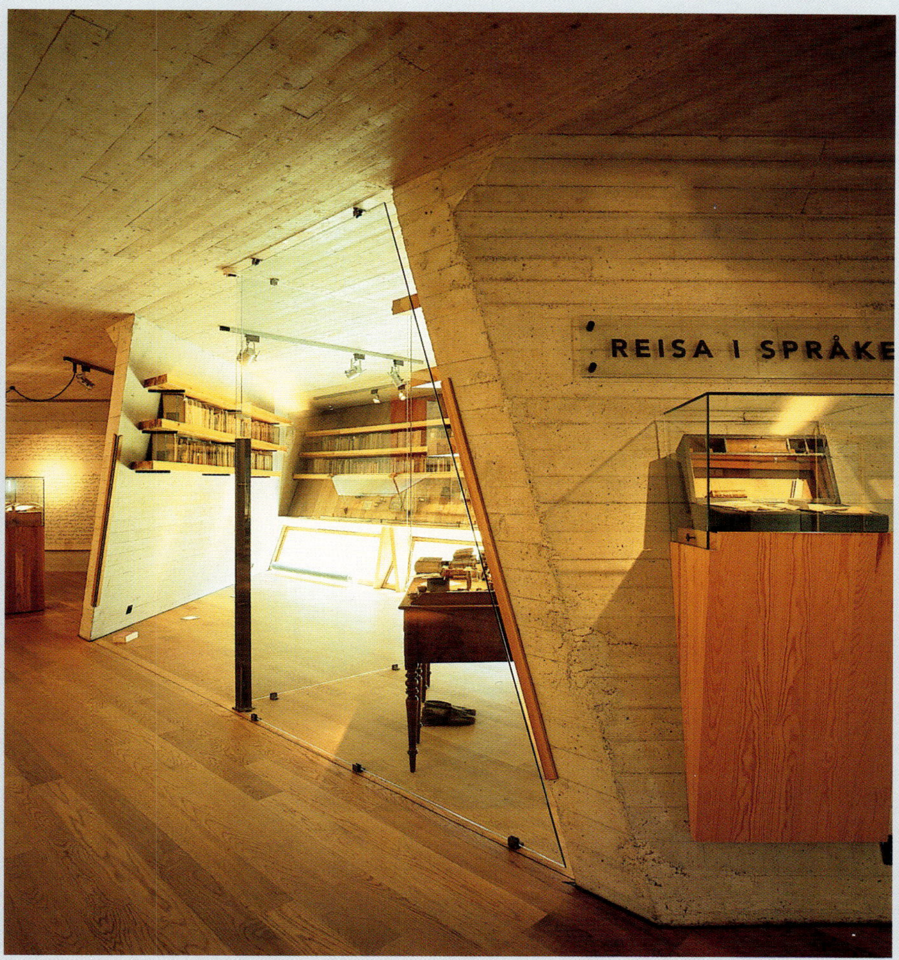
REISA I SPRÅKE

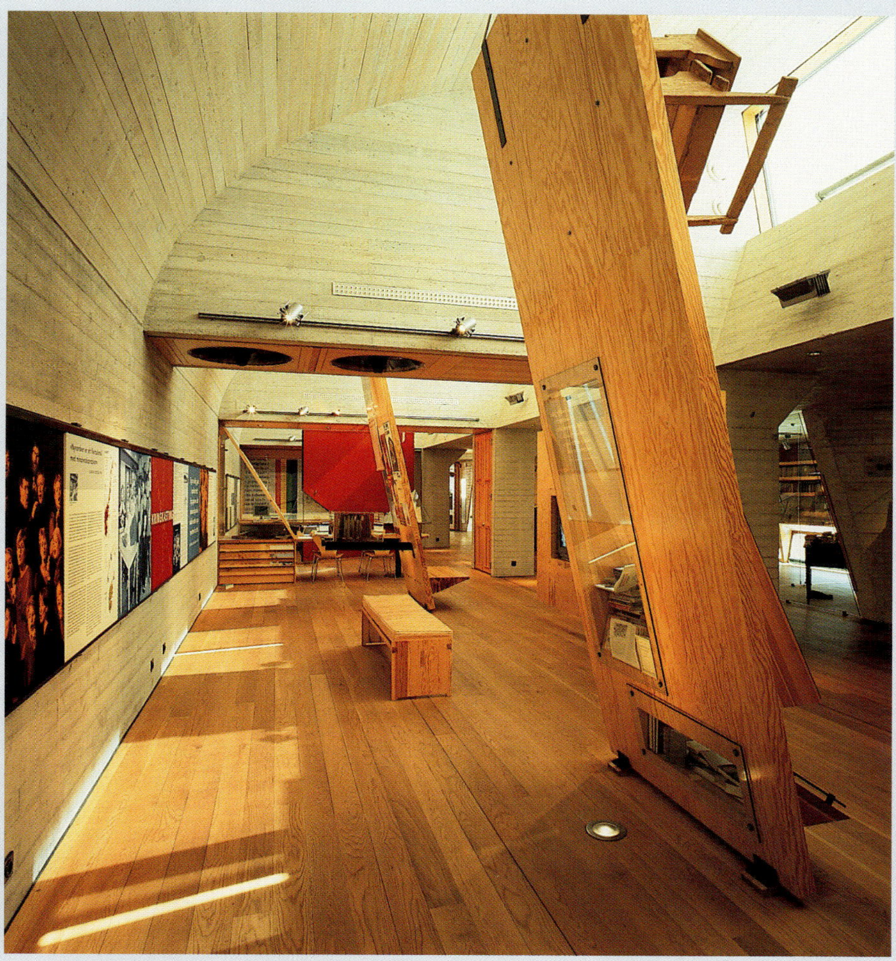

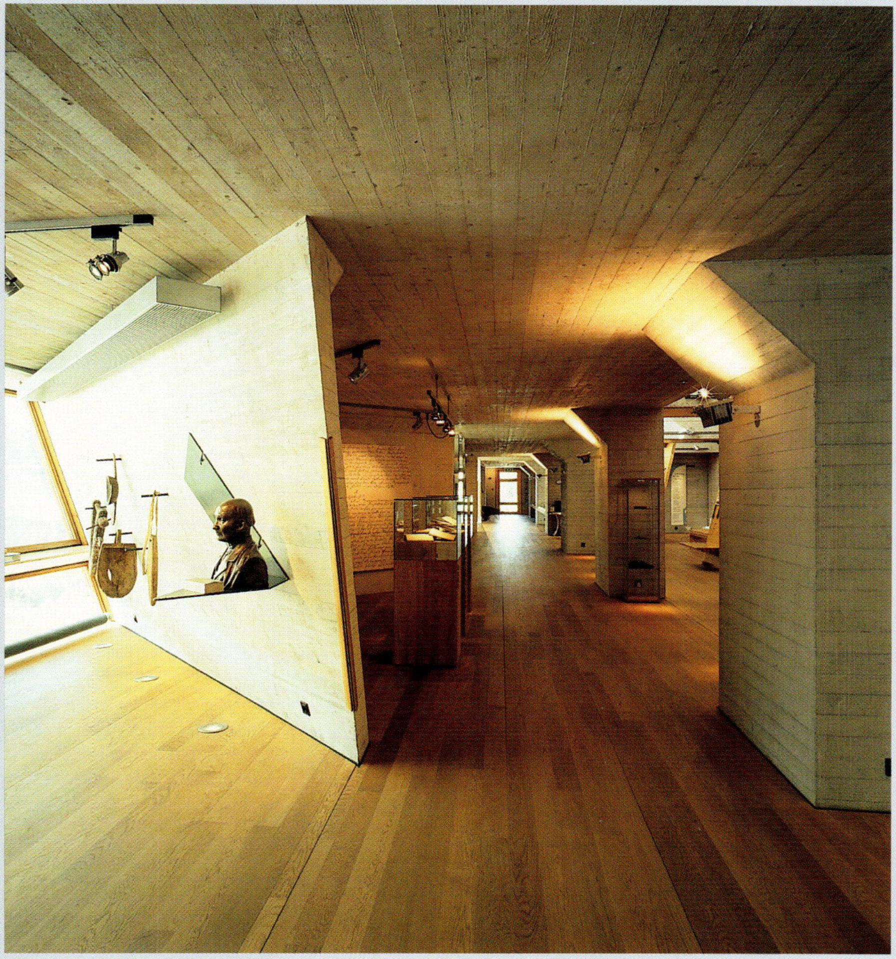

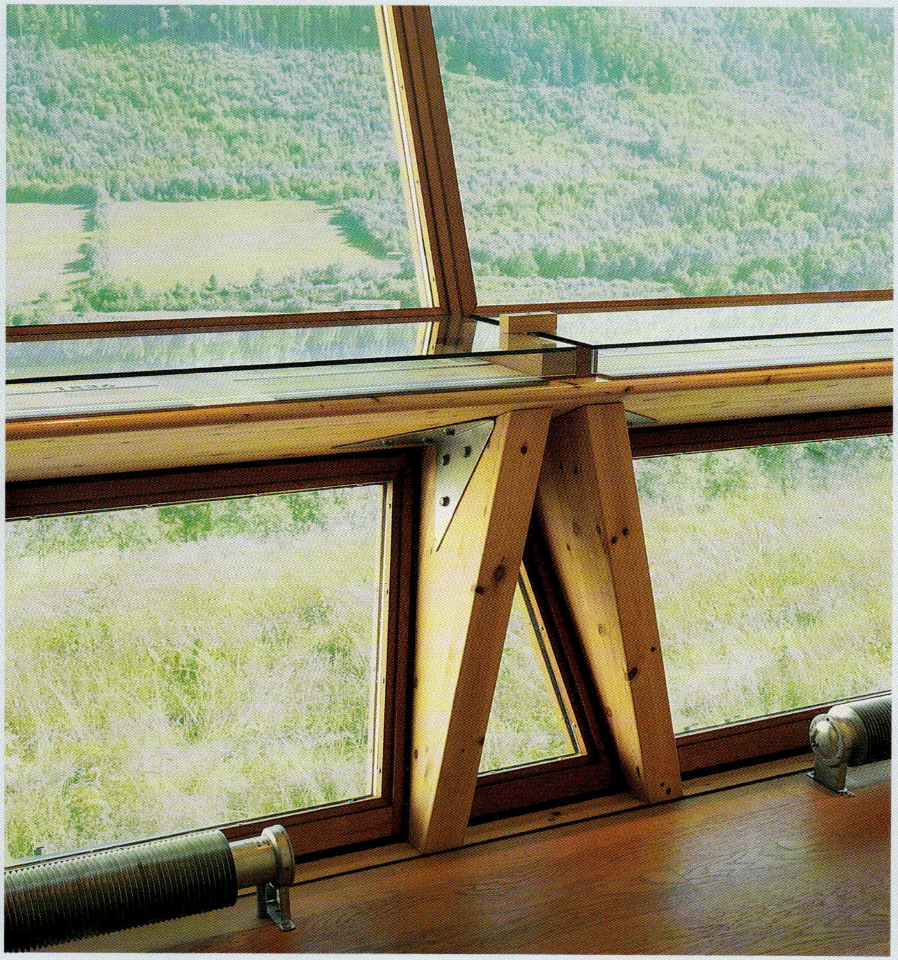

Blick zurück auf die »Verlaufs«-Rampe mit den Büros des Botschafters zur Linken
Rechte Seite: »Verlaufs«-Rampe auf VIP-Ebene

Niederländische Botschaft, Deutschland
Rem Koolhaas/OMA

Nachdem man das zenitale Licht des Eingangsbereiches durchschritten hat, verdunkelt sich der Weg durch das Botschaftsgebäude (2004) im Bereich der Lobby und Treppe, um dann in einer Glasröhre zu enden, die den Baukörper mit einem grünen Glasfußboden abschließt und einen Blick auf die Spree bietet. Nach diesem schwindelerregenden Beginn windet und gräbt sich der Weg durch das Gebäudeinnere: über nach oben führende Treppen, deren Podeste zu von farbigem Licht betonten Räumen führen und deren Verlauf von einer hell leuchtenden Aussicht auf Berlins Fernsehturm geleitet wird. Ganz oben findet die Röhre wieder zu sich und teilt sich in weitere Segmente, die sich durch die Gebäudemasse bohren oder die Außenhaut nachvollziehen, bis sie schließlich im Café der Dachterrasse wieder auftaucht. Diesem erratischen Fluss von Licht und Raum, Druck und Entlastung liegt Koolhaas' Konzept eines »Verlaufs« zugrunde. An die Stelle einer einfachen Gliederung oder einheitlichen Struktur tritt ein spiralförmiger Weg, der dem Zufall und dem kontrollierten Chaos des Jazz geistig verwandt und dessen Zickzackkurs wichtiger ist als die Räume, die er verbindet.

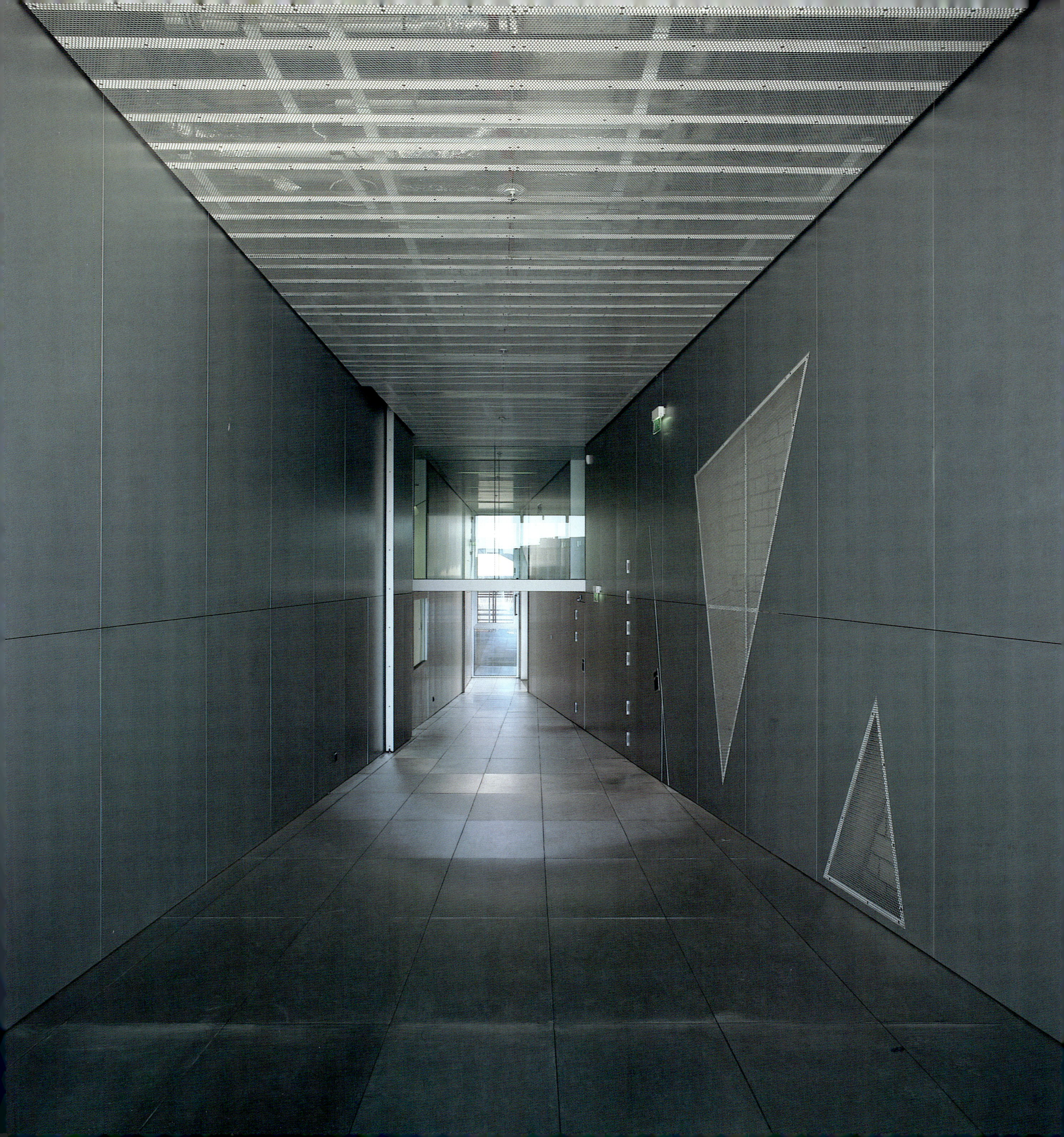

Im Uhrzeigersinn von oben links: Glasrampe des »Verlaufs«; »Verlauf« beim Wiedereintritt ins Gebäude und Treppengang entlang des diagonalen Tunnels mit Ausrichtung zum Fernsehturm; Absatz im 180-Grad-Winkel mit Blick durch Wohntrakt zum Fernsehturm; »Verlauf« entlang des Fitnessraumes mit Treppe zum Dachcafé (hinten)

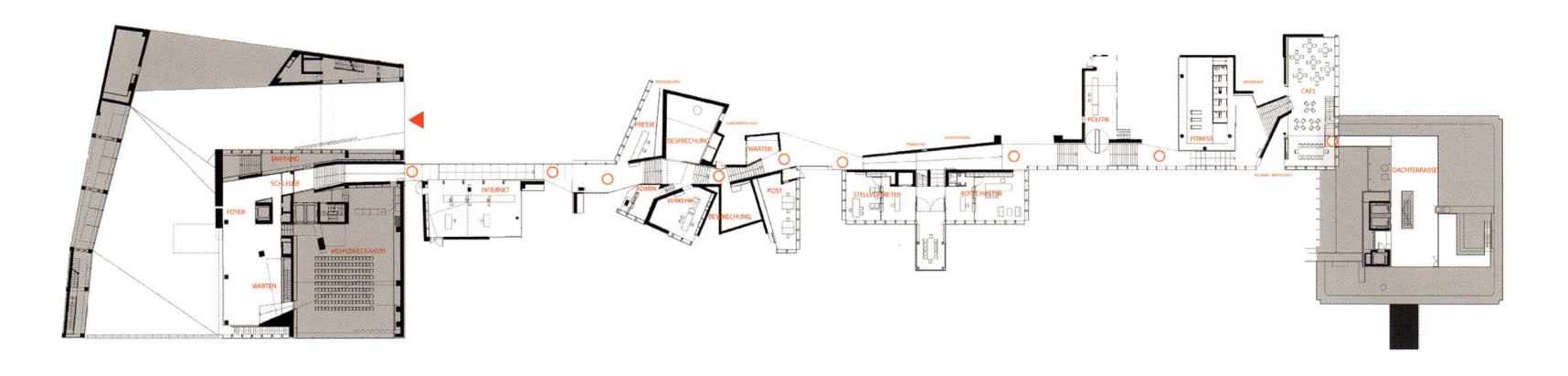

Oben: Der Konferenzraum des Botschafters: eine gläserne »Sky-Box«, die über den Eingangshof auskragt
Mitte: Abwicklungsplan des »Verlaufs« (die Kreise zeigen Richtungswechsel des Weges an)
Unten: Abwicklungsschnitt des »Verlaufs«, von Eingang/Rezeption zur Linken bis zum Dachcafé (rechts)

PROZESSION 79

GLASSCHLEIER

BRECHUNG DES LICHTES IN EINER DURCHSICHTIGEN HÜLLE

3 GLASSCHLEIER
Brechung des Lichtes in einer durchsichtigen Hülle

Kein Aspekt des natürlichen Lichts in der Architektur hat im letzten Jahrhundert mehr Aufmerksamkeit erfahren als das Zusammenspiel von Glas und Transparenz. Das primäre Interesse galt dem praktischen Nutzen großer Glasflächen, welche durch die industrielle Produktion möglich wurden und zu einer neuen Offenheit und Klarheit führten. Der ungehinderte Durchtritt von Licht basiert auf der Verwendung von völlig ebenem Flachglas, welches geschliffen und poliert wird, um alle optischen Beeinträchtigungen zu minimieren. Von der Aufklärung haben wir einen Lichtbegriff geerbt, der die Dinge dem Auge und dem Geist enthüllt und Objekte in größtmöglicher Auflösung darstellt.

Im Gegensatz dazu stehen die poetischen Werte Zweideutigkeit und Mysteriosität, die auftreten, wenn Glas mit Lichtstrahlen in Interaktion tritt, deren Kurs verändert und behindert. Ziel ist eine verschleierte Transparenz, bei der die Lichttransmission in einem gewissen Maße indirekt ist. Dem rationalen Drang, Glas unsichtbar zu machen, steht also die irrationale Sehnsucht nach dem Gegenteil gegenüber: die optischen Unwägbarkeiten des Glases zu betonen und Brechungen wie Reflexionen einzubeziehen, die das Glas zum Funkeln und Leuchten bringen und seine wunderbaren Eigenschaften vor Augen führen.

Die Stahl-Glas-Konstruktionen des 19. Jahrhunderts, zum Beispiel Decimus Burtons Palmenhaus in Kew Gardens (1848; unten), wollten beides miteinander verbinden. Die revolutionären *jardins de verre* Nordeuropas absorbierten ein Maximum an Tageslicht, schimmerten aber mit ihren sinnlichen, blasenartigen Membranen auch seiden, was dem Licht eine Art Unterwasser-Qualität verlieh. Diese Tendenz wurde im frühen 20. Jahrhunderts zu neuen Blüten geführt. In seinem Buch *Glass Architecture*, in dem er das Programm zu einer neuen »Glaskultur« verfasste, betonte Paul Scheerbart die Fähigkeit des Glases, dank »Leuchteffekten« wie »funkelnde Edelsteine« zu glänzen.[39] Seine Ideen waren verblüffend prophetisch: Glasgebäude als riesige Laternen, Glasfasern als Gebäudehüllen, Leuchtsäulen und Lichttürme, eine Kristallzimmer mit durchsichtigen Böden, Flughäfen als Glaspaläste, schwebende Glasarchitektur, eine gläserne Brücke. Sein Zeitgenosse Bruno Taut war ebenfalls einer eingetrübten Transparenz zugetan und beschrieb in *Alpine Architektur* (1917) seine Vorstellungen von brilliantartigen Baukörpern, deren facettiertes Glas »in der Sonne glänzen« und »schimmern« würde.

Die führenden Architekten Europas und Amerikas manipulierten das Glas, um eine komplexe, sich im Licht ständig wandelnde Optik zu erreichen, welche die Sicht sowohl verschleiert als auch bereichert. Hierzu zählen Mies van der Rohes unvollendetes Projekt für ein Glashochhaus (1921), die sich bewegende Glasgeometrie in Johannes Duikers und Bernard Bijvoets Zonnestraal Sanatorium (1928), die aufstrebende Glastreppe von Brinkman & Van der Vlugts Van-Nelle-Fabrik (1930), die transluzenten Linsen von Pierre Chareaus Maison de Verre und die Pyrex-Röhren in Frank Lloyd Wrights Johnson Wax Headquarters (1939; rechte Seite). Diese Werke gründeten auf einem Transparenzbegriff, bei dem die Lichttransmission zurückgenommen ist und dessen Ausblicke von bezaubernden astigmatischen Effekten verzerrt und verschleiert werden. Durch das Überlagern des Gesehenen mit glitzernden Reflexionen und Lichtbrechungen nimmt das Glas eine temporäre magische Erscheinung an.

Palmenhaus, Decimus Burton

Johnson Wax Headquarters, Frank Lloyd Wright

Das befreite Auge, das transparente Hüllen – also Glas, das eher ver- als völlig ent-hüllt und den Betrachter dabei zum »Starren« anregt – ebenso *betrachtet* wie *durchschaut*, hat sich zu einem weitverbreiteten Thema zeitgenössischer Architektur entwickelt.[40] Wo immer Licht gedämpfte, nur teilweise sichtbare Bilder hervorbringt, wird das Auge dazu gebracht, kreativ am *Akt* der Raumwahrnehmung teilzunehmen. Ein Improvisationsprozess der Wahrnehmung und der Psyche wird angeregt, da wir spüren, was nur angedeutet wird, und trancehafte Bilder aus unserem eigenen Unterbewusstsein zuordnen. »Das Verborgene übt einen Zauber aus« schreibt Jean Starobinski in *Das Leben der Augen*, und diesem »Zauber entströmt eine reale Anwesenheit, die uns verpflichtet, ihr das vorzuziehen, was sie verstellt, das Ferne, das zu erreichen sie uns hindert, eben wenn sie es uns darbietet.«[41]

Die wässrige Transparenz von Bill Violas Arbeiten erzielt in etwa eine gleich schwer fassbare Wahrnehmung, indem sie Bilder über sich selbst hinausweisen lässt und dadurch zur Selbstreflexion anregt. In seiner Videosequenz *Five Angels for the Millennium* (2001) werden menschliche Figuren moduliert durch die Wasserlinse, in die sie springen und in der sie in Zeitlupe versinken. Alsbald steigen sie – bedeckt von Tröpfchen und Rinnsalen – wieder auf und erzeugen anamorphe, halb aufgelöste Bilder, die der Realität eine jenseitige Schönheit verleihen. Viola meint, es sei die »transformative« Kraft des Wassers, die eine »unsichtbare Welt innerer Bilder« sichtbar mache.[42] Dieser Ansatz ist nicht weit davon entfernt, wie Architekten heutzutage Glas – und oft Kunststoffe – einsetzen. Sie erzeugen Phänomene, die vom Betrachter kreative Arbeit fordern: Er muss sich mit den Auswirkungen sich überlappender Bilder, verschleiernder Reflexionen, verwirrender Eingriffe und unsicherer Deutungen auseinandersetzen. Das visuelle Erlebnis entspricht dem eines Aquariums, dessen Glas nur die äußere Grenze eines optischen Mediums darstellt, in dem mysteriöse Tiefen schlummern, und das ein Erscheinungsbild hervorbringt, das unscharf ist und dessen Volumen aus Licht das Auge ausloten kann.

Jean Nouvel setzt »Glas als Dessous« ein, um die Gebäudehülle zu einem undefinierten Schleier zwischen Innen und Außen zu machen. Das Dahinterliegende wird durch eine Schicht unbestimmter Reflexionen und funkelnder Bilder mystifiziert und sinnlich aufgeladen. Nouvel hat dieses visuelle Konstrukt als »Hyper-Perspektive« bezeichnet, bei der Glas zur Leinwand wird, auf die Bilder projiziert werden, wodurch eine »Poesie des Verschleierung und Vergänglichkeit« entsteht. Bei seiner Fondation Cartier in Paris (1994; unten) vermittelt das optische Zusammenspiel freistehender Glaswänden zwischen Gebäude und Straßenraum. Jede Fläche reflektiert je nach Lage und der davor befindlichen Objekte leicht andere Bilder, und das Ganze wird immer verworrener, da das Auge drei oder mehr Schichten erfasst. Diese Eindrücke treten besonders in der Däm-

Fondation Cartier, Jean Nouvel

Apotheke des Kantonsspitals, Herzog & de Meuron

merung hervor, wenn der Hintergrund dunkel ist und die Reflexionen durch Licht und Farbe der Stadt und des Himmels verstärkt werden. Wie Bachelard in *Air and Dreams* schreibt, findet hier die menschliche »Sehnsucht, mit einem durchsichtigen Material zu bauen«, ihren Ausdruck, die nach einer »opalen Manifestation von all den Dingen im substanzlosen Äther, die wir innig lieben«, strebt.[43]

Ein sinnliches Spiel von Transparenz und Reflexion wird in der Architektur von Herzog & de Meuron oft durch entkoppelte Verkleidungen erreicht. Einer Haut aus Wasser gleich, verleiht die äußere Glashülle ihres SUVA-Gebäudes in Basel (1993) der alten Mauerwerksfassade ein leuchtendes Schimmern und verhüllt sie dabei gleichzeitig mit Glasbändern verschiedener Transparenz: von transparenten Bändern im Verlauf der dahiner liegenden Fenster bis zu den verschleiernden Effekten von Licht absorbierenden, prismatischen Scheiben und mit dem Firmenlogo bedruckten Paneelen. Im Gegensatz dazu wurden die Glaswände der Dominus Winery in Kalifornien (1998; S. 134) hinter den äußeren Gabionen angeordnet, um sie vor der Sonne zu schützen: eine Anordnung, die das Reflexionsvermögen durch Verschattung erhöht sowie nahe und entfernte Bilder erzeugt, die sich auf Schichten abbilden. Wirklichkeit und Schein werden wie bewegte Bilder überblendet, um die Perspektive des Betrachters zu brechen und wieder neu zu erschaffen.

Violas Wasserlinse findet ihre Entsprechung in der wunderbar glatten, glänzenden Hülle von Herzog & de Meurons Apotheke des Kantonsspitals Basel (1998; links und unten), deren äußere Glasverkleidung die Realität verschleiert und leicht aus dem Fokus rückt. Diese Membran ist mit kleinen grünen Punkten bedruckt, deren molekulares Muster eintretendes Licht fragmentiert, färbt und dabei die rückwärtige Wand mit einem flaschengrünen Schleier verhüllt. Die Dämmpaneele dieser Wand sind mit perforierten Lochblechen verkleidet, die ein weiteres Raster aus Schattenpunkten erzeugen. Die beiden Punktmuster sind nur annähernd aufeinander abgestimmt, was zu Moiré-Effekten und zu einem flirrenden Doppelbild führt. Im Vorbeigehen betrachtet, scheint die Fassade sanft zu vibrieren, wodurch eine optische Spannung besonderer Art erzeugt wird, die einen auf das von der Rückwand abprallende Licht hinweist.

Die gepunkteten Folien von Herzog & de Meuron beziehen sich auf Ideen und Bilder verwandter Disziplinen. Das Ziel, Licht auf die Leinwand zu bannen und seine Energie greifbar zu machen, war ein Traum von Pointillisten wie Seurat, dessen Bilder aus Tausenden von einfarbigen Punkten bestehen, die sich auf der Netzhaut des Auges mischen und neu geordnet werden. Dem Betrachter wird hierbei eine zentrale Rolle beim Zustandekommen des wahrgenommenen Werkes zugewiesen. Verwandte Phänomene, eng verbunden mit der modernen Lithografie, wurden von Andy Warhol untersucht. Sein Ziel war es, die Handschrift des Künstlers durch mechanische Wiederholung im Sieb-

Apotheke des Kantonsspitals, Herzog & de Meuron

druckverfahren zu eliminieren. Eine direktere Folge dieses pulvrigen Lichtes ist die digitale Bilderwelt unserer zeitgenössischen Kultur: TV-Schirme, digitale Fotos und Rasterdruckverfahren, die feine Punkte einsetzen. Insofern bietet gepixeltes Glas nicht nur eine sinnliche Hülle, sondern eine zeitgemäße Art des Sehens, bei der die Wirklichkeit durch einen Schleier molekularen Lichtes wahrgenommen wird.

Eine eher gestalterische Technik des Faltens und »Plissierens« von Glaswänden entwickelte Hiroshi Hara, um die Perspektive in Gebäuden wie dem Yukian Teahouse (1988; rechts) und dem Iida City Museum (1988; unten) zu transformieren. In Letzterem verursachen Überlagerungen von Innen und Außen auf dem gefalteten Glas, was Hara »Unklarheit der Grenzen« nennt: eine Zweideutigkeit, die durch äußerst taktile Pflastersteine und polierte Steinfußböden verstärkt wird, welche die sich schwach auf ihnen abzeichnenden Bilder vergrößern. Hara will den Betrachter zu einer engagierteren, originelleren Art des Sehens bringen, die Sicht mit Einsicht und das Gesehene mit dem Gespürten verbindet. Die auftretenden Phänomene basieren nicht mehr auf einer physischen oder kognitiven Realität, sondern beschwören die launischen Bilder unseres Unterbewusstseins herauf. Indem sie von einer Art des Sehens zur nächsten hin- und herwandert, beschreibt Haras Optik einen traumartigen Zustand innerhalb einer konkreten Umgebung, der – wie üblich in der japanischen Tradition – eine »Verbindung von Realität und Fiktion« evoziert.

Eine nahtlose Optik lässt sich durch geschwungenes Glas erreichen, dessen fortlaufende Abstufungen die Sicht sanft verzerren – etwa bei Jean Nouvels Galeries Lafayette in Berlin (1996; S. 90) oder bei den organischen Kurven von Herzog & de Meurons Bibliothek IKMZ in Cottbus (2005; S. 88). Letztere erinnert an die geschmeidigen Körper, die Alvar Aalto in kleinen Gebäudedetails wie auch in Glaswaren verwendete. Eine geschwungene Optik bildet den alleinigen Mittelpunkt des Glaspavillons des Toledo Museum of Art (2006; S. 94) von SANAA. Das Ersetzen von Materie durch Licht und die nahezu schwerelose Masse des Pavillons sind ein lebendiges Bild für das »Geheimnis der Leichtheit«, das von dem italienischen Schriftsteller Italo Calvino in *Sechs Vorschläge für das nächste Jahrtausend* gepriesen wird.[44] In seinen Meditationen über die Qualitäten, die für die Lebenskunst unserer heutigen Zeit unabdingbar seien, weist Calvino der »Leichtigkeit« einen besonderen Platz zu, wie auch SANAA dies mit dem geschmeidigen Glas unter einem leichten Dach tun. Der Pavillon erscheint so grazil wie Seifenblasen, seine Glaswände lösen die Grenzen zwischen »fest« und »fließend« auf und runden die Kanten der Körper ab – das Gebäude kann zu keiner festen Form erstarren. Der Effekt ist befreiend, denn die Unsicherheit und das Collagieren der Übergänge verlangen vom Betrachter selbst einen Beitrag zur Auflösung der Unklarheiten des Raumes.

Yukian Teahouse, Hiroshi Hara

Iida City Museum, Hiroshi Hara

Die scheinbar mühelose Glasarchitektur von SANAA, die eher auf Wahrnehmung als auf materiellen Eigenschaften beruht, ist den Glaspavillons sehr ähnlich, die der amerikanische Künstler Dan Graham seit den 1980ern entwirft und die immer gekrümmtere und vielschichtigere Formen annehmen. Durch das Beschichten des Glases mit einer dünnen Spiegelfolie erzeugt er einen »Zwei-Wege-Spiegel«, der simultan bewegliche Bilder reflektiert und durchlässt. So erreicht er eine »intersubjektive Transparenz«, bei der Betrachter und Raum auf beiden Seiten überlagerte Bilder voneinander erhalten. Die Betonung liegt nicht auf der physischen Konstruktion, sondern auf dem durch und auf seiner Oberfläche Gesehenen – ähnlich den Projektionen des Kinos –, um den Menschen bewusst zu machen, dass sie »phänomenologisch« sehen.

Das Verhalten des Lichts in Grahams Glasräumen ist zielgerichtet – vergleichbar der langen Tradition von Mies van der Rohes Glashochhaus und Lloyd Wrights Wayfarers' Chapel (1951; unten) bis zu SANAAs Pachinko Parlour (1993; unten). Es geht darum, den Weg der Lichtstrahlen zum Auge umzuleiten. Dieses Phänomen verleiht der »Verlangsamung des Lichtes« beim Durchtritt durch Glas eine Form. In *QED: The Strange Theory of Light and Matter* weist der amerikanische Physiker Richard Feynman darauf hin, dass »Licht überall im Glas mit Elektronen interagiert, nicht nur auf der Oberfläche« und dass dort die »Photonen und Elektronen eine Art Tanz aufführen.«[45] Licht könne beim Durchtritt durch ein Medium schneller oder langsamer als üblich werden und bewege sich nicht nur auf geraden Linien. Neuere Experimente der Harvard-Physikerin Lene Hau zeigen, dass ein Lichtimpuls sogar zum Stillstand gebracht werden kann, wenn er eine ultra-kalte Atomwolke passiert – ein Zustand, den sie »gefrorenes Licht« oder »ultra-langsames Licht« nennt.[46] Obwohl sich die Beobachtungen »langsamen Lichts« von Feynman und Hau außerhalb unserer normalen Wahrnehmung bewegen, scheinen sie phänomenologisch gesehen doch wahr zu sein, denn wir können die verschiedenen Lichtgeschwindigkeiten in der heutigen Glasarchitektur spüren, bei der Licht Umwege geht, bevor es unser Auge erreicht.

Die interne Krümmung und Streuung von Licht ist am extremsten in transluzenten Membranen, die Energie einzufangen und verfestigen zu scheinen. Statt einer teilweisen Verschleierung von entfernten Objekten verschwinden diese ganz und manifestieren sich nur durch vage Schatten, die von hinten auf die Membran geworfen werden. Diese dunklen Silhouetten interagieren mit einer neuen Perspektive, die sich innerhalb der Membran ergibt: eine Erleuchtung der Materie von innen her, die den Betrachter in die Linse selbst sehen lässt und dort eine Welt leibhaftigen Lichts eröffnet. All diese Phänomene spielen bei den bedruckten Membranen von Herzog & de Meuron eine Rolle, angefangen beim »tätowierten Glas« ihres Fabrik- und Lagergebäudes der Firma Ricola (1993; S. 98). Von besonderer Schönheit sind die skizzenhaften Aufdrucke auf dem Glas der Bibliothek der Fachhochschule Eberswalde (1999; S. 226), die halb transluzente Wände erzeugen, deren mehrdeutige Optik sowohl ent- als auch verhüllt. Das Auge späht abwechselnd durch einen zarten Schleier oder zoomt zurück auf die ätherischen, auf das Glas gezeichneten Zeitungsbilder. Am betörendsten ist das von den Bilddrucken aufgefangene Restlicht bei einer gläsernen Eingangsbox und bei einem Glastunnel in die alte Bibliothek. Die Bildebenen werden hier mit je anderen Schatten verwoben und oft gleichzeitig betrachtet.

Die kristallinen Tiefen, die Manuel Clavel Rojo in verschiedenen Werken erreicht, resultieren nicht aus äußeren Applikationen, sondern aus der materiellen Glasstruktur selbst. In seinem bescheidenen, aber berührenden Mausoleum in La Alberca (2003; rechte Seite) bestehen die Fenster aus laminierten schmalen Glasstreifen, die das Sonnenlicht verflüssigen und den Schatten eines Stahlkreuzes abbilden. Clavel Rojo versieht die Glasschichten mit rauen Stirnseiten, stapelt sie horizontal wie Holzbretter und definiert damit die Verwendung von Glas als Baumaterial neu. Die Glasschichten brechen und reflektieren das Licht *innerhalb* dieser zusammengesetzten »Fensterlinse«, bringen schließlich die Kanten zum Leuchten und lassen sie durch ihre Unebenheit magisch funkeln. Im selben Geist haben die niederländischen Architekten Kruunenberg Van der Erve laminiertes Glas verwendet, um ihrem Einfamilienhaus Laminata (2002) einen wässrigen Glanz zu verleihen, allerdings mittels vertikaler Streifen, die das gesamte Haus umlaufen.

Abgesehen von den dämmtechnischen Vorteilen zweifach verglaster Wände, lässt sich der Zwischenraum kreativ nutzen. Faserglaspaneele ver-

Wayfarers' Chapel, Frank Lloyd Wright

Pachinko Parlour, SANAA

Pantheon in La Alberca, Manuel Clavel Rojo

schiedener Form wurden etwa von Fumihiko Maki eingesetzt, um Gebäuden eine transluzente Poesie zu verleihen. Dies gilt auch für sein Kyoto Museum of Modern Art (1986; unten), dessen unregelmäßiges Muster Licht und Blicke entlang von Zwillingstreppen leitet. Auf ebenso unkonventionelle Weise verlieh Meinhard von Gerkan den Außenwänden des Wandelganges seines Christus-Pavillons in Volkenroda (2001; S. 100) eine einzigartige Optik: Er füllte den Glaszwischenraum mit kleinen Objekten und nahm es so mit farbigem Glas als Ausdruck von Spiritualität auf. Rafael Moneo setzte zwei getrennte transluzente Verkleidungen ein für sein Auditorium und Kongresszentrum Kursaal (1999; unten und S. 104), um die Außenhaut geschmeidig zu machen, Blicke abzuwehren, die Stahlkonstruktion zu verbergen und zu mystifizieren sowie um die linsenartigen Eigenschaften der äußeren und inneren Glasflächen hervorzuheben. Gleichzeitig abstrahierte er seine transluzenten Kuben und nahm ihnen jeden Pathos, wodurch er ihre Fähigkeit erhöhte, selbst die kleinsten Licht- und Wetteränderungen entlang der wechselhaften Costa Vasca abzubilden.

Die Glashülle von Peter Zumthors Kunsthaus Bregenz (1997; S. 108) wurde als »Lichtkörper« wie als Sonnenschutz erdacht, der das »Licht des Himmels« und den »Dunst des Bodensees« absorbiert und dabei heraufbeschwört. Transluzenz spielt innerhalb des Museums eine andere Rolle. Hier werden Galerien diffus *von oben* über ein verborgenes Plenum beleuchtet. Diese geheime Lichtquelle hält die Besucher in Verbindung mit der Außenwelt und bringt die Decken der ansonsten introvertierten Räume dazu, sich im Tagesverlauf von Osten nach Westen zu erhellen und zu verdunkeln, um bei Sonnenuntergang über dem See in einem orangefarbenen Leuchten ihren Höhepunkt zu erreichen. Im starken Kontrast zu diesem durchscheinenden Turm stehen die Glaslaternen von Steven Holls Anbau an das Nelson-Atkins Museum (2007; unten und S. 64), das nicht aus platonischen Kuben, sondern aus kristallinen Fragmenten besteht, die sich über einen Hügel ergießen. Wo immer Holls unterirdisches Museum aus der Erde auftaucht und nach oben strebt, sind die Baukörper in eine doppelte Schicht verzahnter Industrieglaspaneele gehüllt, von denen einige die Galerien unterhalb beleuchten und andere als geschmeidige, opake Wände erscheinen. Diese schimmernden Formen, von Holl als »Glaslinsen« und »aus der Landschaft ragende Glasscherben« bezeichnet, erscheinen besonders klar, da ihnen im Herstellungsprozess Eisenoxid entzogen wurde. Resultat ist ein Weißglas, das kleinste Schatten und Lichtfarben abbilden kann. Die Paneele wurden außen mit einer prismatischen Struktur bedruckt und innen sandgestrahlt, um einen weichen Schimmer mit extrem weichen Schatten zu erreichen. So hält jeder Raum durch vage Abbildungen auf seiner Außenhaut die Verbindung zur Natur und ist mit einem ätherischen, diffusen Licht überzogen, das den Raum umfängt und durchtränkt.

Auditorium und Kongresszentrum Kursaal, Rafael Moneo

Kyoto Museum of Modern Art, Fumihiko Maki

Bloch Building, Nelson-Atkins Museum, Steven Holl

Zweifachverglasung bei Dämmerung
Rechte Seite: Außenansicht

Bibliothek IKMZ, Deutschland Herzog & de Meuron

Die amöbenartige Oberfläche der Bibliothek in Cottbus (2005) ist mit zwei Lagen gekrümmten Glases umspannt, deren diffuse Erscheinung und Doppelungseffekte dadurch verstärkt werden, dass sich hier und da die massiven Wände erahnen lassen, die durch den Schleier der Fassade teilweise verdeckt werden. Diese neblige Lichtwirkung wird durch digitalisierte Buchstaben verschiedener Alphabete ergänzt, die per Siebdruck in kontrastierenden Mustern auf jede Glasschicht aufgebracht wurden. Die alphabetischen Formen wurden durch Rasterung und Collage abstrahiert, was zu einer zusätzlichen Überlagerung der ohnehin undeutlichen Muster führt, welche je nach Standpunkt verschmelzen oder sich trennen, auftauchen oder verschwinden.

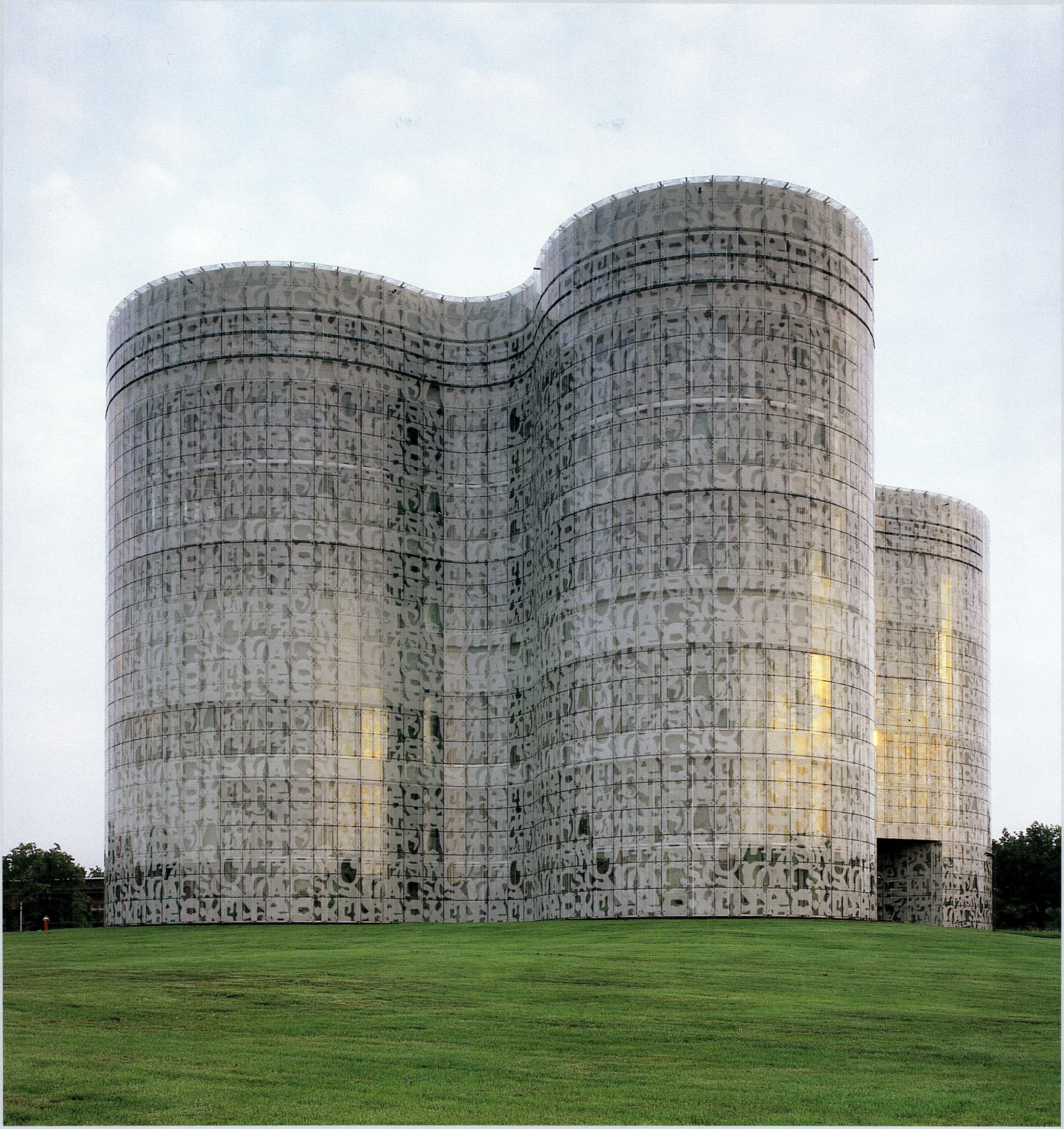

Projektion des Glastrichters in ein Büro
Rechte Seite: Blick nach unten in einen Glastrichter

Galeries Lafayette, Deutschland Jean Nouvel

Die riesigen Glastrichter, die den Raum öffnen und Licht in dieses Berliner Kaufhaus von 1996 bringen, beeinflussen auch die menschliche Wahrnehmung, indem sie flüchtige Bilder hin- und herspiegeln und beugen. Jeder Blick durch diese turbulenten Trichter, sei es ein riesiger Kegel von städtischen Ausmaßen oder ein kleiner Kegel über einem Konferenzraum, ist von einem Schleier funkelnder anamorpher Bilder überlagert. Diese in jedem Bogen hin- und hergeworfenen Bilder vermitteln einen dualen Eindruck – vom Licht außerhalb und den Vorgängen innerhalb des Gebäudes – und weisen so über das rein physisch Gesehene hinaus.

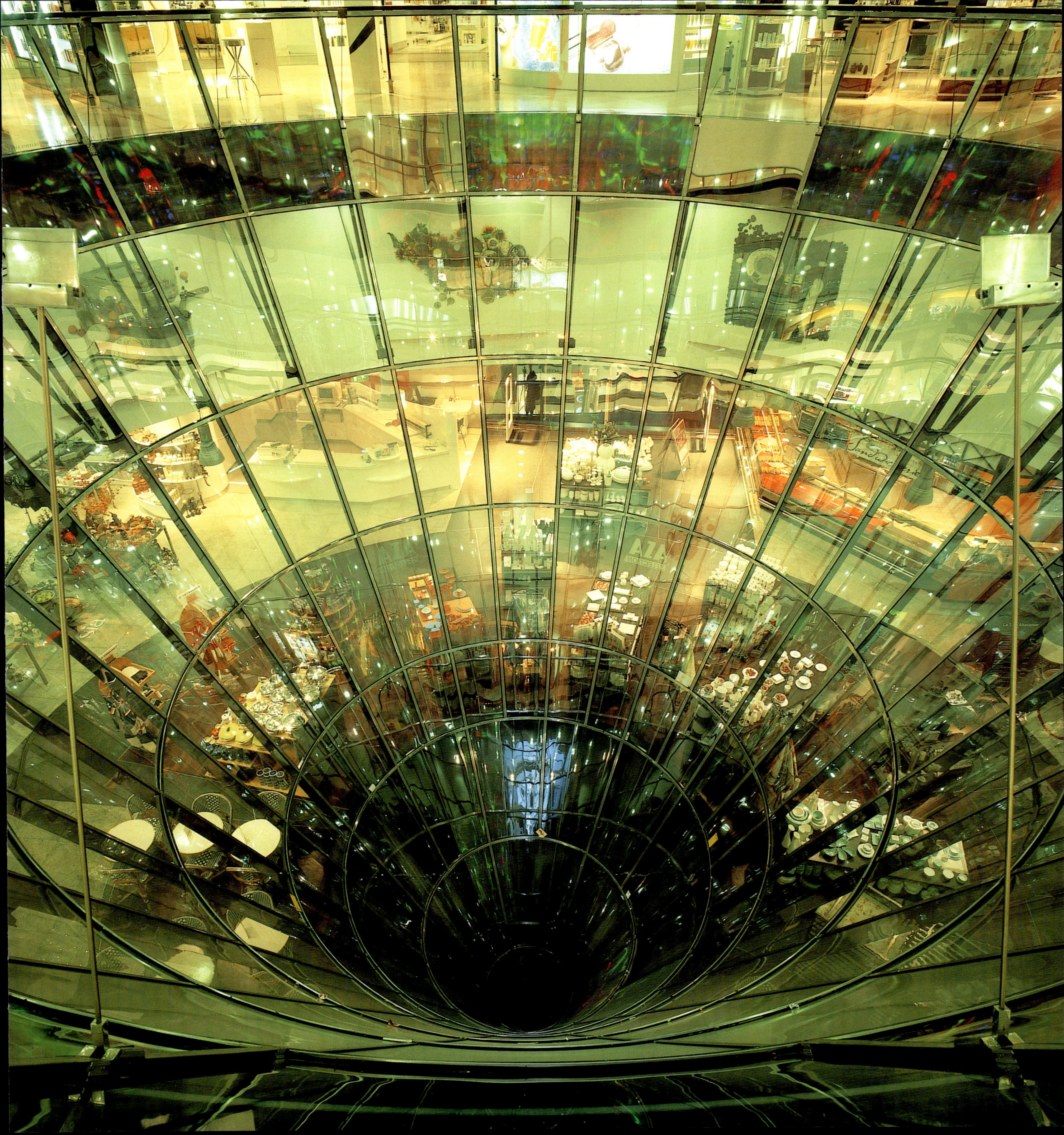

Anamorphe Reflexionen im Café im Untergeschoss

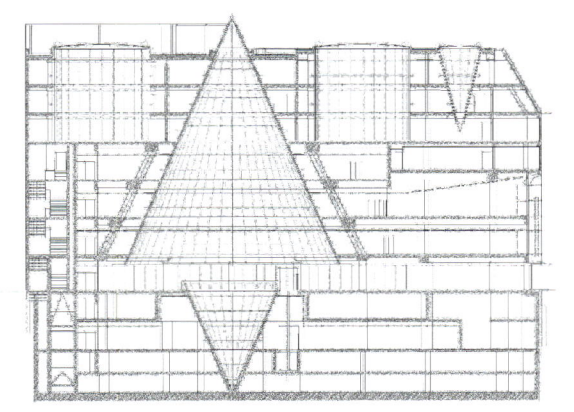

Im Uhrzeigersinn von oben links: Glastrichter im Untergeschoss;
Blick nach oben in den zentralen Glaskegel; Schnitt

GLASSCHLEIER

Galerien mit Reflexionen des Außenraumes
Rechte Seite: Blick vom Foyer in den äußeren Hofraum

Glaspavillon, Toledo Museum of Art, Ohio, USA
Kazuyo Sejima + Ryue Nishizawa / SANAA

Nichts als panoptische Effekte und fließende Reflexionen zeigt sich auf den gewundenen Kurven des außergewöhnlich klaren, ultraweißen Glases, das für diese Museumserweiterung (2006) verwendet wurde. In die äußere Glashaut sind kleinere Glaszellen eingelassen, deren glatte Optik an die ausgestellten Kunstwerke erinnert. Diese schimmernden Räume haben abgerundete Ecken, die einander fast berühren und in einer mehrschichtigen, zellularen Struktur zusammengeschaltet sind. Der eigentliche Reiz rührt jedoch von der doppelten Schichtung gebogenen Glases her, wobei jede Schicht einen eigenen, versetzten Radius hat, um simultane Reflexionen verschieden auszuprägen. Horizontales, von außen kommendes Licht wird ebenso wie das diagonale Licht der Höfe gebrochen und im Innenraum verteilt. Auf diese Weise werden Bilder der Natur, der Besucher und der Kunstobjekte transportiert und miteinander vermischt. Zusätzlich zu ihrer unverfälschten Ansicht erscheint die Glaskunst überraschenderweise auch als ein geisterhaftes Abbild, welches um die Ecken gleitet und entsprechend der Bewegung des Besuchers andere Bilder berührt.

MR • MRS FREDERICK L YOCUM
REV DANIEL J ZAK
MR • MRS JACK ZAHN
MR • MRS JOHN W ZACHMAN
DR • MRS ROBERT E YOUNGEN
MR • MRS THOMAS L YOUNG
MRS LUCILLE YOUNG
MR • MRS LEONARD YOUNG
MS JUDITH A YOUNG

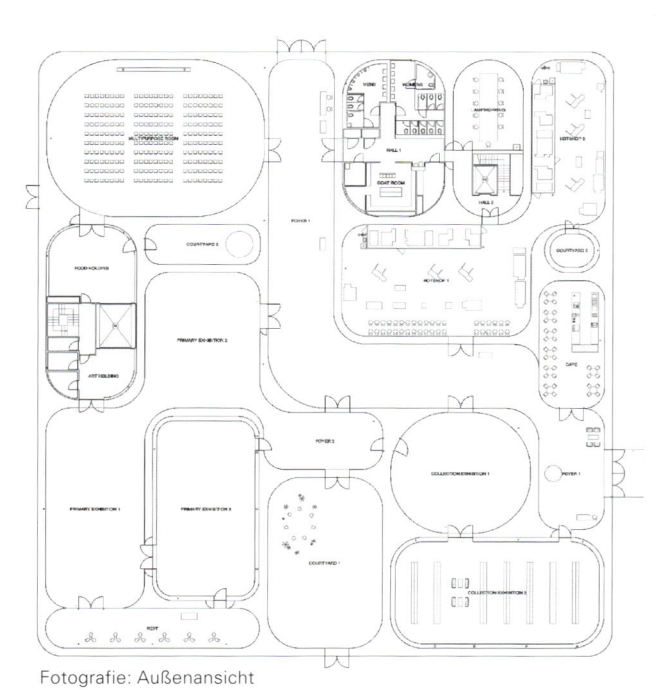

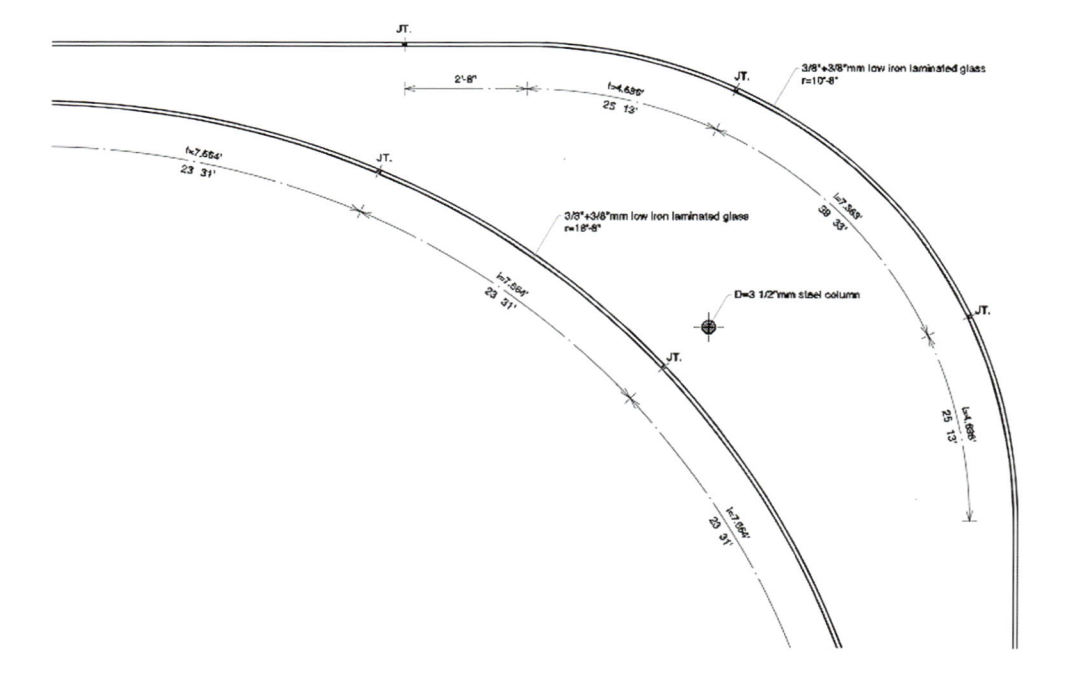

Fotografie: Außenansicht
Zeichnungen (von links nach rechts): Grundriss; Plandetail der Zweifachverglasung

96 **GLASSCHLEIER**

Im Uhrzeigersinn von oben links: Südeingang mit Galerie zur Rechten; Glasverkleidungen zwischen Foyer und Galerie; »Hot Shop«; Mehrzweckraum

GLASSCHLEIER

Innenansicht
Rechte Seite: Tageslichtdecke und Wand

Fabrik- und Lagergebäude der Firma Ricola, Frankreich
Herzog & de Meuron

In diesem Fabrikgebäude in Mülhausen-Brunstat (1993) wurde Transluzenz durch die Verwendung von Hohlkammerplatten aus Polykarbonat (synthetischen Polymeren) erreicht, deren Oberfläche durch das Bedrucken mit einem Palmenblattmotiv grafisch aufgewertet wurde und den lichtstreuenden Eigenschaften des Materials zusätzliche Tiefe verleiht. Das Originalfoto wurde zielgerichtet durch Digitalisierung, Vergrößerung und gleichförmige Wiederholung abstrahiert, was zu einem fast textilen Leuchten führt und eine homogene Gebäudeoberfläche ohne Brüche und bar jeglicher figürlicher Darstellungen erzeugt. Diese Membranen spielen auf Bildwiederholungen in der zeitgenössischen Kunst wie den Serialismus des Fotografen Ray Metzker an. Dieser setzt einzelne Frames zu nur noch schwer zu entschlüsselnden Bildflechtwerken zusammen, die zwischen Abstraktion und Konkretion oszillieren.

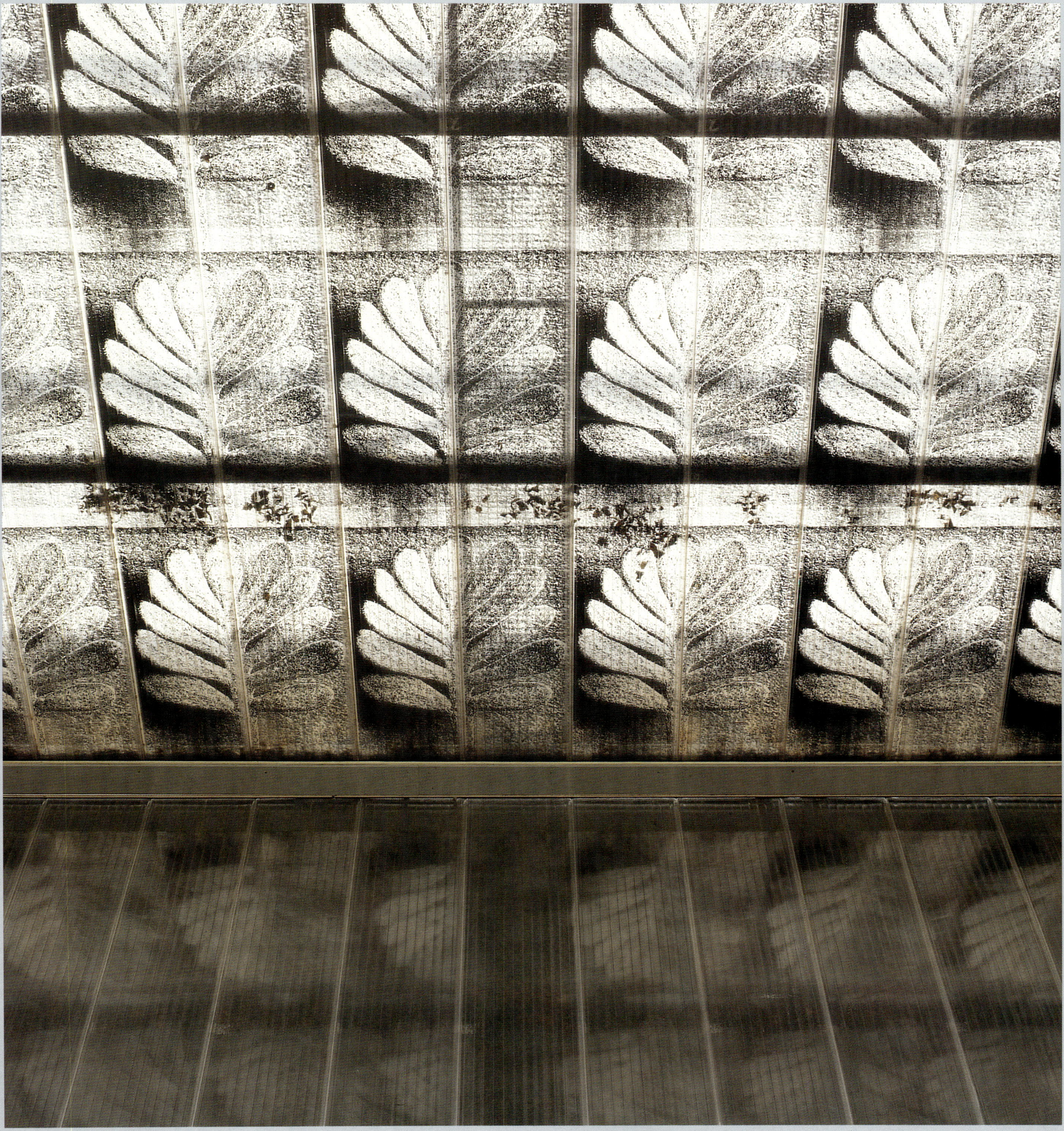

Weg vom Wandelgang (hinten) in den Kirchenraum
Rechte Seite: Wandelgang mit Weg in den Kirchenraum zur Linken

Christus-Pavillon, Deutschland Meinhard von Gerkan

Dieses kubische Heiligtum in Volkenroda (2001) ist von einem Wandelgang umgeben, der auf der einen Seite durch Marmorplatten diffus beleuchtet wird und in den auf der anderen Seite Licht durch vielfältige kleine Objekte tritt, die im Raum zwischen zwei Klarglasscheiben angeordnet sind. Die zweifach verglasten Paneele sind mit diversen Materialien und Artefakten gefüllt, die Licht auf verschiedene Weise filtern und den Wandelgang mit kontrastierenden Farben und Schattenmustern tupfen. Diese Filter – natürliche Materialien (Sand, Kohle, Wolle und Federn), technische Produkte (Kabel, Maschinenteile und Werkzeuge) und Bedarfsartikel (Papier, Kleidung und Spielzeug) enthaltend –, sind Teil eines surrealen Spiels, bei dem den Objekten durch ihren ungewohnten Kontext eine magische Aura verliehen wird.

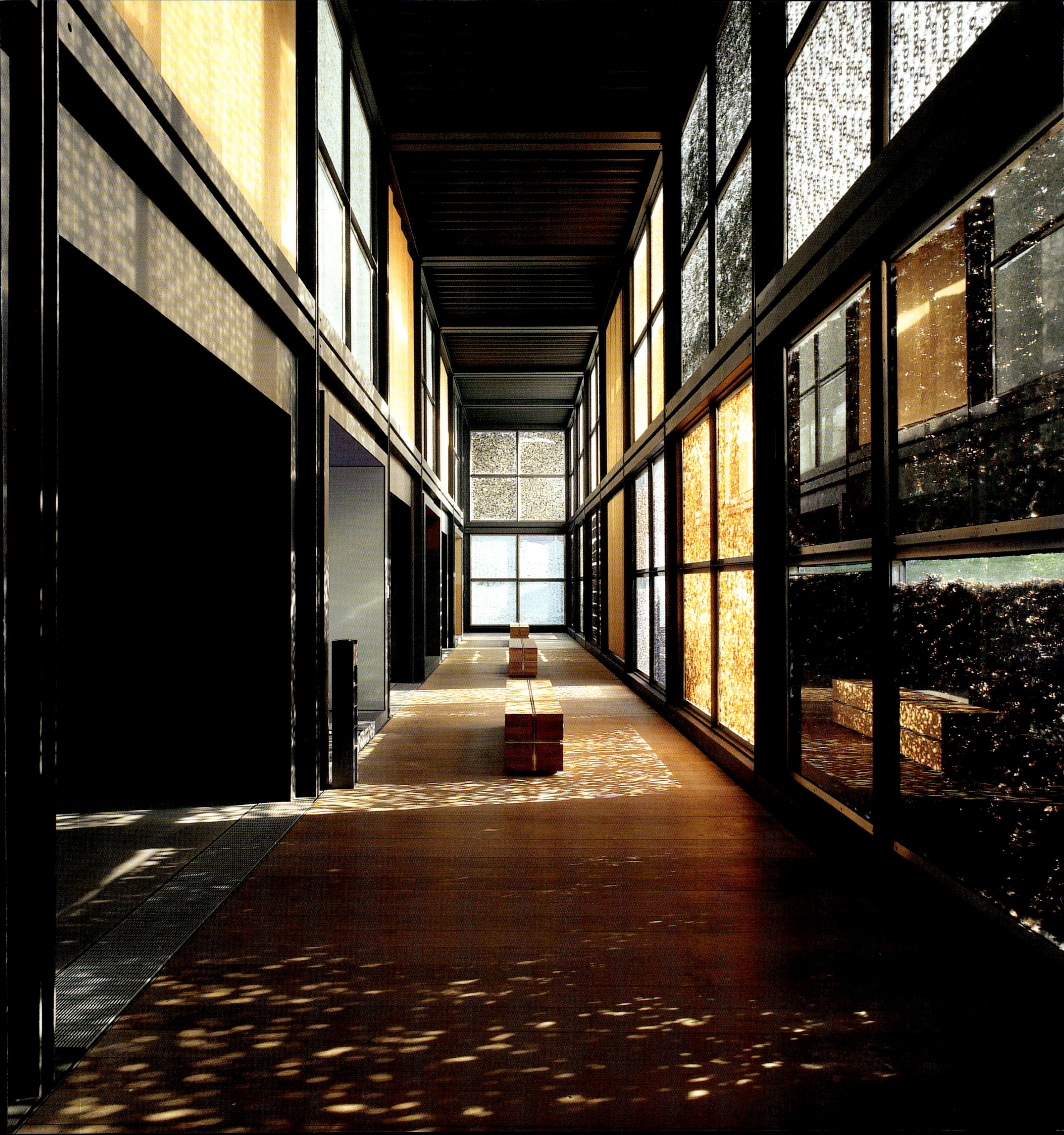

Große Bilder (von links nach rechts): Kirchenraum mit transluzenten Wänden aus Marmorplatten; hinterleuchtete Wand in Zweifachverglasung
Kleine Bilder: Natürliche und industrielle Füllmaterialien zur Erzeugung von Kontrasten in Licht und Transparenz

Große Bilder (von links nach rechts): Eingang zum Wandelgang; Zusammenspiel von Transparenz, Transluzenz, Reflexion sowie projiziertem Licht und Schatten an den Wänden des Wandelganges
Zeichnung: Detailansicht der Wand des Wandelganges

GLASSCHLEIER

Ecke der Glaswand
Rechte Seite: Rückwärtiger Korridor

Auditorium und Kongresszentrum Kursaal, Spanien
Rafael Moneo

Die Glaskuben des Auditoriums und Kongresszentrums (1999) spiegeln als verschleierte, dem Meer zugeneigte Leuchtkörper San Sebastians nebliges baskisches Klima wider. Sie erinnern an riesige Felsen im Meer, die eine dunkle Färbung aufweisen, wenn sie trocken sind, und die glänzen, wenn sie nass sind. Die doppelt verglaste Hülle, eine Sandwich-Konstruktion, verbirgt die Tragstruktur. Charakteristisch sind die kontrastierenden Oberflächen, für jede Seite der »Linse« wurde ein anderer Glastyp eingesetzt. Die Innenseite ist mit horizontalen Streifen mattierten Flachglases verkleidet, die Außenfassaden mit konkaven Bändern transluzenten Glases mit eingelassenen konvexen Riefen – eine Kombination, die das Licht streut und das Glas dabei haptisch macht. Sogar am Tage wohnt dem Glas ein ruhiges Pulsieren inne, das an die nahe See erinnert. Diese »versteinerten Wellen, gebunden an ein Gebäude nahe der Küste«, rufen die Worte Adrian Stokes wach, mit denen er Venedigs Fenster beschrieb, welche die »pralle Kurvatur der kalten Unterwasserwelt, die trägen, geschundenen, doch spröden Kurven von trübem, transluzentem Wasser« heraufbeschwören.

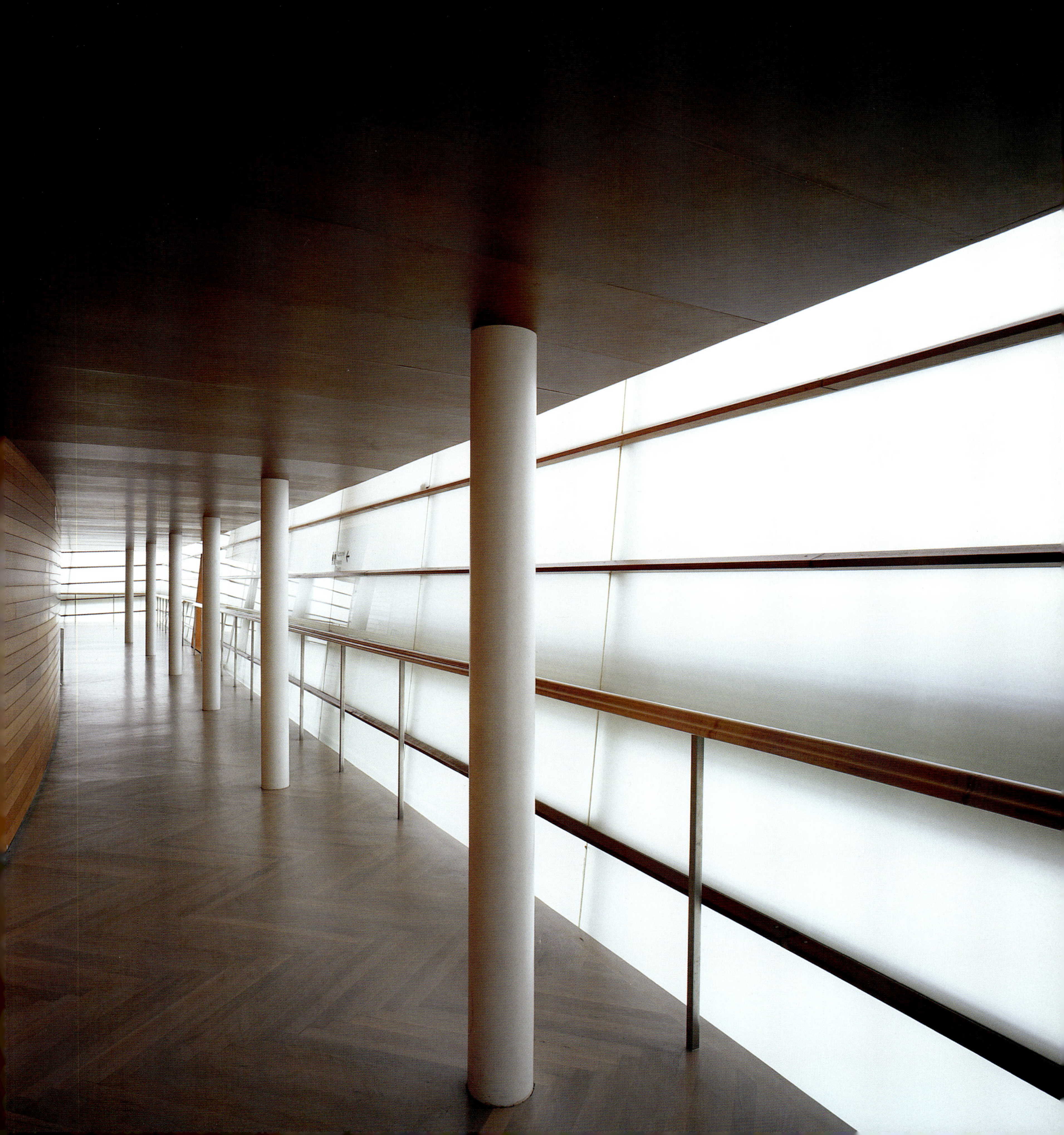

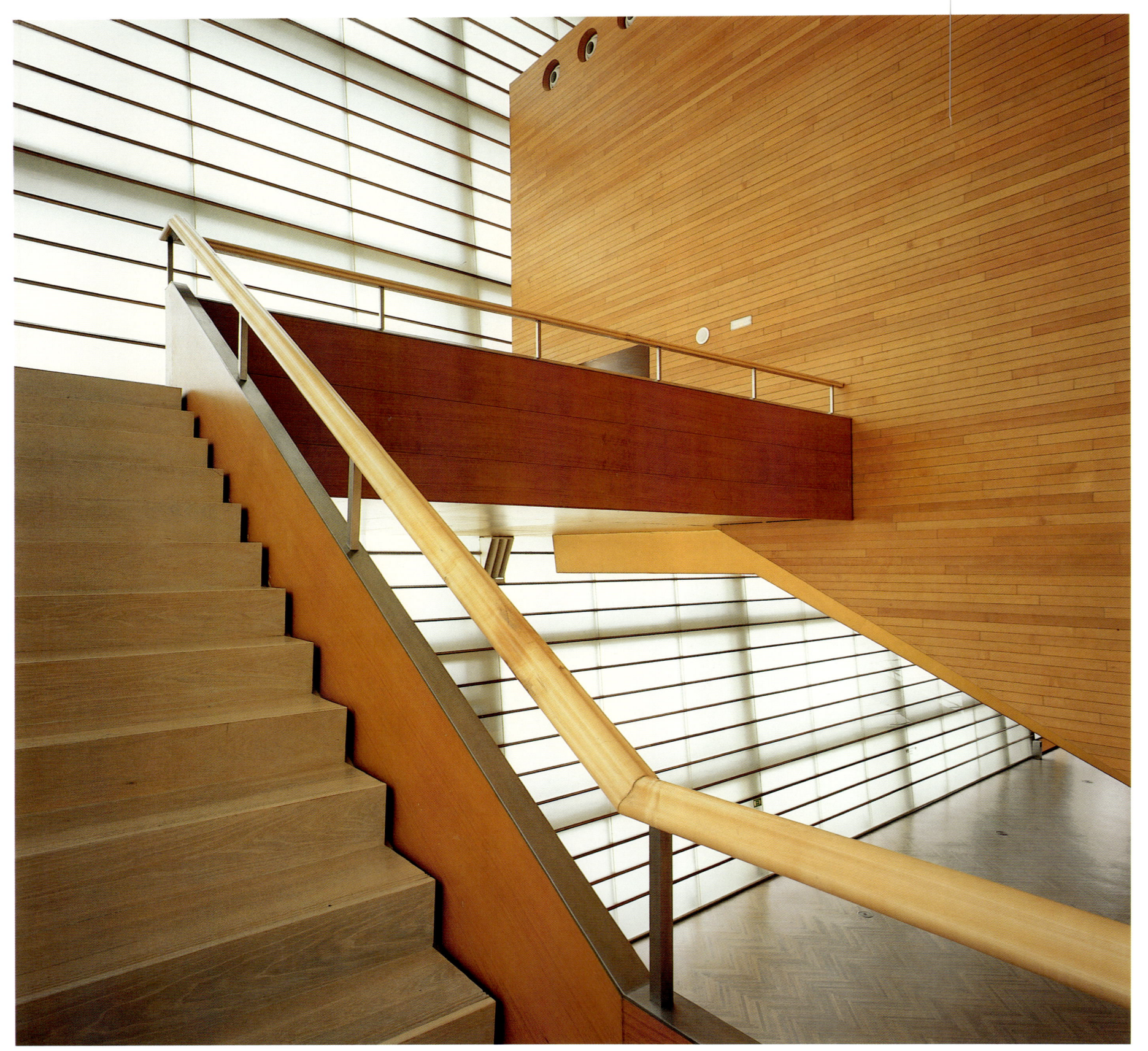

Treppe zum Zwischengeschoss

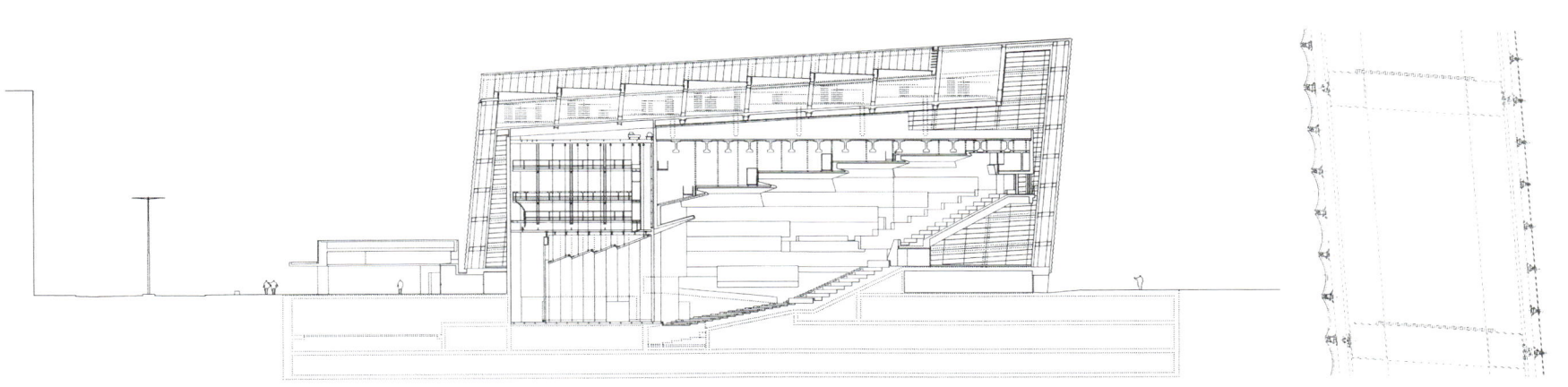

Fotografien (von links nach rechts): Seitlicher Flur; Foyer mit Auditorium zur Linken
Zeichnungen (von links nach rechts): Schnitt; Detailschnitt der Wand in Zweifachverglasung

GLASSCHLEIER 107

Von oben beleuchtete Wand in der Lobby
Rechte Seite: Von oben beleuchtete Treppe zur Galerie

Kunsthaus Bregenz, Österreich Peter Zumthor

Die rätselhafte Verkleidung dieses Museums nahe des Bodenseeufers (1997) übt eine große Anziehungskraft auf das Auge aus. Die luftigen Platten, die aus Hunderten von fein geätzten Scheiben bestehen, welche leicht geneigt mit Stahlklemmen befestigt sind, überlappen einander wie durchsichtige Federn oder Schuppen und lassen Licht durch das und hinter dem Gerüst zirkulieren. Die versetzte Membran erlaubt dem Betrachter, visuell in verschiedene Tiefen vorzudringen und dabei vage Hinweise wahrzunehmen, die mit zunehmender Entfernung verschwinden: sich überlappende Scheiben, Stahlrost, diagonale Treppen und Betonwände mit Glasbändern. Umgeben von diesen verschwommenen Anspielungen verbreitet das Museum eine Stimmung der Abgeschiedenheit, als ob es im Dunst des Sees verborgen wäre – was merkwürdigerweise seine physische Erscheinung intensiviert, obwohl es die Realität verwischt. Die neblige Transluzenz setzt sich innen fort: in den großen Fenstern im Erdgeschoss und als ein tief liegender Nebelschleier, der über den Galerien und Treppen schwebt.

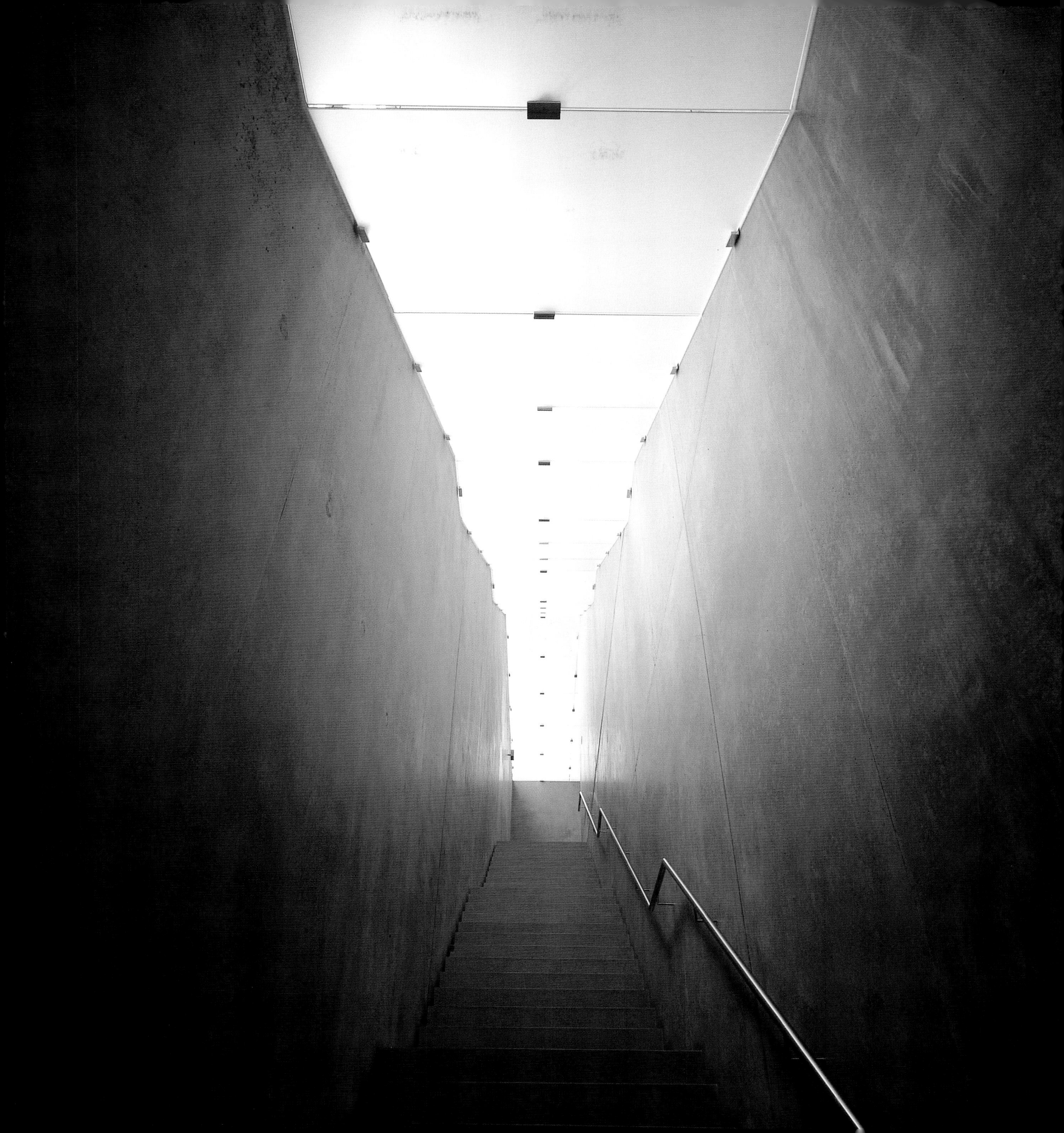

Außendetail

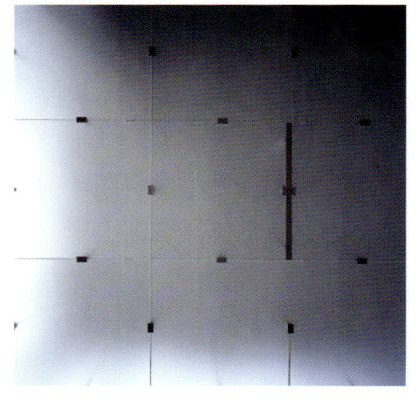

Großes Bild: Galerie
Kleine Bilder (von links nach rechts): Außenansicht mit Verwaltungsgebäude zur Rechten und Museum im Hintergrund; sonnenbeleuchtete Wand in der Lobby; Detail der Glasdecke der Galerie

GLASSCHLEIER 111

ZERSTÄUBUNG

LICHTFILTERUNG MITTELS EINES DURCHLÄSSIGEN SCHIRMS

4 ZERSTÄUBUNG
Lichtfilterung mittels eines durchlässigen Schirms

Im Rahmen seiner Ausführungen zu den Vorzügen der Leichtigkeit, die der »Auflösung der Kompaktheit von Welt« dient, findet Italo Calvino in jener Literatur, die sich der »Zerstäubung der Realität« widmet, ein Musterbeispiel für diesen Ansatz.[47] Das *De rerum natura* des römischen Dichters und Philosophen Lukrez beschreibt »die in einem Sonnenstrahl tanzenden Staubkörnchen in einem dunklen Zimmer« und »die feinen Spinnweben, in die wir uns beim Gehen verwickeln, ohne es zu merken«. In diesem Sinne eines schwerelosen Seins wird Licht durch Aufspaltung und Zerstäubung gebremst. Für die Architektur bedeutet dies einen kreativen Umgang mit »Schirmen« und die Möglichkeit, Schwere durch das Auflösen von Grenzen zu beseitigen – indem man diese reduziert auf »ein gewichtsloses Element […], das über den Dingen schwebt wie eine Wolke oder besser gesagt wie ein feiner Staub oder noch besser wie ein Feld von Magnetimpulsen.«[48]

Für die Fähigkeit von Netzen, Licht zu brechen ohne es aufzuhalten und Objekte in Luft aufzulösen, gibt es in der traditionellen Architektur zahllose Beispiele: die Schilfhütten in den Tropen, die hölzernen *mushrabiyas* des Mittleren Ostens oder die löchrigen Steinschirme, welche Gebäude der Mughal-Ära in Indien verkleiden, etwa den Palast der Winde in Jaipur. Alle entstammen heißen Klimazonen und sollen vor Hitze und Sonne schützen, ohne die Luftzirkulation zu behindern, sowie die Privatsphäre wahren. Das gegenwärtige Interesse der Architektur an diesem Thema unterscheidet sich von der Vergangenheit: in Bezug auf die Materialien, die Technologie, den Umfang, die Schichtung und die oftmals zahlreichen Ebenen der Lichtfilterung. Von besonderem Interesse sind heute die Proportionen der Öffnungen und die Oberflächenmaterialien eines durchlässigen Schirms, der gleichzeitig verschleiert, leuchtend wirkt und geheimnisvolle, funkelnde Ansichten eröffnet, die unsere Fantasie anregen.

Gefiltertes Licht hat in Japan besonders tiefe Wurzeln, die nicht nur von dem feuchten Klima und einer Kultur der Zurückhaltung geprägt werden, sondern auch von der meditativen Stimmung des Zen (unten links). Die diversen traditionellen Schirme, die zum Filtern von Licht und Luft entwickelt wurden – etwa Bambus-Sudare und Holzgitter –, werden nun in der industriellen Sprache des Streckmetalls und Lochblechs neu definiert: technischer und durchdachter als früher, aber mit denselben Fähigkeiten. Spürt man Objekten durch diese feinen Gewebe nach, lösen sie sich auf. Die Welt erscheint weniger gefestigt oder klar und ist daher auch weniger anfällig für ein rein logisches Sehen. Farben verblassen, Oberflächen entschwinden, Umrisse lösen sich auf und hinterlassen eine dunstige Szenerie, welche das Auge und den Geist zu beruhigen vermag. Ebenso wie die Teekultur des Landes und die Zenkloster bietet das zerstäubte Licht einen leicht entrückten, weichen Anblick, welcher der Meditation zuträglich ist.

Unter Verwendung dünner, durchlässiger Metallbleche waren Architekten wie Fumihiko Maki, Toyo Ito, Itsuko Hasegawa und Jun Aoki besonders erfolgreich darin, den Reichtum an Geheimnissen und Gefühlen, welcher die japanische Architektur auszeichnet, neu zu erschaffen. Wenn Licht durch diese silbrigen Netze sickert und sich in ihnen verfängt – wie in Makis TEPIA (1989; S. 120)

Yoshijima-Haus, Japan

Cona Village, Itsuko Hasegawa

Gallery U, Toyo Ito
Rechte Seite: Nagoya Design Expo Pavillon, Itsuko Hasegawa

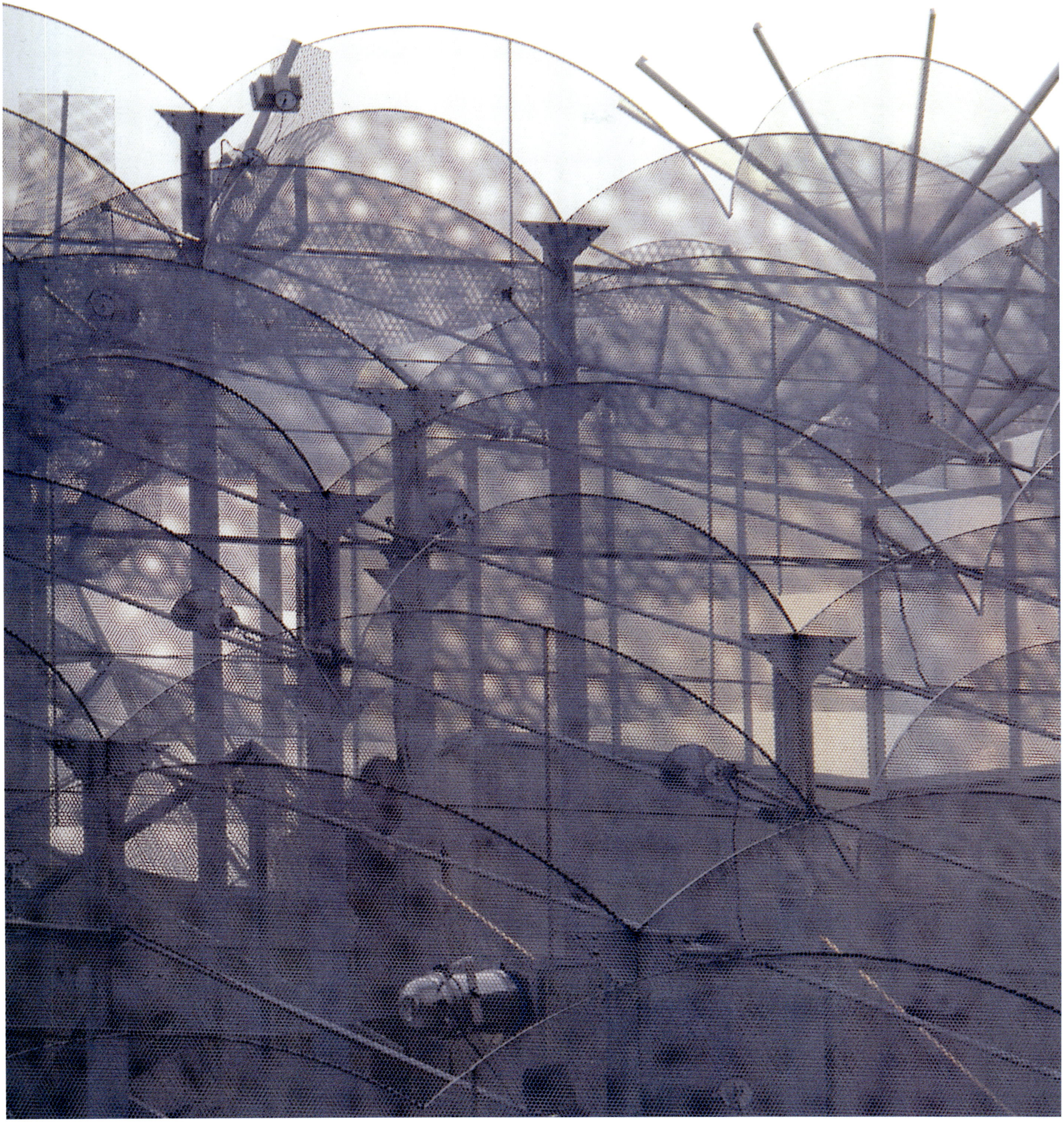

oder Itos Gallery U in Yugawara (1991; S. 114) –, lösen sich die Grenzen zu einem vibrierenden Dunst am Rande der physischen Existenz auf. In den Worten Milan Kunderas in seinem Buch *Die unerträgliche Leichtigkeit des Seins* sind diese Architekten »Gewichteheber metaphysischer Gewichte«.[49] Der fließende Charakter dieses Bildes ist für Hasegawa von zentralem Interesse. Sie umhüllt Gebäude wie den Nagoya Design Expo Pavillon (1989; S. 115) mit Geweben, die als Metaphern der Natur gestaltet werden, und setzt damit das neblige Licht der Räume mit Phänomenen wie schwebenden Wolken, ziehendem Nebel und tanzendem Rauch gleich.

Auch in Skandinavien hat das zerstäubte Licht kulturelle Wurzeln. Hier wird die menschliche Wahrnehmung seit Jahrtausenden von der verschleiernden Wirkung von Wald und Nebel geprägt. Das Problem, diese Sensibilität dem arktischen Klima anzupassen, ist für Heikkinen-Komonen von besonderem Interesse und veranlasst sie zum Einsatz von Industriegewebe sowohl außen (um Treppen und Fassaden zu verkleiden) als auch innen (um Räume gleichzeitig einzuhüllen und lose zu vernetzen). In jedem Fall verleiht dies den winterfesten Außengrenzen des Gebäudes eine verschlafene Aura und federleichte Substanz. Die nicht greifbaren Schirme in ihrem Emergency Services College in Kuopio (1992; unten) und im Rovaniemi Airport Terminal (1992; S. 122) nehmen die Schwere und lassen die Formen mit der Landschaft sowie die Räume untereinander verschmelzen. Die Frage, wie das optische Verhalten jedes Schirmes an seinen konkreten Kontext anzupassen sei, hat die Architekten quasi zu Optikern werden lassen, die das Zusammenspiel von Perforationsgröße, Oberflächenmaterial und Beleuchtungsgrad innen und außen einstellen. Um ein Gefühl von Leichtigkeit herzustellen sowie um eine Ambivalenz zu erzeugen, die verwirrt und Bilder bei der Bewegung durch das Gebäude auftauchen und wieder verschwinden lässt, wird eine feine Balance zwischen Licht und Schatten, Transparenz und Opazität, Materialität und Immaterialität hergestellt.

Weiter drückt diese Zerlegung des Lichtes in seine Bestandteile eine Weltanschauung aus, die sich im letzten Jahrhundert entwickelt hat und auf physikalischen Entdeckungen gründet, welche zeigen, dass Materie und Energie austauschbar sind und auf dem Zusammenspiel zweier Partikel beruhen: Elektronen und Photonen. Man kann daher Objekte von ausgeprägter und rationaler Form nicht mehr als quasi autarke Dinge ansehen, die sich dem Fluss freier Energie gänzlich entziehen. Dies spiegelt sich in Versuchen von Architekten wider, feste Grenzen zu beleuchten und Energie und Materie enger miteinander zu verbinden, indem sie luftige Schirme in zweierlei Hinsicht anwenden: zur Zerstäubung physischer Masse und zur Betonung von Leichtigkeit.

Die wahrnehmungsbezogene Freiheit in Luft aufgelöster Grenzen ist von einigen Architekten mit fraktaler Geometrie in Verbindung gebracht worden, wobei Energie zu physischer Form wird und die Konturen durch Licht zersetzt werden. Die Idee des Fraktals (lat. *fractus*: gebrochen), die von dem Mathematiker Benoît Mandelbrot 1975 geprägt und in *The Fractal Geometry of Nature* weiter behandelt wurde, bezieht sich auf die geometrische Unregelmäßigkeit in vielen der exquisitesten Formen der Natur und wird in Mandelbrots Aphorismus zusammengefasst: »Wolken sind keine Kugeln, Berge keine Kegel, Küstenlinien keine Kreise, Rinde ist nicht glatt, und ein Blitz beschreibt auch keine gerade Bahn.«[50] Mandelbrots Ideen von »fraktalen Ufern und Küsten« und dem

Hôtel St. James, Jean Nouvel

Emergency Services College, Heikkinen-Komonen

Phänomen der »Skaleninvarianz« finden ihren Ausdruck in den Gebäuden Jean Nouvels, der seinen Ansatz als das Umhüllen der Baukörper mit »fraktalen Begrenzungen« beschreibt, um die »Kanten eines Gebäudes zu verwischen« und »jedwedes Erkennen fester Volumen einzuschränken.«

Nouvels Experimente mit luftigen Metallboxen reichen von den motorisierten Aluminiumblenden des Institut du Monde Arabe in Paris (1987; S. 126) über die rostigen Metallgitter der Verkleidung des Hôtel St. James nahe Bordeaux (1989; linke Seite) bis zu den silbergrauen Geweben verschiedener Größe, die sein Kultur- und Kongresszentrum in Luzern (1999; S. 130) bekleiden. Räume oder Landschaften, die durch einen solchen Schirm betrachtet werden, geben ein sublimierendes, attraktives Bild ab, das den Reiz des Verbotenen suggeriert. Schemenhaftigkeit entzündet die Fantasie, da die skizzenhaften Umrisse der Dinge dem Betrachter die Freiheit geben, sie selbst zu Ende zu denken. Indem sie die äußere, objektive Realität erodieren, richten diese – eher wolkenhaften als festen – durchsichtigen Bordüren den Fokus auf eine Architektur, die auf menschlicher Wahrnehmung basiert, aber auch von ihr geformt wird. Das Werk erfordert unsere Anteilnahme, da es allein durch kreatives Sehen gebildet wird und uns erlaubt, unsere eigene Wahrnehmung wahrzunehmen.

Das »Zerfressen« durchlässiger Grenzen und euklidischer Formen durch Licht ist für Herzog & de Meuron von gleicher Bedeutung und findet einen wunderschönen Ausdruck in dem porösen Steinblock ihrer Dominus Winery in Kalifornien (1998; S. 134) und den von Blättern inspirierten Kupfer-Perforationen des De Young Museum in San Francisco (2005). Die Interpolation von Außen und Innen dient in den Kupferbändern ihres Zentralen Stellwerks der SBB in Basel (1995, 1997; unten und nächste Seite) der Überwachung. Äußere horizontale Streifen, die elektrische Geräte abschirmen und Computer verschatten, sind vor den Fenstern so verdreht, dass sie zu fast anthropomorphen, kaum geöffneten Lichtschlitzen werden. Sie lassen gefilterte Blicke nach draußen zu, erschweren aber den Blick nach innen und erinnern an Augenlider beziehungsweise an eine Maske oder einen Gesichtsschleier.

Der perforierte Stahlkubus von Heinz Tesars Kirche in der Donau City (2000; S. 138) besitzt weder einen »Gesichtsausdruck« noch irgendeinen verschleierten Ausblick. Ebenso kühl abgezirkelt wie die Aperaturen von Nouvels Institut du Monde Arabe, sind die zylindrischen Löcher in Tesars Box so weit voneinander entfernt angeordnet, dass das Auge nur durch eines nach dem anderen hindurchschauen kann. Gleichzeitig sind diese Öffnungen so zahlreich, dass die Wand sehr durchlässig erscheint, ohne dabei ihre Festigkeit zu verlieren: bis zum äußersten Limit perforiert, ohne schon als Gitter zu gelten.

Im Gegensatz zu diesen industriellen Hüllen stehen Schirme aus weichem Holz, die den Einklang mit der Natur anstreben und gleichzeitig eine Verbindung

Archäologiemuseum in Almería, Paredes Pedrosa

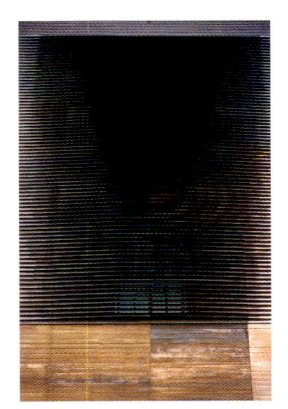

Zentrales Stellwerk, Herzog & de Meuron

Zentrales Stellwerk, Herzog & de Meuron

Zimmermann House, William Turnbull

zum Hier und Jetzt durch äußerste Abstraktion herstellen. Licht, welches durch einen derartigen Schirm gefiltert wird, erfreut sich der emotionalen Vorteile, die Menschen mit Holz verbinden – ein Effekt, der sich einem sofort in den bescheidenen hölzernen Lichtleitern von Paredes Pedrosas Archäologiemuseum in Almería (2005; S. 117) erschließt. Der Umgang mit von Holz gefiltertem Licht ist bei Baumschlager & Eberle umfassender; sie verpacken einfache Boxen rhythmisch mit hölzernen Latten – eine Reminiszenz an das Zimmermann House (1975; oben) von William Turnbull. Die visuelle Stärke dieser Holzschirme hängt (wie auch die diffusen Metallarbeiten Nouvels) von einem realistischen, prismatischen Objekt ab – von etwas Entschlüsselbarem, leicht Verständlichem –, das die menschliche Wahrnehmung zu erodieren und transformieren vermag. In dem Maße, wie aufgespaltenes Licht den Körper, den es einhüllt, verschleiert und mystifiziert, verliert das Gebäude seine Objekthaftigkeit und wird zum Gegenstand der Interpretation. Besonders beeindruckend sind die optischen Eigenschaften von Baumschlager & Eberles BTV Wolfurt (1998; rechte Seite), deren durchgehende Lärchenholzverkleidung eine dahinterliegende Glasmembran schützt und dabei eine kokette Verschwiegenheit ausstrahlt. Die Latten sind in zwei Schichten angeordnet, die schachbrettartig vorstehen und zurückspringen und einige Paneele als horizontal öffenbare Fensterläden fungieren lassen – ein Effekt, der von den Architekten als »Hyperoberfläche« mit »verschiedenen Transparenzstufen« beschrieben wird.

Der halb transparente Holzrost der Kapelle der Versöhnung in Berlin (2000; rechte Seite) von Reitermann & Sassenroth spielt auf das historisch aufgeladene Grundstück an und versucht es zu »heilen«. Die Kapelle, die sich im Niemandsland zwischen dem ehemaligen äußeren und inneren Ring der Berliner Mauer befindet, wirkt durch eine poröse Außenhaut, die eher verbindet als trennt, auf ihre Umgebung ein und lockt mit partiellen Einblicken ins Innere. Die ovale Kapelle ist von einem durchgängigen Chorumgang umgeben, der mit vertikalen Latten verkleidet ist, die Durchblicke zulassen und das Eindringen von Stadt und Natur bezeugen.

Zerklüftetes Licht erreicht seinen poetischen Höhepunkt in einigen kleinen, unaufdringlichen Arbeiten des amerikanischen Architekten Faye Jones: beson-

BTV Wolfurt, Baumschlager & Eberle

Kapelle der Versöhnung, Reitermann & Sassenroth

ders in der Thorncrown Chapel (1980; S. 140) und in der Mildred B. Cooper Memorial Chapel (1988; S. 144), deren rhythmische Tonalität den Ozark-Wald im äußeren Nordwesten von Arkansas widerspiegelt. Zu den vornehmlichen Qualitäten seiner Kirchen zählen ihre exquisite Balance zwischen einem zeitlosen Verlangen nach Erdverbundenheit und der modernen Sehnsucht nach Leichtigkeit, nach imaginärem Schweben und traumähnlichem Fliegen. In seinen Betrachtungen zur Leichtigkeit als einem Ausdruck der Vitalität des neuen Jahrtausends berührt Calvino noch eine andere, aktivere Dimension. Leichtigkeit rühre von der Sehnsucht her, gegen ein »langsames Versteinern«[51] der Welt anzukämpfen. Die enorme Last der ersten industriellen Revolution der Fabriken und Stahlwerke habe sich mit der kürzlichen elektronischen Revolution verflüchtigt, die auf dem Computer und seinen unsichtbaren Rechenleistungen aufbaut, die von elektrischen Ladungen und Strömen getragen werden. Unter dieser Assoziation entdeckt Calvino die existenzielle Sehnsucht des Menschen zu fliegen, und findet im Märchen Beispiele hierfür: Menschen oder Dinge, die schweben, um die Fantasie zu befreien und für die sich der »Flug in jenes Reich ermöglicht, in dem man für jeden Mangel auf magische Weise entschädigt wird«.[52] Diese Sehnsucht nach Mobilität und dem Fliegen war immer Teil des Traums der Moderne. Das geht bis auf Frank Lloyd Wright und Le Corbusier zurück. Bei Jones drückt sich dies aber eher metaphysisch als durch architektonische Gesten aus – und wird daher intensiver wahrgenommen.

In all diesen Experimenten mit zerstäubtem Licht finden sich imaginäre Grenzen, deren verschwommene Umrisse den Fassaden ätherische Qualitäten verleihen, die mit ihrer Geometrie grundsätzlich nichts gemein haben. Das Licht fängt sich (zuweilen flüchtig) in den Schirmen, und mit der Bewegung des Betrachters werden sie abwechselnd massiv, transluzent oder transparent, um sich dann ganz in Luft aufzulösen. Die eigentliche Wand und die Gebäudemasse scheinen zu verschwinden, sie hinterlassen das hypnotisierende Gefühl von Energie, die vor dem Objekt zu vibrieren scheint. Indem die Grenzen aus dem Blickfeld entschwinden – und sich dabei erst herauskristallisieren, um im nächsten Moment unsichtbar, doch voller Energie zu sein – verleihen sie der Architektur eine traumgleiche Note, die uns einlädt, sie mitzugestalten.

ZERSTÄUBUNG

Abgespannte Aluminiumgitter in der Lobby, Blick zur Straße
Rechte Seite (im Uhrzeigersinn von oben links): Zusammenspiel von Gitter und Glas in der Galerie; Gitter in der Galerie; Moiré-Effekt der Aluminiumgewebe an der Außentreppe; zerstäubter Blick auf Tokio

TEPIA, Japan Fumihiko Maki

Die eleganten Metallverblendungen des Wissenschaftspavillons (1989), die aus fein perforierten Aluminiumblechen bestehen, drücken zwei zentrale japanische Raumkonzepte aus: *ma* und *oku*. *Ma* bezieht sich auf eine Baulücke oder einen »Zwischenraum« zwischen Körpern, während *oku* sich auf die räumlichen Qualitäten bezieht, die von einem scheinbaren und verborgenen Gefühl von Tiefe ausgehen. Diese »Illusionen verborgener Orte« werden von aufeinanderfolgenden Gewebeschichten gebildet, deren vage Umgrenzungen ephemer und verschwommen sind. Transluzente Gewebebahnen sind hinter Glas und um Treppen herum abgehängt und werden (in ihrer schönsten Form) in der Eingangshalle mit Kabeln abgespannt, um Blicke in das Gebäude und – umgekehrt – auf das hektische Tokioter Treiben zu verschleiern. Dieses feinporige Licht mit seinen Moiré-Effekten und halb verborgenen Bildern erinnert uns an die japanische Suche nach einer Einsamkeit, die doch der Welt verbunden bleibt, und an das gegenwärtige Streben, Sehgewohnheiten zu kippen und dem Auge Spielraum und Bewegungsfreiheit einzuräumen.

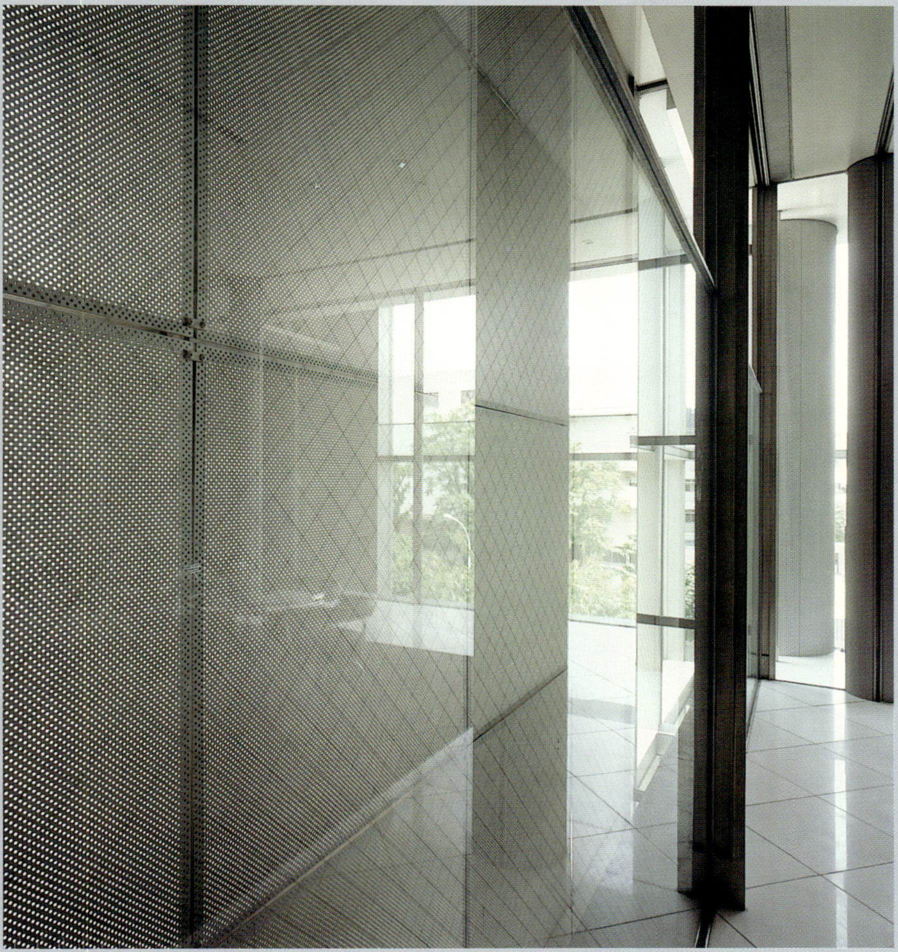
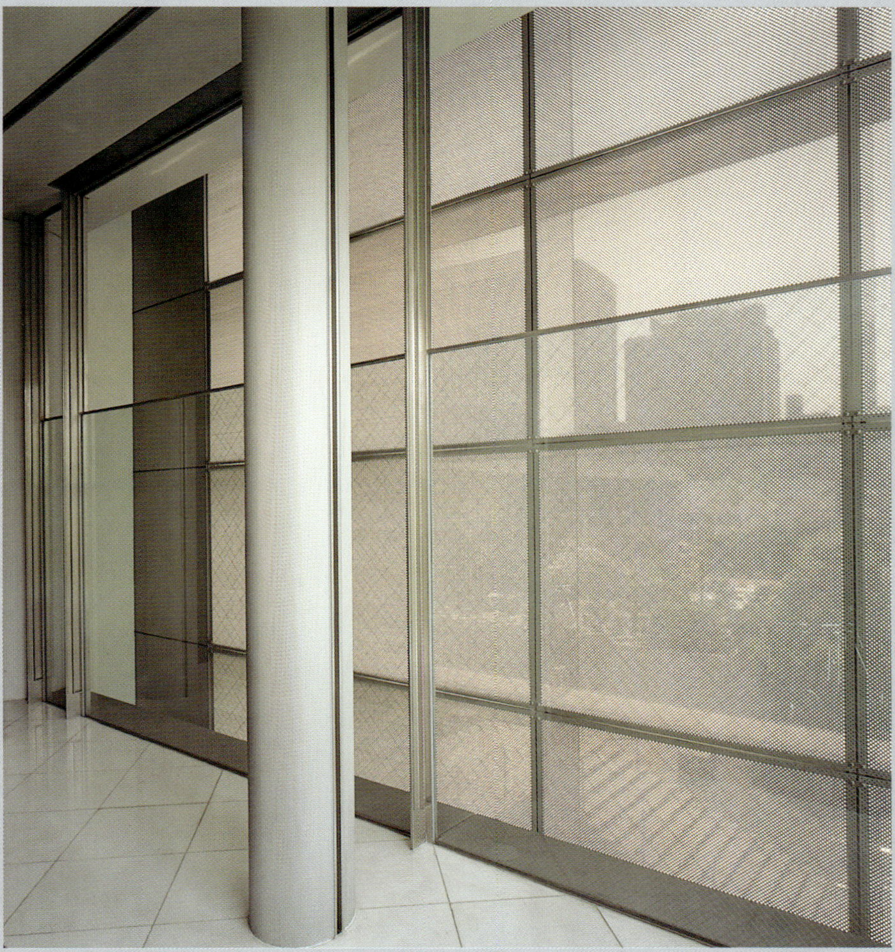
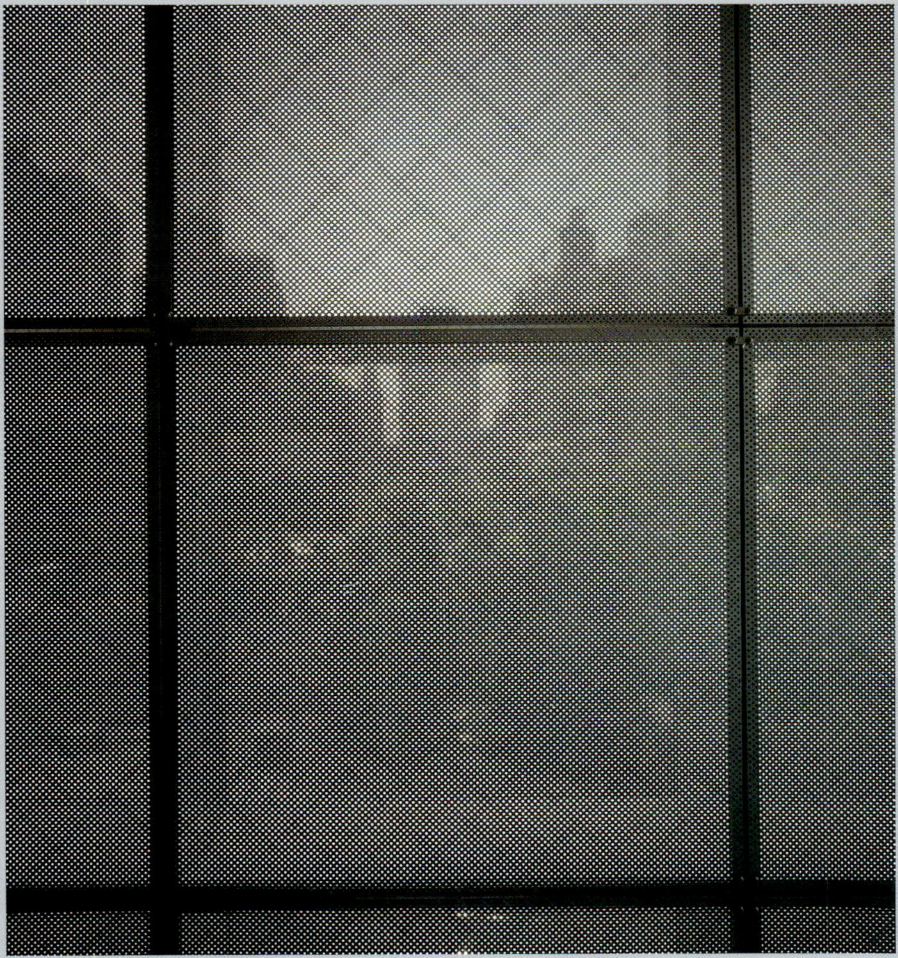
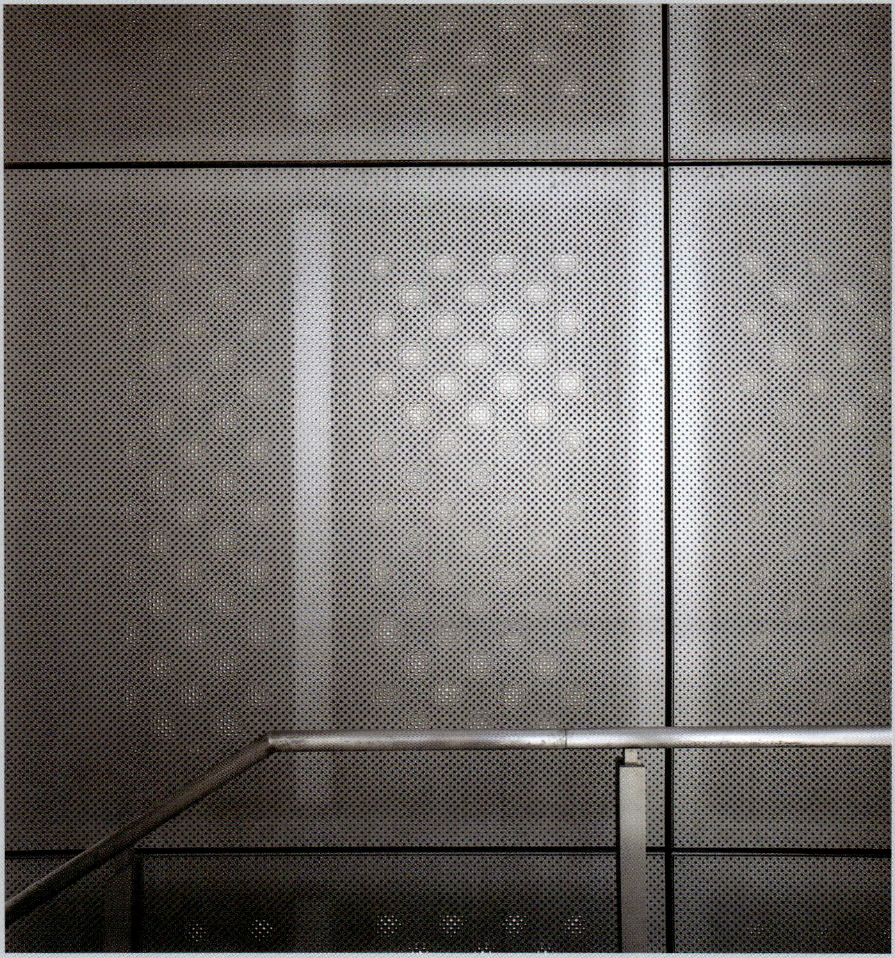

Abflughalle
Rechte Seite: Blick zur Lobby von oberem Niveau

Rovaniemi Airport Terminal, Finnland
Heikkinen-Komonen

Besonders bestechend an Heikkinen-Komonens Terminal (1992) sind die horizontalen, grauen, abgehängten Decken aus Metallgewebe vor dunklem Hintergrund, die wie die wabernden Nebel der Umgebung wirken. Das durchlässige Metal ummantelt den dunkleren Raum dahinter und verbirgt die schwarz gehaltene Haustechnik. Diese Abdeckung wird durch vertikale Gewebe ergänzt, die den Passagieren zur Orientierung dienen und sie zu ihren Flügen leiten. Entlang dieses Weges werden die Schirme zunehmend feiner und entwickeln sich von großen schwarzen Rastern in ein molekulares Leuchten im Abflugbereich. Je näher man seinem Flug kommt, umso stärker nehmen verschwommene Erscheinungen und dunstige Bilder zu. Am Ende betritt man eine schimmernde Brücke, die mit Geweben und Glas verkleidet ist. Dieser transparente Schlauch verläuft außerhalb der Terminal-Verglasung und schwebt quasi zwischen dem Flugfeld auf der einen und seinem Spiegelbild auf der anderen Seite. Für einen aufregenden Moment glaubt man, in Vorahnung dessen was noch kommt, bereits zu fliegen.

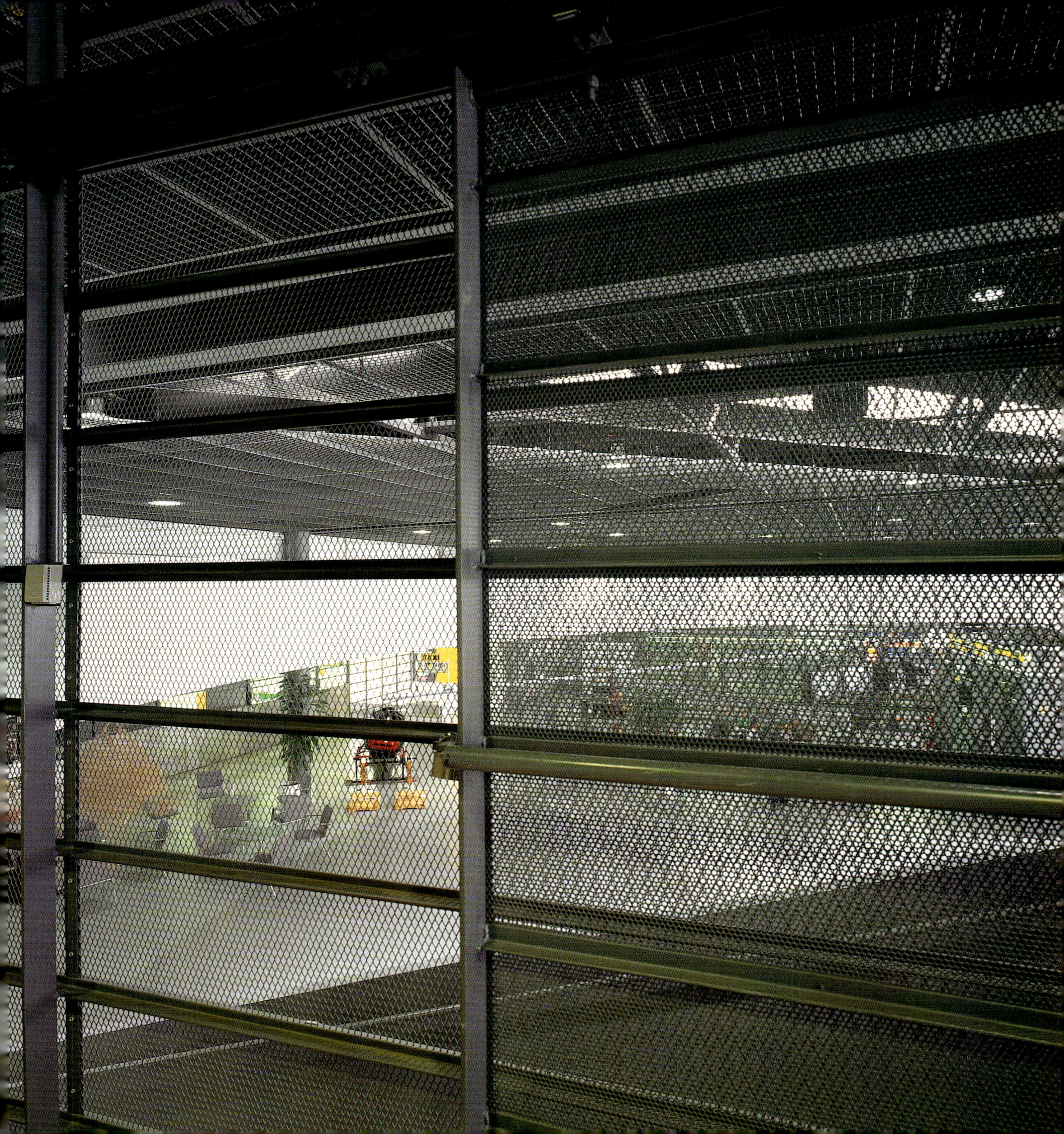

Im Uhrzeigersinn von oben links: Blick von der Lobby auf das Flugfeld;
Blick vom Café zum Flugfeld; Ankunftsgate

Übergangsbrücke vom Terminal zum Flugfeld

Blick durch den weißen Marmorschirm zum Hof
Rechte Seite: Blick durch den Fahrstuhlschacht zur Treppe

Institut du Monde Arabe, Frankreich Jean Nouvel

Die prismatischen Baukörper des Pariser Kulturzentrums (1987) stellen die notwendigen Objekte, an denen zerstäubtes Licht arbeiten kann. Massive, messerscharfe Formen stellen eine klar umrissene Referenz dar, die durch das körnige Licht verwischt und ausgedünnt werden kann, was den architektonischen Boden unter den Füßen je nach Uhrzeit und Wetter zum Schwanken bringt. Die Ingredienzien für dieses »Zitterspiel« sind: die kameraartigen Linsen, die sich mit zu- oder abnehmender Sonne öffnen und schließen; durchlässige Schichten von Aluminiumkonstruktionen und Treppen; ein offenes Raster von den Hof umgebenden Marmorplatten. In diesem Gegensatz offenbart sich ein zentrales Thema heutiger Architektur, nämlich das Konterkarieren von mehrdeutiger Wahrnehmung durch ihr Gegenteil: Geometrie, Präzision und Klarheit der Form. Mit diesem stabilen Zustand – der so angelegt ist, dass er ständig wieder zerfällt – geht ein Oszillieren zwischen verschiedenen Wertigkeiten einher, das eine flüchtige Harmonie von Ordnung und Unordnung herstellt.

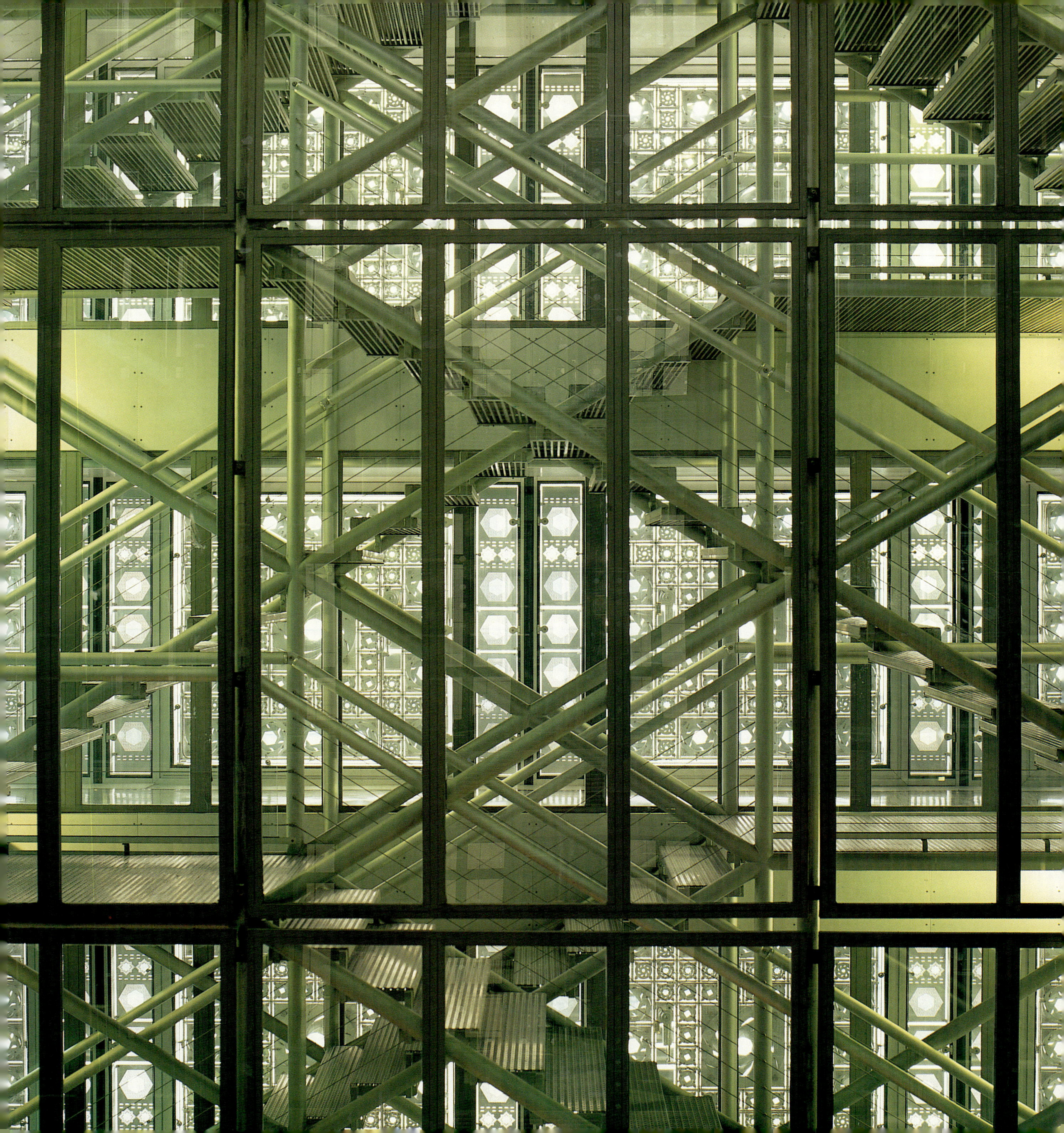

Bibliothek

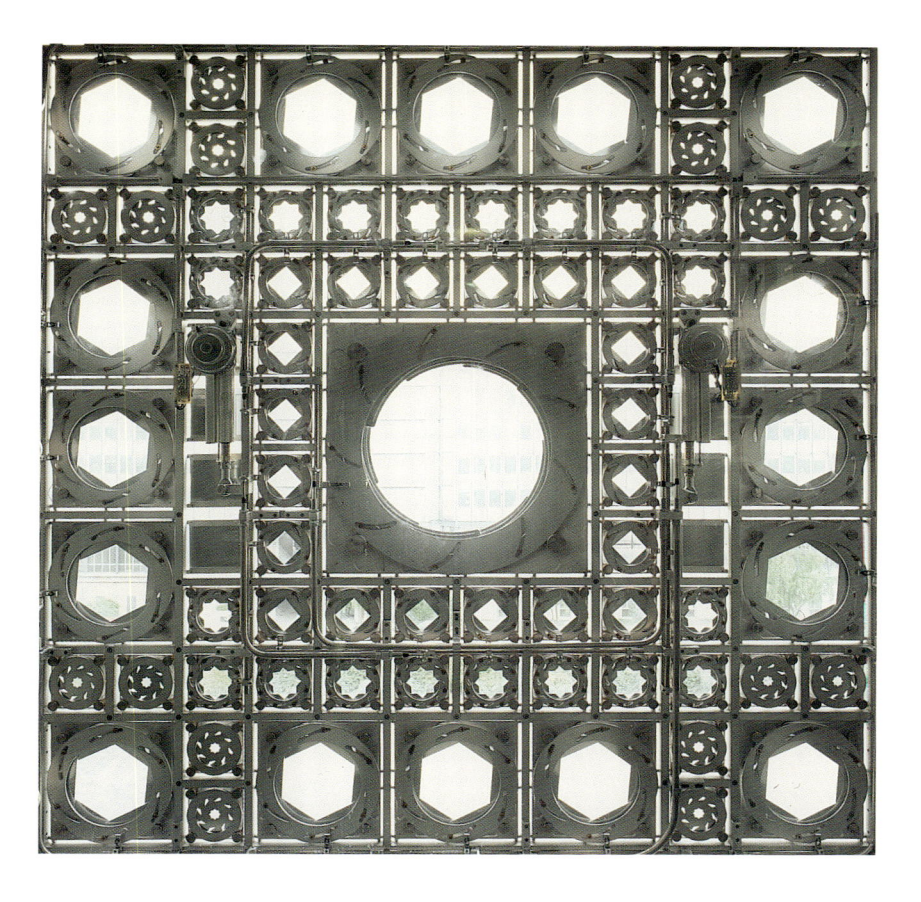

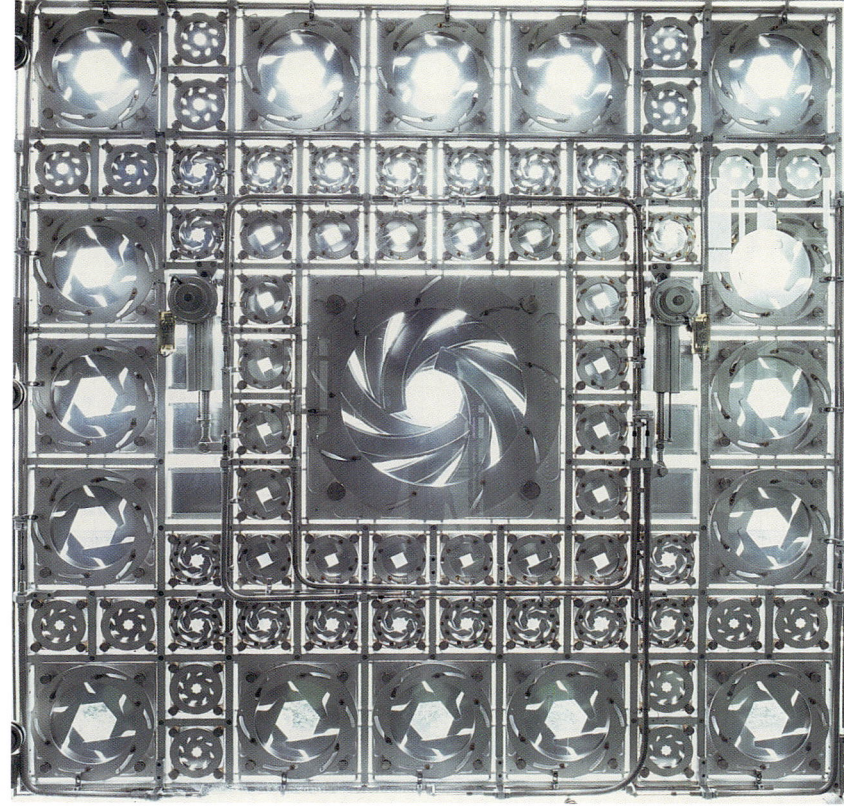

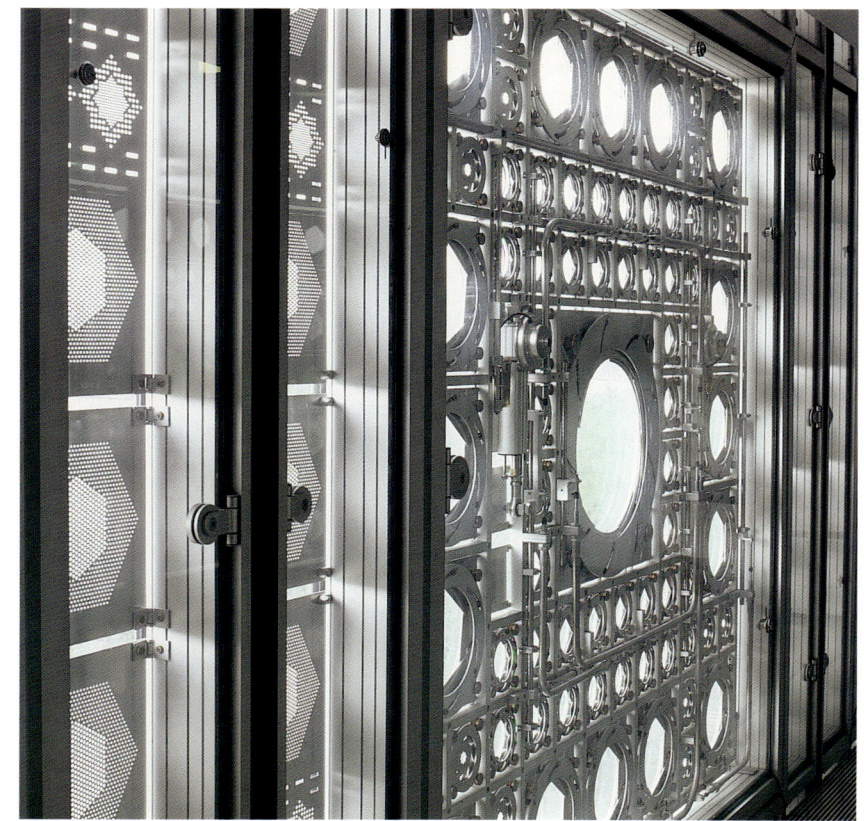

Im Uhrzeigersinn von oben links: Blende offen (links) und geschlossen (rechts); motorisierte Blenden der Südwestwand; Detail des Marmorschirms

ZERSTÄUBUNG

Blick von der Terrasse zum Museumsflügel
Rechte Seite: Treppe zum Foyer der Konzerthalle

Kultur- und Kongresszentrum, Schweiz Jean Nouvel

Bei diesem Kulturzentrum in Luzern (1999) verändert das komplizierte Geflecht aus Licht und Schatten seine Dichte, um die verschiedenen Funktionen des Gebäudes erfüllen zu können und auszudrücken. Es wird da engmaschiger, wo diskrete Aktivitäten zusätzlichen Schutz benötigen. Die fraktale Verzerrung wird durch das Loslösen von Rastern von der Gebäudehülle betont, deren Versatz und Vordergrundwirkung die Konturen auflösen und das logische Sehen durchkreuzen. Dieser Collageeffekt, der durch überblendete Fensterreflexionen an Komplexität gewinnt, gibt den Fassaden eine Doppelbedeutung, da beide Ebenen gleichzeitig gesehen werden. Solche Überlagerungen sind an den vertikalen Metallboxen der Außentreppen besonders ausdrucksstark: Diese sind dicht mit den quecksilbrigen Linien von Stützen und Balken, Rastern und Schienen, Treppen und Absätzen verflochten. Am wenigsten stofflich sind die fein perforierten Metallgewebe der Treppen, die zur Konzerthalle führen. Ihre Interferenzen und Moiré-Effekte schimmern und verändern sich beim Aufstieg und verändern laufend ihren Transparenzgrad. Zudem umgeben sie den Anstieg mit amorphen, nebligen und angedeuteten Szenen.

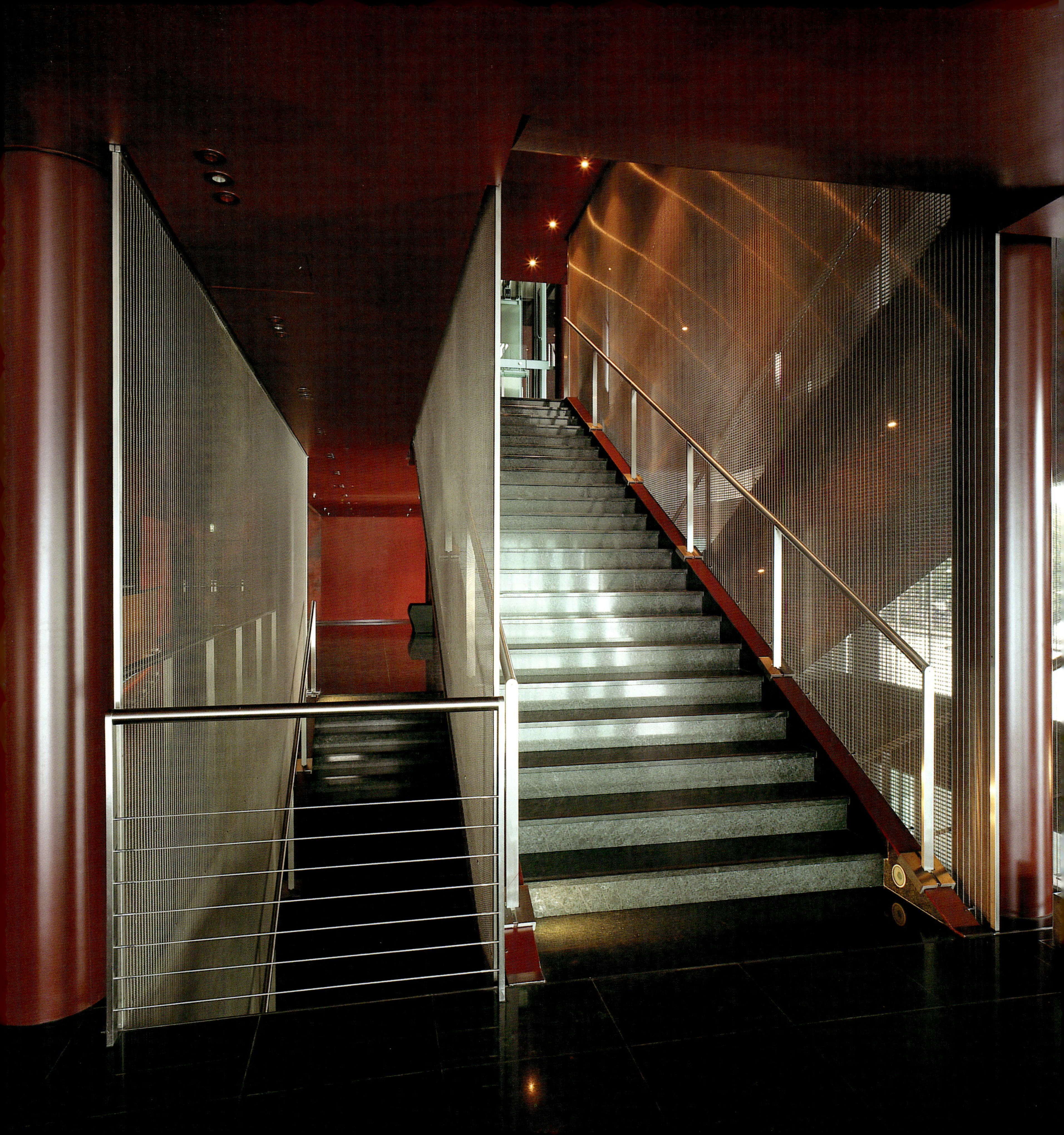

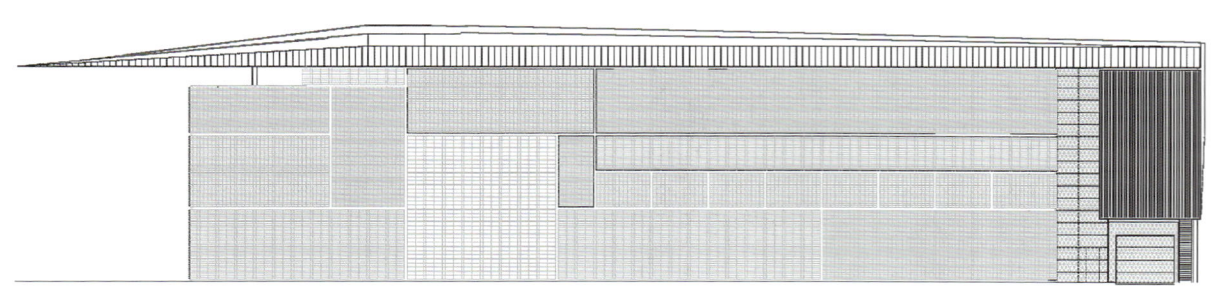

Fotografie: Wassergarten
Zeichnungen (von links nach rechts): Die verschiedenen Raster der Westfassade;
Rasterdetail

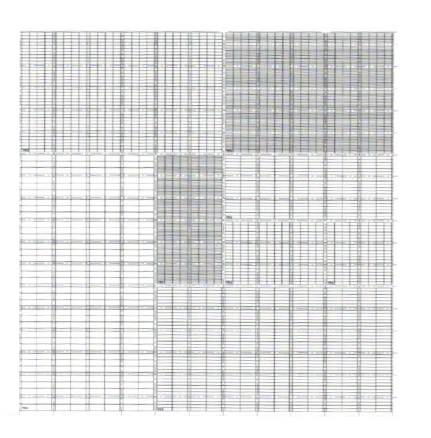

132 **ZERSTÄUBUNG**

Großes Bild: Rechtwinklige Raster der Außentreppe und der Fassade
Kleine Bilder (von links nach rechts): Vielschichtige Raster und Metallgewebe unter auskragendem Dach; Blick von unten auf verschiedene Schirme der Fassade, Brücke und Treppe; Detail des Treppenschirms

ZERSTÄUBUNG

Freiluftkorridor bei Sonnenuntergang
Rechte Seite: Zersplittertes Sonnenlicht auf Glaswand

Dominus Winery, Kalifornien, USA Herzog & de Meuron

Die einfache, monolithische Weinkellerei im Napa Valley (1998) ist mit einer kongenialen Abwandlung von Naturstein verkleidet, welche das massive Material in einen luftige, durchlässige Wand verwandelt. Obwohl ursprünglich als eine direkte Reaktion auf das heiße, trockene Klima entstanden – und um dem Wunsch nach möglichst minimaler mechanischer Kühlung nachzukommen –, erzeugen diese Wände halluzinatorische Effekte mit einfachen Materialien und einer unorthodoxen Konstruktion. Gabionen, gefüllt mit grünen Basaltsteinen, lassen flüchtige Blicke auf die Weinhügel zu. Sie wechseln ihren Transparenzgrad mit jeder leichten Bewegung des Auges. Man ist sofort von der Erdverbundenheit dieser losen Steine beeindruckt, welche gleichzeitig Licht und Materie vermischen und damit eine ähnliche Fusion von Sonne und Boden erzeugen, wie sie auch dem »Elixier Wein« zu eigen ist. Diese geologischen und doch auf eigenartige Weise auch »himmlischen« Wände werden durch Glaswände und hauchdünne, reflektierende Metallgewebe ergänzt, welche die Räume verdecken. Sie sollen die Widersprüche zwischen Archaischem und Modernem verbinden – von rau und glatt, primitiv und hoch entwickelt.

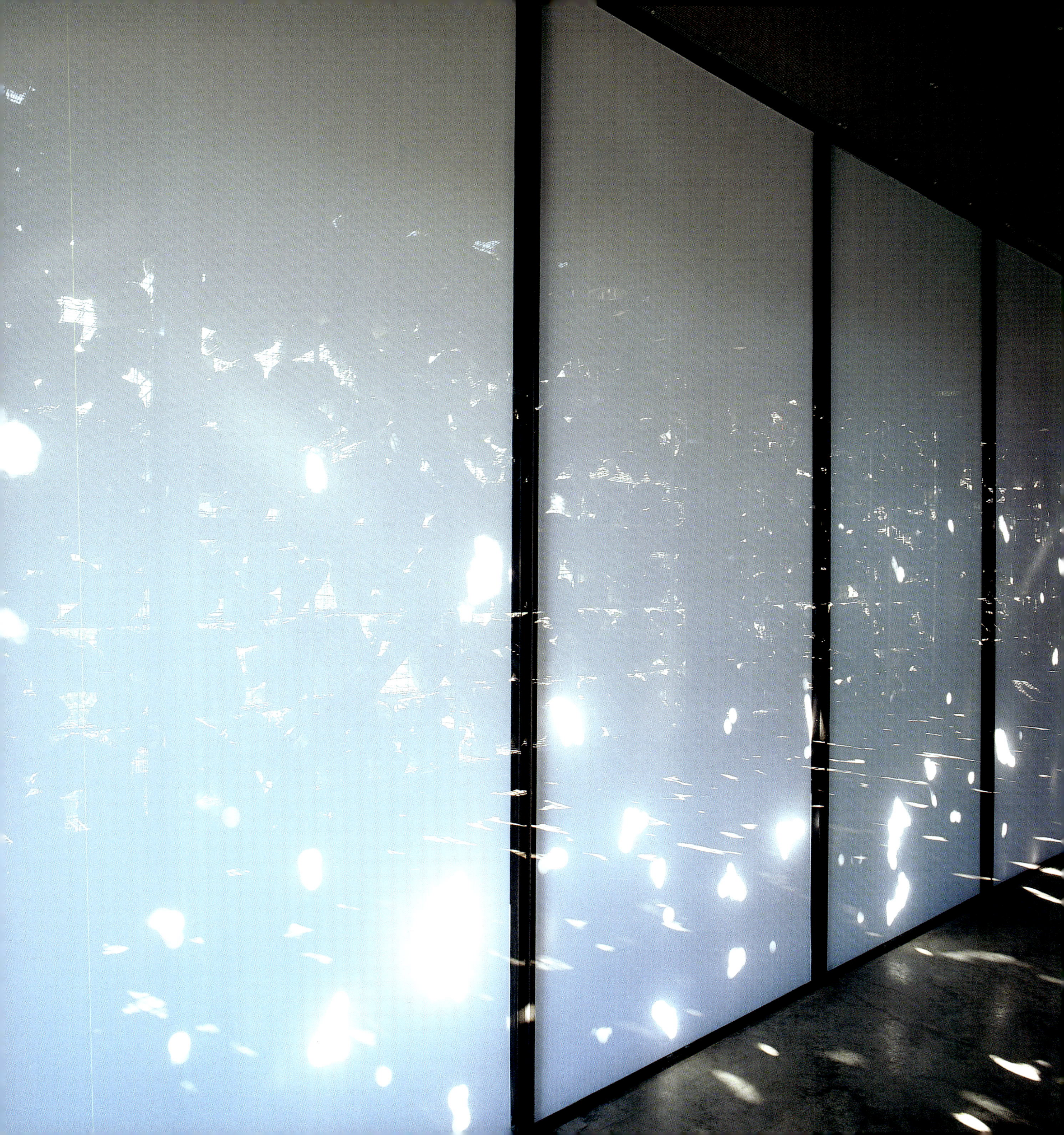

Gabionen mit dunkelgrünem Basalt

136 **ZERSTÄUBUNG**

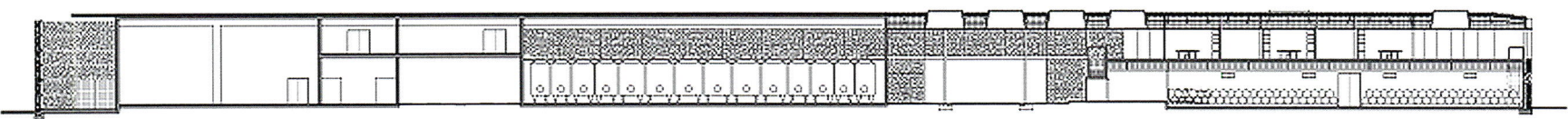

Von oben nach unten: Brücke zu den Fässern der Weinreifung (links); Glaswand des
Verwaltungsbereiches (rechts); Außenansicht; Längsschnitt

ZERSTÄUBUNG

Östliche Ecke mit Laterne und Oberlicht (»Lichtwunde«)
Rechte Seite (im Uhrzeigersinn von oben links): Perforierte Wand hinter dem Altar; Eingang; Detail der Außenverkleidung; Schnitt

Kirche in der Donau City, Österreich Heinz Tesar

Ebenso wie bestimmte Schirme von Jean Nouvel und Herzog & de Meuron basiert Heinz Tesars perforierte Box im Wohnpark Donau City in Wien aus dem Jahr 2000 auf einer merkwürdigen Verbindung des Industriellen mit dem Künstlerischen. Die Wände sind mit konischen Fenstern in zwei Größen übersät. Sie erinnern an Bullaugen, die in einem Raster mit mechanischen Obertönen angeordnet, aber auch in einer trichterartigen Weise gebohrt sind. Ihre Plastizität wird von den beiden Ecklaternen und einem Deckenschlitz von lyrischer Form widergespiegelt. Die massive Außenwand ist so sehr in verschiedenen Maßstäben durchstochen und ausgehöhlt, dass – um mit Italo Calvino zu sprechen – »die Leerstellen genauso konkret wie massive Körper werden«. Das tröpfelnde Licht wird durch eine glatte, reflektierende Innenhaut aus Birkenpaneelen – die eine warmes, freundliches Leuchten erzeugt – gedämpft und multipliziert. In einem seit Shoei Yohs Light-Lattice House (S. 28) nicht gesehenen Maße scheint Tesars Gebäudehülle eher aus Lichtfiguren als aus massivem Material zu bestehen und am Gleichgewicht zwischen Energie und Materie zu rühren.

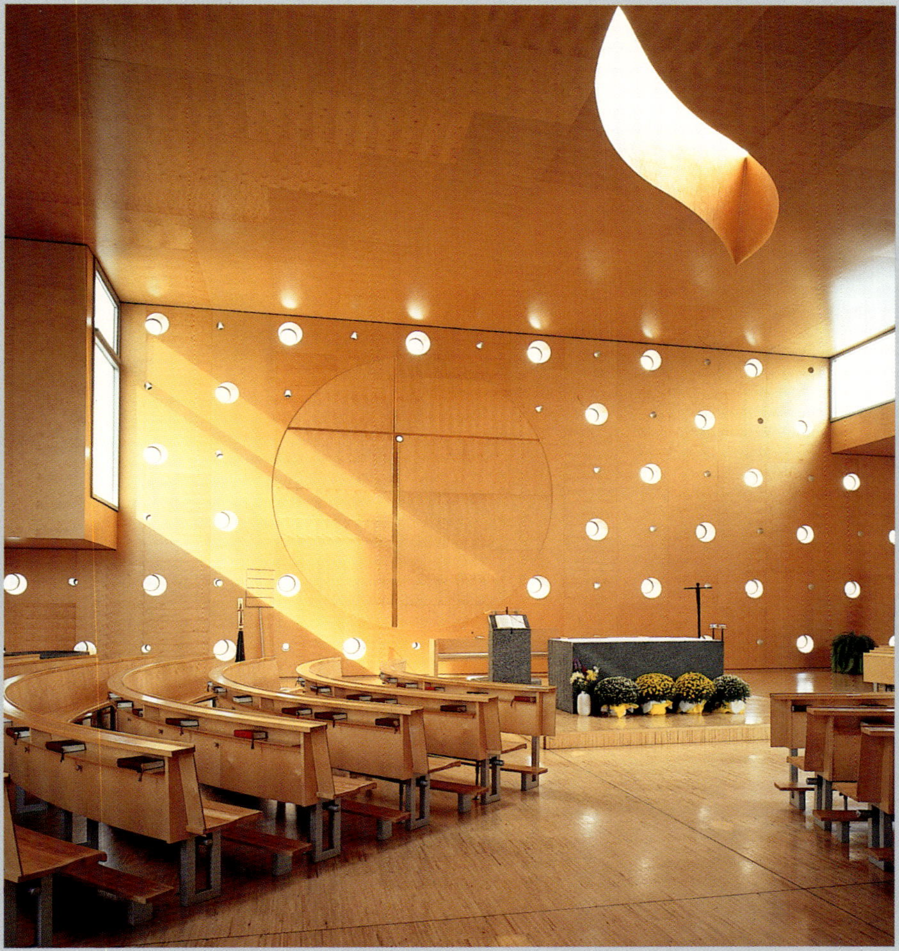

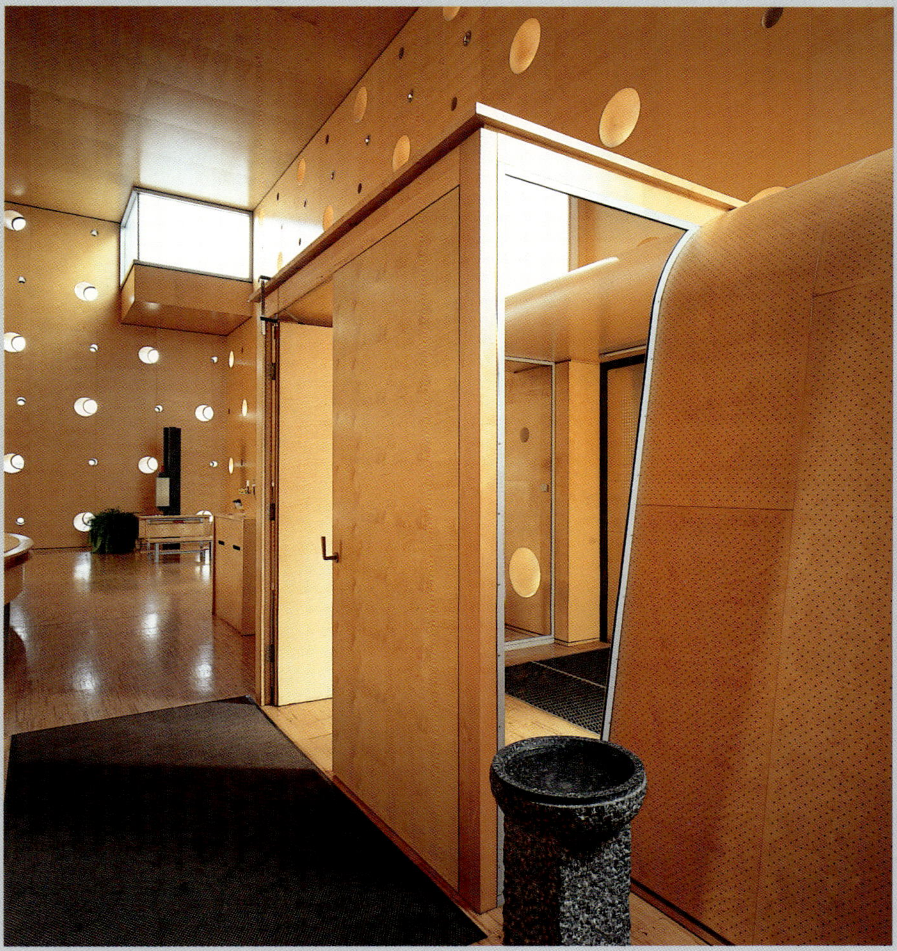

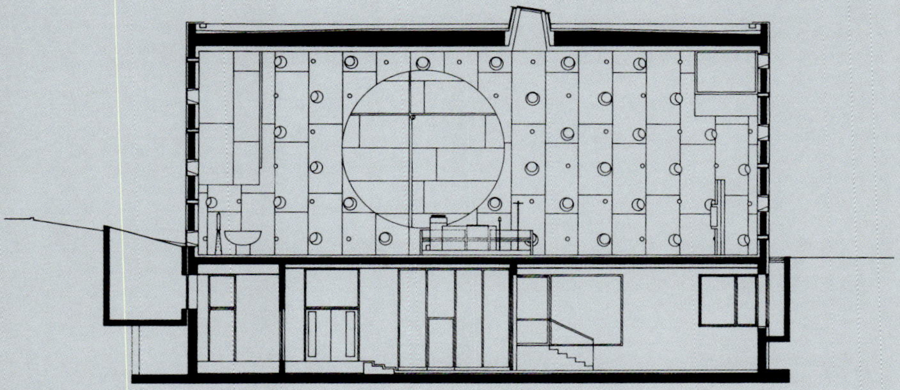

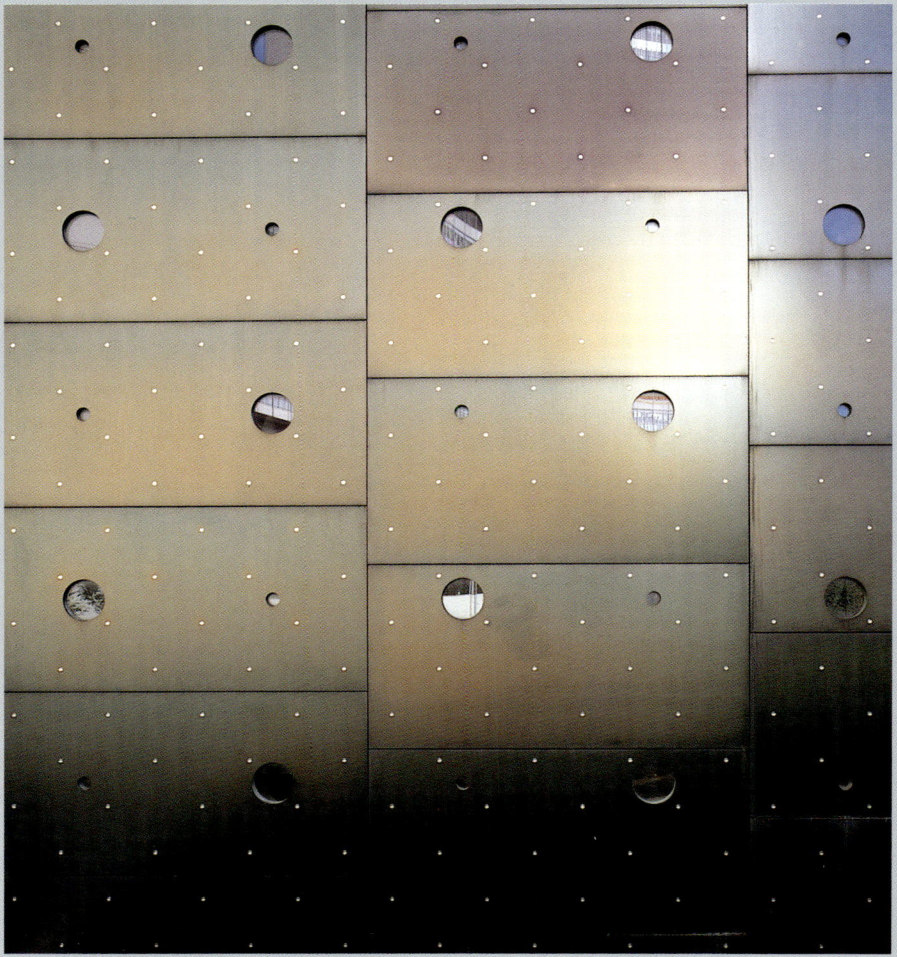

Decke der Kapelle
Rechte Seite: Äußere Kreuzverbände

Thorncrown Chapel, Arkansas, USA Fay Jones

Nirgends wurde die einfache Anziehungskraft hölzerner Schirme berührender zum Ausdruck gebracht als in dem einfachen Korpus der Thorncrown Chapel in Eureka Springs, Arkansas (1980), die aus schmalen Holzgliedern aus Südkiefer gebaut wurde. Fay Jones überhöht den Schirm zu einem Skelett in allen möglichen Maßstäben – gleichermaßen und offenkundig den Gitterwänden traditioneller japanischer Häuser wie den »Lichtschirmen« Frank Lloyd Wrights verpflichtet. Die Formen der Wandgewebe finden sich auch im Dach wieder und schrumpfen bis auf den Mikrokosmos der Lampen, Türen, Kirchenbänke und Stühle. In diesem Dickicht bleibt man nicht mehr nur in einem Bild von traumhafter Leichtigkeit gefangen, sondern geht körperlich in ihm auf. Jones hat in dieser leuchtenden Abstraktion eines der poetischsten Bilder der Menschheit festgehalten: das Nest, welches – wie uns Gaston Bachelard in einem wunderbaren Kapitel seines Buches *Die Poetik des Raumes* erinnert – ein Ausmaß von Intimität in sich trägt, welches über seine Funktion als Versteck hinausgeht.

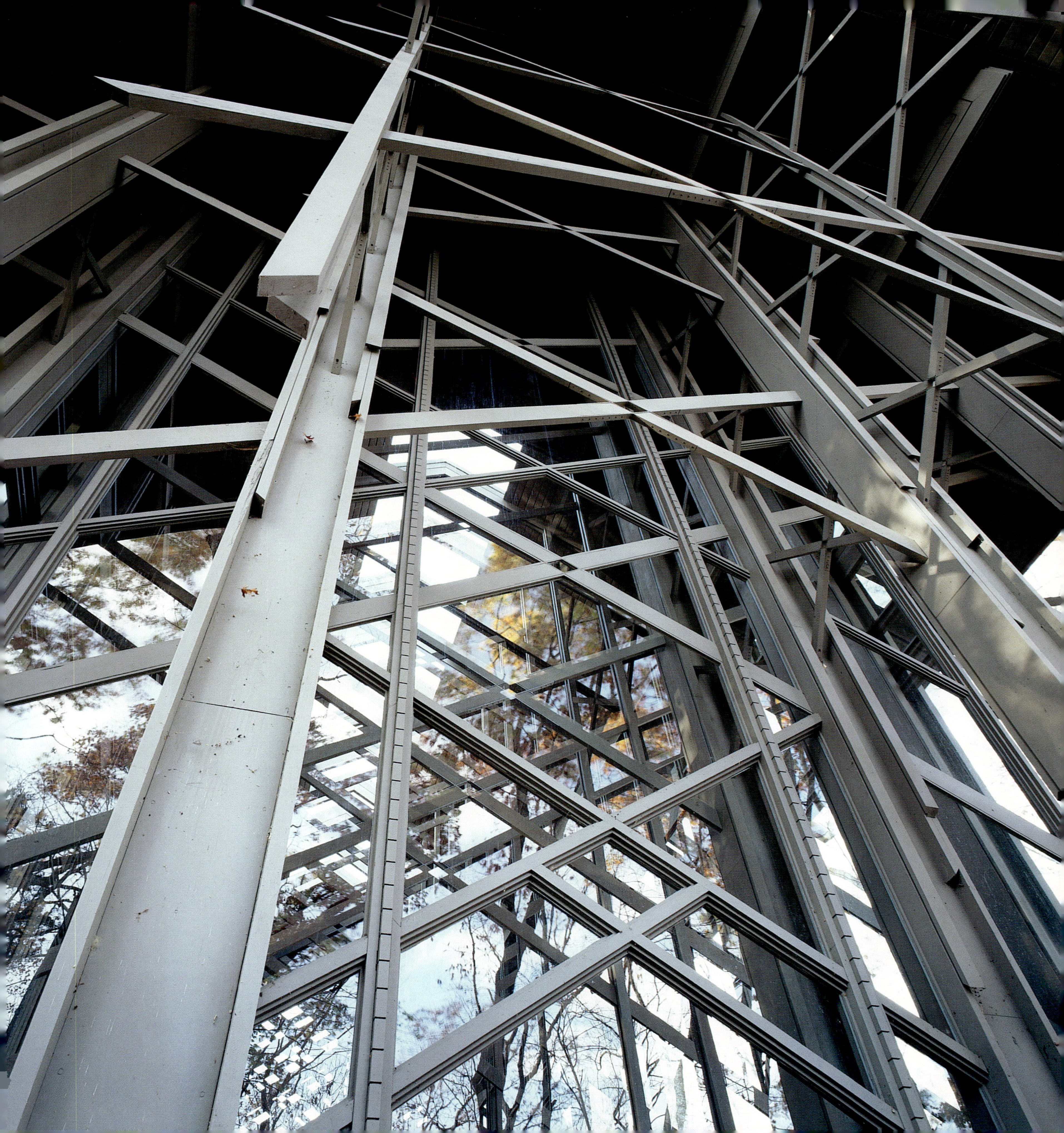

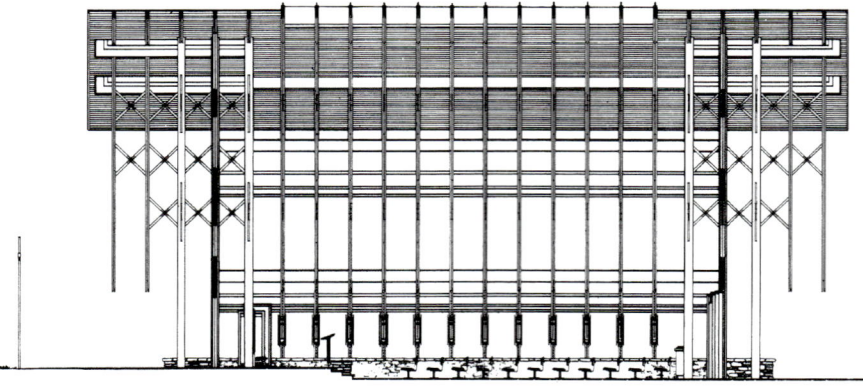

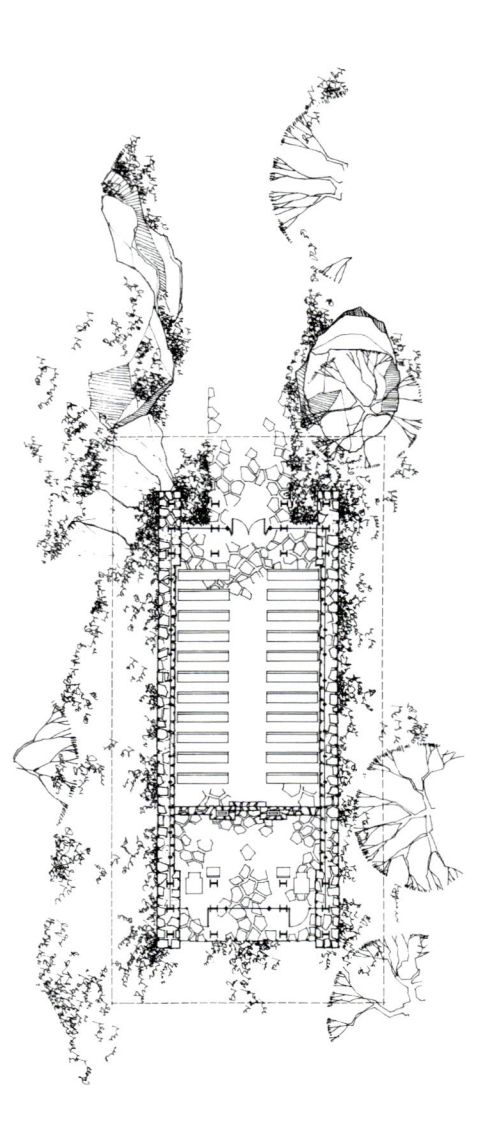

Fotografie: Zusammenspiel von Tragskelett und Bäumen
Zeichnungen (von links nach rechts): Längsschnitt; Grundriss

142 **ZERSTÄUBUNG**

Großes Bild: Innenansicht mit Blickrichtung zum Eingang
Kleine Bilder (von links nach rechts): Blick hinauf zum Eingang; Außenansicht in der Dämmerung

ZERSTÄUBUNG

Kontinuität von äußerem und innerem Tragrost
Rechte Seite: Außendetail

Mildred B. Cooper Memorial Chapel, Arkansas, USA
Fay Jones

Die Erzeugung des Waldlichtes, das Jones so am Herzen liegt, wird hier in Bella Vista aus einem Stahl-Holz-Skelett gewonnen. Die dünnen Zugglieder der Kapelle (1988) sind gebogen, um an gebeugte Jungbäume zu erinnern und dadurch auf metaphorischer Ebene mit der Natur in Verbindung zu bleiben. Beim Eindringen des getupften Lichtes in diese fragile, fast gotische Konstruktion zeigt sich, dass die streifenförmigen Schirme derartig wiederholt und multipliziert werden, dass kaum eine Spur von Massivität übrig bleibt. Die Erleuchtung dematerialisiert förmlich alle Zwischenräume (außer rudimentäre Teile des Daches) und korrodiert optisch die Nahtstellen des Gebäudes – besonders ein Oberlicht im First und hohle Metallfugen –, um den Bau quasi im Licht aufgehen und weniger substanziell erscheinen zu lassen, als er es eigentlich ist.

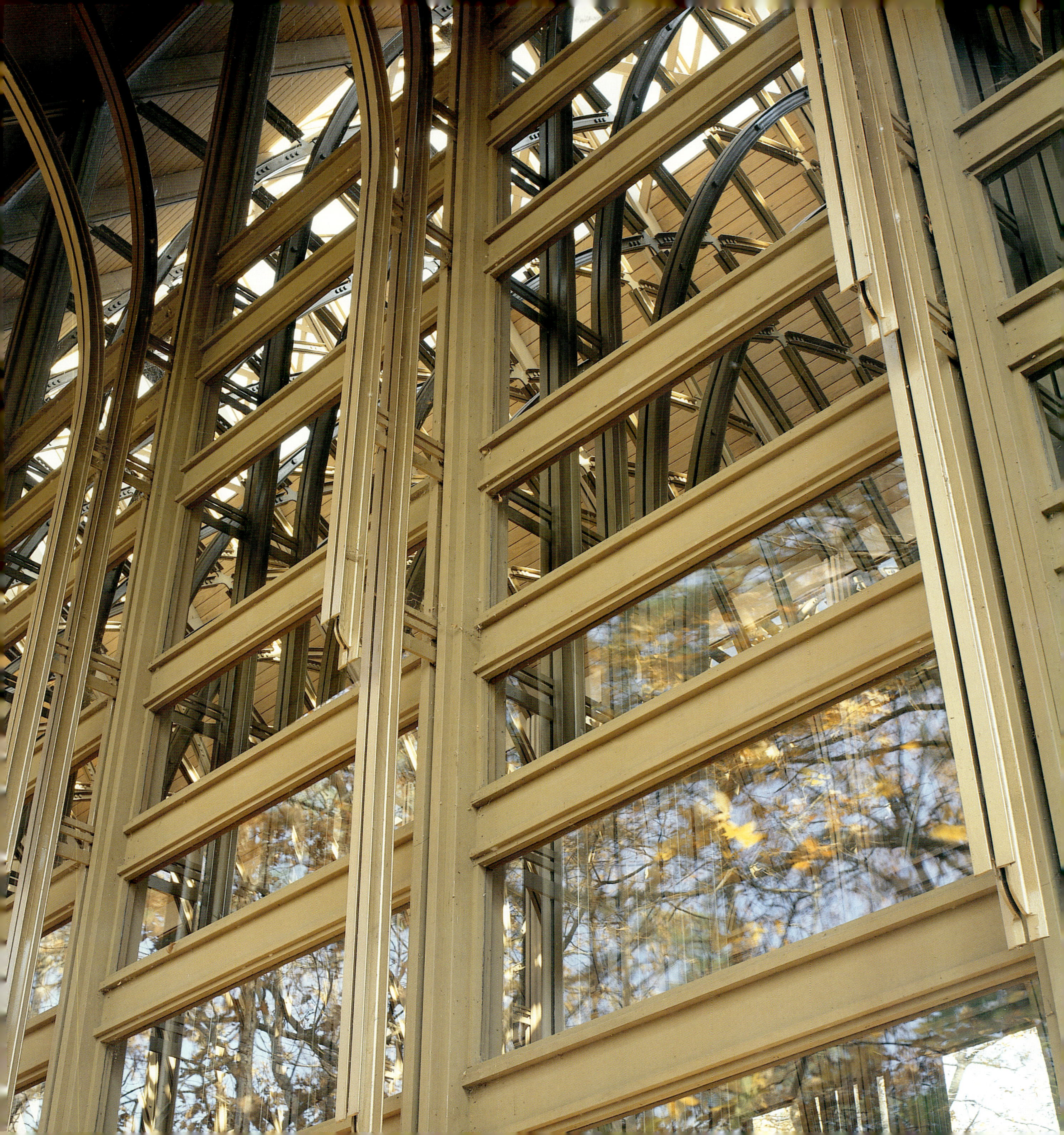

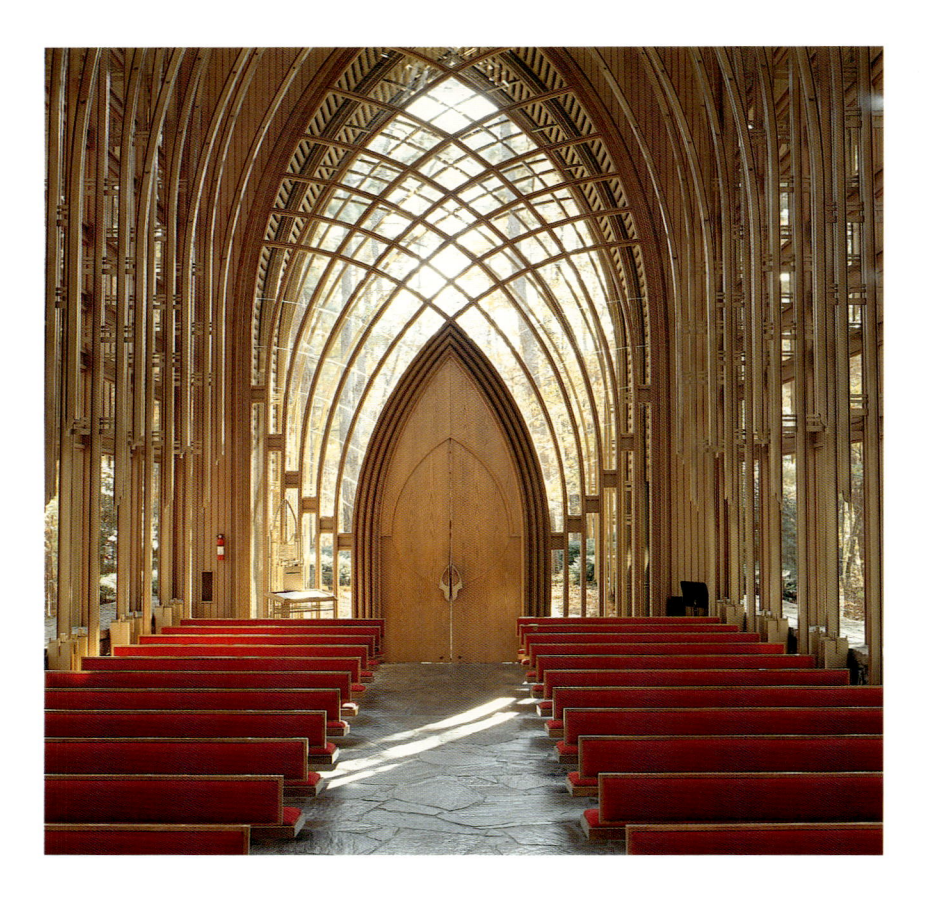

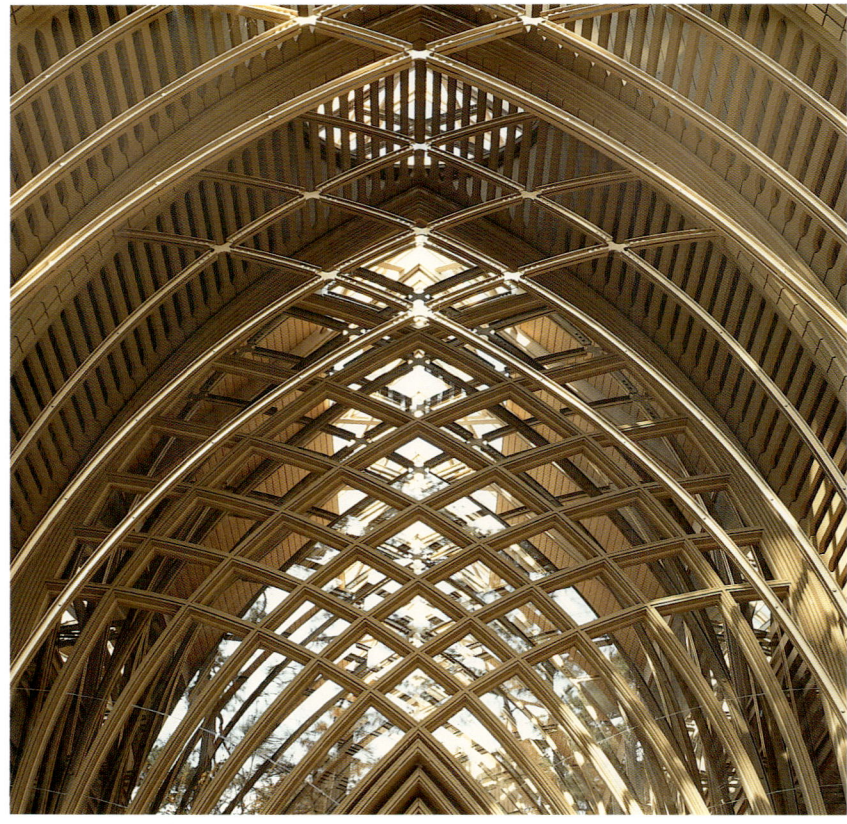

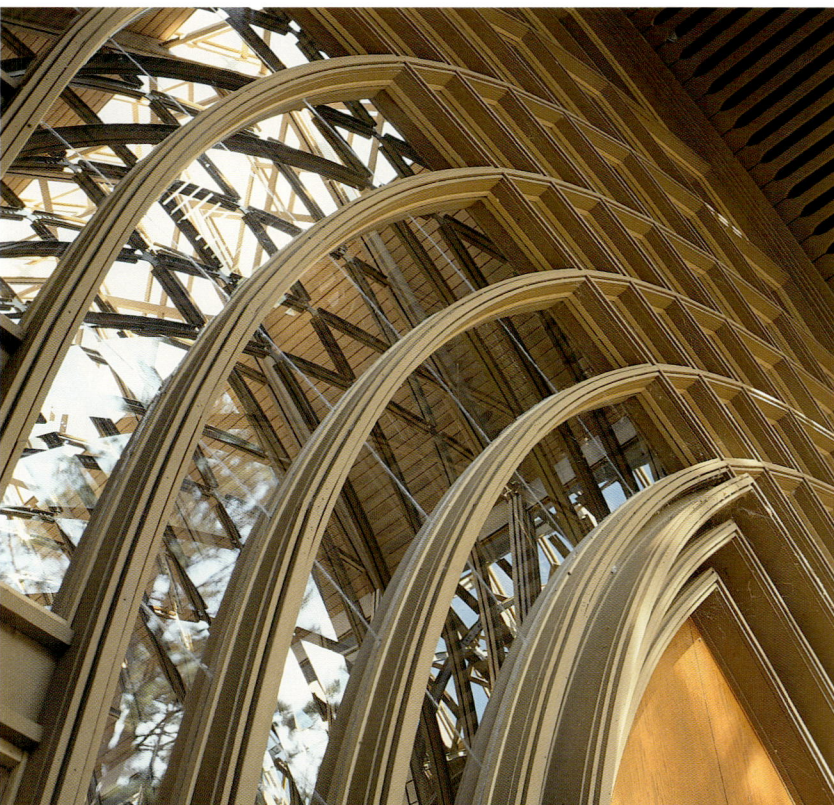

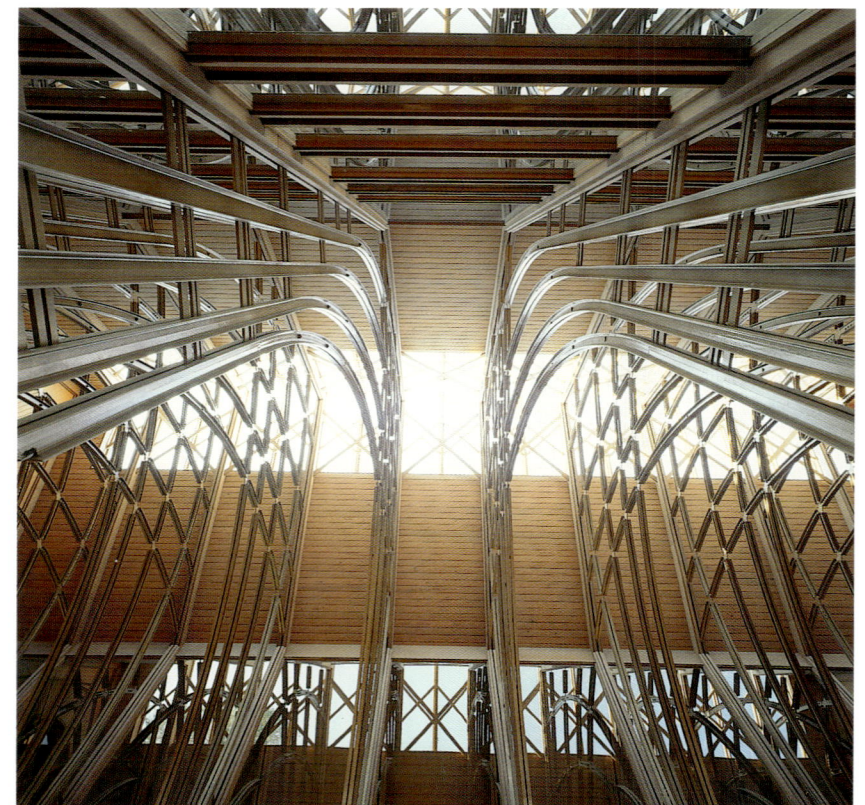

Im Uhrzeigersinn von oben links: Innenansicht mit Blickrichtung zum Eingang; kurvenförmige Stahlstruktur; Kirchendecke; Gitterstruktur über der Tür

ZERSTÄUBUNG

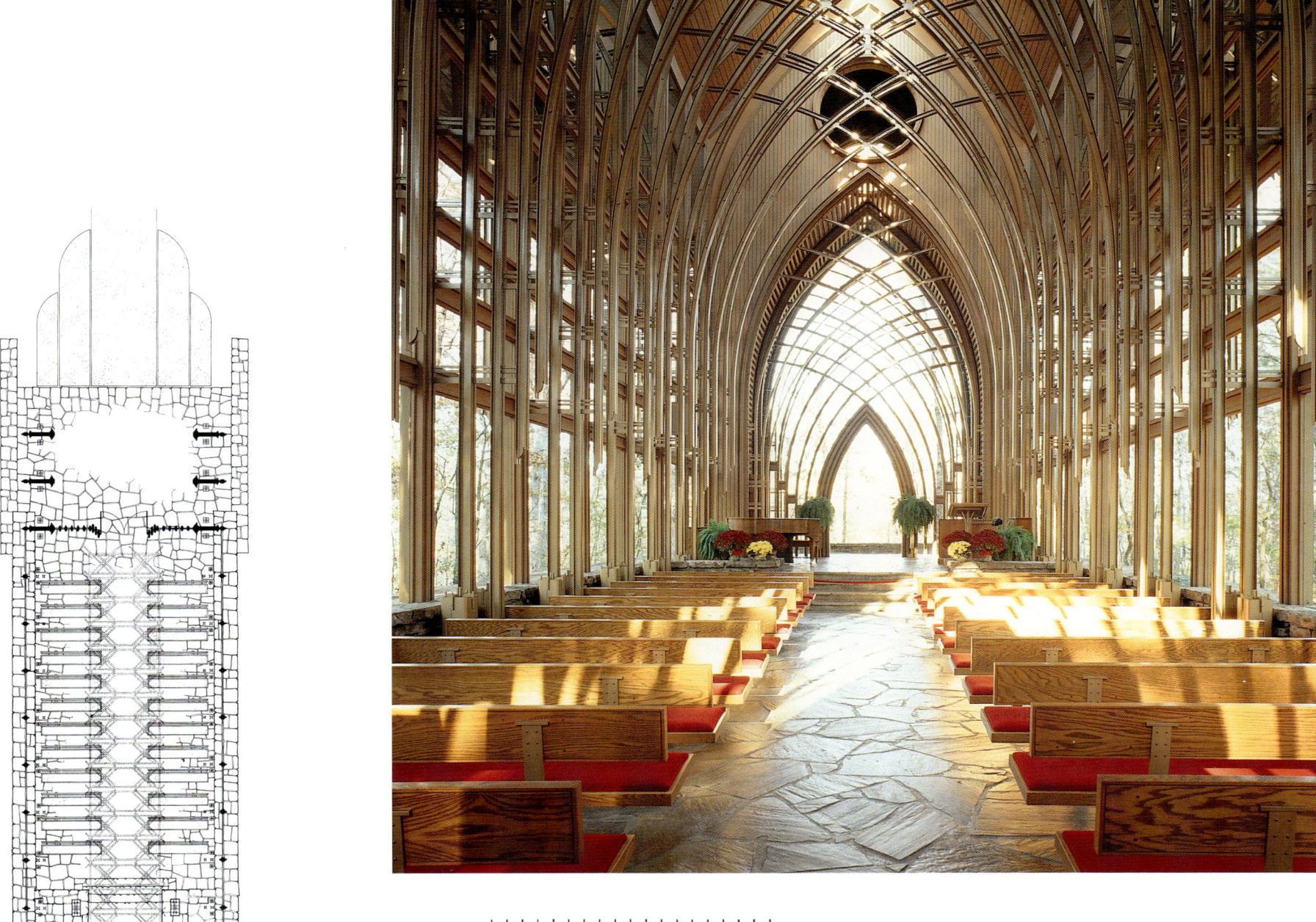

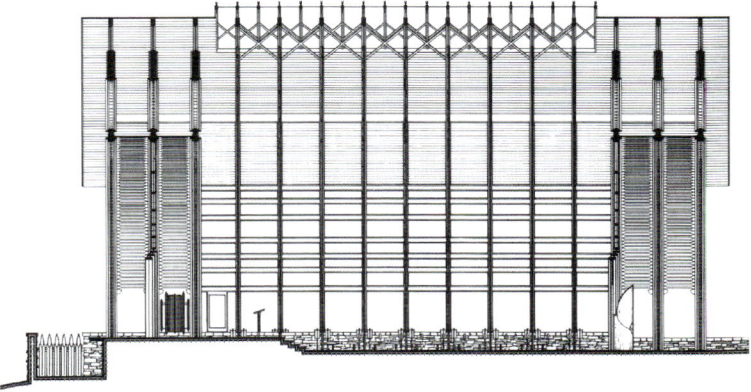

Fotografie: Innenansicht mit Blickrichtung zum Altar
Zeichnungen (von links nach rechts): Grundriss; Längsschnitt

ZERSTÄUBUNG 147

KANALISIERUNG

LICHT
WIRD
DURCH
EINEN
HOHLRAUM
GEFÜHRT

5 KANALISIERUNG
Licht wird durch einen Hohlraum geführt

Die revolutionären Versuche der modernen Architektur, Gebäude mit gesundem natürlichem Licht und Frischluft zu durchdringen, brachten eine Transparenz und Mobilität zum Ausdruck, die das Zeitalter charakterisierten. Pioniere wie Frank Lloyd Wright, Le Corbusier, Alvar Aalto und später Herman Hertzberger gingen über die konventionelle Lösung hinaus, natürliches Licht durch Erhöhung von Größe und Proportion der Glasflächen zu maximieren. Ihre Versuche, den Elementen einen Weg in das Innerste eines Gebäudes zu bahnen und dabei das Paradigma der zellulären Masse in etwas Neues zu verwandeln – ein räumliches Raster, durchzogen von Tunneln, durch die das Tageslicht strömte –, waren radikaler. Zu diesen bahnbrechenden Werken zählen die von oben beleuchteten Atrien Wrights, die von Innenfenstern und »Lichtschirmen« umgeben waren; die porösen und versetzten Schnitte, die Le Corbusier für die Maison La Roche in Paris (1923; unten) und das Haus Shodan in Ahmedabad (1956) erdachte; die Lichtschaufeln und Trichter, die in den Kern von Aaltos Museen und Bibliotheken geschnitten sind; die luftige Matrix von Öffnungen und Poren in Hertzbergers Centraal Beheer in Apeldoorn (1972; rechte Seite). In diesen Strukturen wird Licht durch Kanäle dorthin geleitet, wo es innen gebraucht wird. Der Erfindungsreichtum wurde von einer Faszination für die *Qualität* des Lichts begleitet. Zunächst formlos, wurde es aus einer bestimmten Richtung her gesammelt und dann mittels derselben Werkzeuge, die seinen Fluss bestimmten, in eine prägnante Form gebracht.

Jüngere Versuche, diese Durchlässigkeit zu erweitern, führen zu einer neuen Art von Strukturen, deren natürlich belichtete Hohlräume über die rein funktionale Ebene hinausgehen und dabei poetische und pragmatische Aspekte verbinden. Die Hohlräume dieser durchlässigen Massen sind zum Teil als optische Werkzeuge gedacht, mit denen sich das Licht verteilen, steuern und dabei messen und beschränken lässt. Innerhalb einer solchen Struktur nimmt Licht einen hydraulischen Ausdruck an, der in fließenden Strahlen und in vorgeformten Leitkanälen sichtbar wird, deren Konturen scheinbar von der eindringenden Kraft der Strahlung herausgearbeitet werden.

Einige der einfallsreichsten Experimente sind zugleich die kleinsten: Licht fällt durch eine Gebäudehülle unsichtbarer Dicke. Dieses hohle *poché* hat illusionistische Wurzeln im quellenlosen Licht Berninis und anderer Architekten und fand bevorzugt in den Spalten und Röhren Le Corbusiers Anwendung. Im etwas rationaleren Ansatz von Gunnar Birkerts wird die Wand zu etwas Formbaren, bei dem Hohlräume ausgespart werden können, damit das Licht aus verborgener Quelle her wirken kann und bei seiner Umleitung ins Gebäude seine Intensität und Richtung ändert. Seit den 1960ern führt Birkerts Licht durch schräge Spalten in introspektive Gebäude: etwa bei den IBM-Büros in Southfield, Michigan (1979), bei denen Lichtstrahlung durch aufeinanderfolgende Reflexionen von konkaven Aluminiumflächen umgelenkt und dadurch seit- und aufwärts in die Räume geleitet wird. Dabei wird das Licht so gestreut, dass es minimal blendet. Dieser von Birkerts »lineares Periskop« genannte Mechanismus taucht wieder auf in seinem Corning Museum of Glass im Staat New York (1980). Er dient hier dazu, subtile Glaskunstwerke zu hinterleuchten, wodurch die traditionellen Funktionen von Fenster und Wand neu definiert werden und Ersteres eher als Lichtleitung, denn als Loch wahrgenommen wird.

Maison La Roche, Le Corbusier

D.E. Shaw Offices, Steven Holl

Centraal Beheer, Herman Hertzberger

Um dem indirekten Licht seiner D.E. Shaw Offices in New York (1991; linke Seite) und der Chapel of St Ignatius in Seattle (1997; S. 44) eine emotionale Dimension zu verleihen, schuf Steven Holl Kanäle mit zwischen Doppelwänden versetzten Öffnungen. Fenster werden durch eine innere Verkleidung verblendet, wodurch das Licht mysteriös wirkt und erst seitlich reflektiert wird, bevor es durch Öffnungen nach innen diffundiert. Eine wichtige, aber unsichtbare Rolle spielen hierbei die farbigen Anstriche der Innenflächen, die dem Licht – das in von der Außenwelt abgeschnittene Räume fällt – eine emotionale Note verleihen.

Juha Leiviskä, der sich seit Langem von umgelenktem Licht und seiner Blütezeit im Bayern des 18. Jahrhunderts inspirieren lässt, erfindet die historischen Vorbilder durch eine abstrakte Sprache paralleler Spalten zwischen überlappenden Wänden neu – so etwa im Kunstmuseum im finnischen Kajaani (1985; unten). Nachdem das in arktischen Breiten so kostbare Licht eingefangen wurde, leiten es zahllose Schlitze durch wiederholte Reflexion an reinweißen Flächen nach innen und bringen die massiven Wände von innen her zum Leuchten. Trotz minimaler Verglasung des Gebäudes erreicht Leiviskä so eine hervorragende Beleuchtung. Dieser Effekt tritt am deutlichsten in der Myyrmäki- (1984; S. 30) und der Männistö-Kirche (1992; S. 34) zutage, wo Licht zwischen aufgefächerten Wandscheiben eintritt. Seine Farbpalette wird durch verschiedene Wandabstände nuanciert und zum Großteil von den wechselnden Schattierungen von Sonne und Himmel bestimmt.

Die von Leiviskä und Holl eingesetzten Schlitze werden im Vergleich zu ihren barocken Vorbildern durch einen Lichtstrom weiter ausdifferenziert. Dieser ist von modernen Konzepten wie der Collage bestimmt, deren Bestandteile jene für die abstrakte Kunst zentrale »doppelte Perspektive« eröffnen. Ebenso wie Leiviskäs Wände sich in dem von ihnen transportierten Licht auflösen, oszillieren ihre Oberflächen in einem kubistischen Zusammenspiel von Fläche und Tiefe. Hierbei erweitern sie die kreative Wahrnehmung durch das Aufbrechen der Objekte in ihre Bestandteile. Wie die »Leinwand zerbrochener Teile« bei William Carlos Williams teilen sich und schweben leuchtende Wände in strömendem Licht, wobei die überlagerten Flächen voller Energie sind und durchsichtig erscheinen, das sichtbare Zurückweichen einer atmosphärischen Perspektive suggerierend.[53] Wie ein *papier collé* repräsentieren die ätherischen Wände ein erweitertes Wirkungsfeld, dessen tiefere Schichten vom Auge interpretiert werden können und die merkwürdig taktil und aktiv erscheinen – zunehmend bis zu einem Punkt, an dem sie »nicht länger leblos sind«[54], um es in den Worten Kandinskys zu sagen, mit denen er Cézannes Stillleben beschrieb.

Tadao Andos setzt kanalisiertes Licht dazu ein, um die innere Ruhe von Gebäuden zu steigern, indem er sich horizontalem Licht verschließt und vertikalem Licht öffnet – und somit schweigsame Wände durch Streifen zenitalen

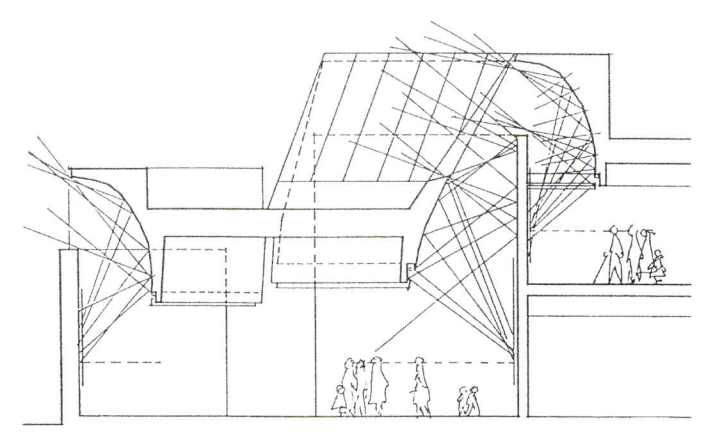

Kunstmuseum in Kajaani, Juha Leiviskä

KANALISIERUNG

Lichtes zum Glühen bringt. Dies resultiert in verschachtelten Volumen mit dazwischengeschalteten Spalten, durch die Licht von oben eindringt und unerwartet leuchtende Umrisse fern jeder weltlichen Banalität hervorbringt. Obwohl Andos versonnene Volumen hier und dort mit ein paar schmalen Schlitzen zum Einlassen von Licht oder für Ausblicke versehen sind, wird der größte Teil der Beleuchtung doch behutsam durch ein räumliches Netzwerk von Spalten und Dachöffnungen, Gärten und Höfen geführt, die in den Baukörper eingeschnitten sind und verborgene Fenster mit Licht versorgen.

Alberto Campo Baeza – der von Andos geometrischen Gebäudehüllen beeinflusst ist und seine Sehnsucht nach Selbstreflexion und Einvernehmen mit der Natur teilt – gründet sein Werk auf konzentrischen Strukturen, die das Licht in Außenhöfe dirigieren, wo ihm die Hitze und Blendkraft genommen wird, bevor es dann reinweiße Wänden nach innen reflektieren. Die Abstufung der Beleuchtung, die sein Guerrero-Haus (2005; S. 40) auszeichnet – wie auch Andos Haus Kidosaki (1986; unten) –, basiert auf einer verlängerten Bahn des Lichts. Dessen langsames Verebben in der Dunkelheit verstärkt das Gefühl von Schutz vor Hitze und steigert das sinnliche Vergnügen. Durch die Rotation des Lichts auf den hohen, geschichteten Wände wird zudem eine Verbindung zum Himmel hergestellt. Die gleiche Dialektik aus schattigem Rückzug und Lichtspiel nimmt in Carlos Ferraters Auditorium und Konferenzzentrum in Castellón (2004; S. 156) städtische Dimensionen an – die Wände und Decken sind hier »gefaltet«, um Licht in ansonsten geschlossene Betonvolumen zu lenken.

Aber warum sollte man konzentrische Wände lediglich tangential beleuchten, wenn sie ebenso einer reichhaltigen senkrechten Beleuchtung preisgegeben werden können? Diese Frage stellen Allmann Sattler Wappner mit ihrer Herz-Jesu-Kirche (2000; S. 160), indem sie die Decke massiv gestalten, aber die Außenwände in zwei durchlässige Verkleidungen auflösen. Die zwei Schichten von Wandelgang und Kapelle ergänzen sich bei der Filterung des horizontalen Lichts. Eine Außenhaut aus Stahl und Glas streut einen großen Teil des Lichts, welches dann beim Durchtritt durch Holzlamellen in die eigentliche Kirche stark gedämpft wird. Der Großteil dieses Lichts fällt auf den Altar. Das Konzept einer doppelten Verkleidung mit Zwischenraum kommt auch in Jensen & Skodvins Mortensrud-Kirche in Oslo (2002; S. 164) zum Tragen. Hier ist der entscheidende Lichtfilter eine innere Schicht aus unverfugtem Naturstein. Licht gelangt über Wege, Wandelgänge, Höfe und Kapellen in das Gebäude, während der Kirchenraum dunkel und gedämpft bleibt – was den wenigen, die Steinfugen durchdringenden Lichtstrahlen eine bezaubernde Kraft verleiht.

Das wachsende Interesse von Kunstmuseen an gleichmäßigem natürlichem Licht ohne schädliche UV-Strahlung hat zu erstaunlichen Innovationen in Bezug auf kanalisiertes Licht geführt. Häufig wird das Licht eher horizontal als vertikal gewonnen und dann im Zickzack in die unten liegenden Galerien geführt. Beim Kirchner Museum in Davos von Gigon & Guyer (1992) wurde das Problem der Behinderung des Lichts durch Schnee so gelöst, dass das massive Dach über jeder Galerie angehoben wurde und somit eine Laterne ausbildet. Diagonales, nach oben reflektiertes Licht wird in den hohen Lufträumen unter dem Dach gesammelt, wo es je nach Bedarf mit Kunstlicht gemischt wird. Das Licht wird dann im 90-Grad-Winkel umgelenkt und durch eine transluzente Decke nach unten geworfen, was den Raum darunter gleichmäßig mit einem sehr weichen Licht erfüllt. Im Kunsthaus Bregenz (1997; S. 108) von Peter Zumthor kommt ein doppelter Luftraum zum Tragen: ein Luftraum hinter der äußeren Glashülle des Gebäudes und horizontale Lufträume zwischen den gestapelten Galerien, was zu einer rätselhaften Beleuchtung jeder Ebene von oben führt.

In den Museen Renzo Pianos liegt die Betonung auf zenitalem Licht. Seine Dächer weisen verschiedene Schichten auf, die zur Bildung eines Netzwerkes an Hohlräumen getrennt und gedehnt werden. Dieses durchlässige Gebilde bezieht ein Maximum an Licht von oben und moduliert dieses auf seinem Weg nach unten auf verschiedene Weise. Resultat ist eine reichhaltige Beleuchtung, welche für die Betrachtung von Kunst geeignet ist. Auf der Grundlage ausgedehnter Computerstudien und Modellsimulationen hat jedes Dachsegment hierbei seine individuelle Rolle. Die erste dieser ideenreichen Konstruktionen, welche die Menil Collection in Houston (1987; unten) bedeckt, ist ein ätherisches Leichtdach aus Betonlamellen, das über den Räumen schwebt. Jede Lamelle zeichnet eine S-Kurve nach, deren gerichtete Form extrudiert und wiederholt wird, um sanftes Nordlicht einzufangen und gleichzeitig durch zweifa-

Haus Kidosaki, Tadao Ando

Menil Collection, Renzo Piano

Fondation Beyeler, Renzo Piano

Städtisches Leichenschauhaus in León, BAAS

che Reflexion der Strahlen das Sonnenlicht abzuschwächen. Abgehängt von weißen Stahlfachwerkträgern scheint das geschichtete Dach über den Galerien zu schweben. Was man von Pianos geschichteten Decken – etwa bei der Cy Twombly Gallery (1995), Houston, oder der Fondation Beyeler in Riehen, Schweiz (1997; linke Seite), und dem Nasher Sculpture Center in Dallas (2003) – unter anderem lernen kann, sind die vielen Möglichkeiten, wie Licht ins Innere geführt und damit der Charakter eines Gebäudes geprägt werden kann. Im Falle der Cy Twombly Gallery sickert Licht zuerst ein, die äußere Schicht fixierter Lamellen umschiffend. Im Anschluss dringt es durch ein geneigtes gläsernes Walmdach, dann durch Sonnenschutzglas, eine Lage von mechanischen, dem Sonnenstand folgenden Lamellen und letztlich durch eine gespannte Baumwolldecke, die ein ultra-weiches Licht an die Galerien abgibt. In der kassettenartigen Decke der Fondation Beyeler wird Licht durch neun Schichten und Lufträume geschickt – von weißen Lamellen aus gefrittetem Glas bis zu einem perforierten Metallschirm –, was zu einer gleichmäßigen, ruhigen weißlich-grauen Beleuchtung führt. Die Skulpturensammlung des Nasher Center konnte mehr Tageslicht von einem größeren Spektrum vertragen, weshalb sich ein vorgeformter Aluminium-Sonnenschutz mit kleinen kegelförmigen, in Richtung Norden ausgerichten Hütchen anbot.

Obwohl in das städtische Leichenschauhaus in Léon (2000; links und S. 166) von BAAS nur zenitales Licht dringt, verschwindet das Dach abgesehen von ein paar mysteriösen Öffnungen und geneigten Röhren völlig und beschwört dadurch Allegorien zum Tod und dem Leben danach herauf. Gänzlich unter der Erde gelegen – das Dach wird nur durch eine die Wiederauferstehung ausdrückende Wasserfläche angedeutet –, öffnet sich das Gebäude durch vertikale Schächte und Löcher zum Himmel. Eine noch höhlenartigere Ausschachtung ist die einzige Lichtquelle in Gunnar Birkerts' Anbau an die juristische Bibliothek der University of Michigan (1981; unten). Der »Tageslicht-Canyon« nutzt abgeschrägte Wände, um Licht zu sammeln und dann in alle drei abgesenkten Ebenen zu entsenden. Die Wände der Vertiefungen sind so geneigt, dass sie als »Lichtfalle« wie auch als Reflektor fungieren, und orientieren sich an der Sonnenbahn. Tagsüber werden sie von Licht- und Schattenspielen überflutet und bieten den Lesern in den Untergeschossen eine sinnliche Orientierungsmöglichkeit.

Inspiriert von der Wirksamkeit des römischen Atriums und des spanischen Patio, kanalisieren Architekten in mediterranen Regionen die Sonne gern durch eine zentrale Öffnung. Sie nehmen dem Licht damit seine Hitze und Blendwirkung, bevor es *von innen her* verteilt wird. Norman Fosters Carré d'Art in Nîmes (1993; S. 170) – eine Mediathek, deren innerer Kern Licht durch sechs Etagen führt und die angrenzenden Ebenen über Glaswände beleuchtet – definiert diese Tradition neu. Asketischer ist die verborgene Lichtquelle im Herzen von Alberto Campo Baezas Hauptsitz der Caja Granada Savings Bank (2001; unten). Die starke andalusische Sonne wird von einem *brise soleil* auf Dachniveau abgefangen, dessen tiefe Kassetten das Licht abschwächen, bevor es in ein riesiges Atrium gelangt, von wo es durch eine Glas-Stein-Membran in die Büros sickert. Wenn die Sonne ihren Zenit erreicht, schießen einige gleißende Strahlen in das Atrium. Sie scheinen den Innenraum ausgehöhlt zu haben (ein bei Campo Baeza oft auftretendes Thema der Korrosion durch Licht), als ob er durch das Licht selbst entstanden wäre – wie ein von Wasser ausgehöhlter

University of Michigan, Anbau der juristischen Bibliothek, Gunnar Birkerts

Hauptsitz der Caja Granada Savings Bank, Alberto Campo Baeza

KANALISIERUNG 153

Fels. Die doppelte Verkleidung des Atriums folgt dem Sonnenverlauf – die schattigen Flächen sind transparent und die von der Sonne beschienenen mit Alabaster verkleidet. Einer großer Teil des Zaubers des Innenraums entstammt diesem Schleier aus Stein mit seinen vagen Eindrücken, der Licht ausstrahlt und fasziniert und dabei über die vollen sechs Etagen vom Hof bis zum Dach aufragt.

Diagonale Aushöhlungen bestimmen den gesamten Schnitt von Mansilla + Tuñóns Kunstmuseum in Castellón, Spanien (2000; unten). Um die Gebäudesubstanz auszuhöhlen, wurde ein Raum doppelter Höhe mit riesigem Nordfenster von oben nach unten über alle fünf Ausstellungsebenen terrassiert. Diese Staffelung verleiht jeder Galerie andere Lichtverhältnisse: nach unten hin wird es immer dunkler, während Ausblicke durch das Museum und zwischen den Ebenen eröffnet werden. An der Außenfassade wird gerichtetes Licht in feinerem Maßstab eingesetzt: Die Kurvenprofile der gefalteten Dachlaternen oder vorgeblendeten Wellblechlamellen verteilen das Licht und versehen die Treppe mit Lichtstreifen. Im Gegensatz dazu sind die Öffnungen in Jean Nouvels Galeries Lafayette in Berlin (1996; S. 90) vertikal und geometrisch angeordnet. Die inneren Lichtkegel sind mit Glas verkleidet, um Licht ganz nach unten zu befördern. Nouvels Trichter, die an Alvar Aaltos »Kristallkronen« oder I.M. Peis Glaspyramiden erinnern, variieren in Größe und Lage im Grundriss und erfüllen das gesamte Gebäude mit Licht.

Eine ganz andere Morphologie wird von Architekten entwickelt, die Baukörper eher mit Rissen öffnen. Ryoji Suzuki ist ein führender Vertreter einer »Architektur tektonischer Spalten«, in der Lichtflächen in das Gebäude gebracht werden, die das Volumen unterteilen – wie im Kohun-ji Temple (1991; unten). Das Konzept einer Struktur von Brüchen, die das Licht in kurzen Intervallen transportieren, wird hingegen in Richard Meiers Museu d'Art Contemporani de Barcelona (1995; S. 172) durch parallele Abschnitte entlang der Mittelachse verwirklicht. In Mansilla + Tuñóns Archäologiemuseum im spanischen Zamora (1996; unten und S. 176) variieren die vertikalen Ausschnitte in Größe sowie Orientierung und rotieren um einen zentralen Kern, um Licht in verschiedenen Abstufungen an die unteren Galerien zu verteilen.

Die Tageslichtspalten der minimalistischen Boxen Heikkinen-Komonens sind ikonisch und führen Lichtstreifen ein, die jedem Gebäude seine eigene

Walt Disney Concert Hall, Frank Gehry

Identität verleihen – vom schrägen Schlitz des Polarkreises im Rovaniemi Airport Terminal (1992; S. 122) bis zum endlosen linearen Schnitt durch das Emergency Services College in Kuopio (1992; S. 116). Der kompakte Körper ihrer finnischen Botschaft (1994) in Washington, DC, wird durch eine von oben beleuchtete Halle gespalten, die Licht auf jede Ebene dieses introvertierten Gebäudes bringt. Innerhalb des Risses sind kleinere Elemente wie Treppen, Brücken, Konferenzräume und Toiletten abgehängt. Reflektierende Materialien wie Kupfer, Edelstahl und helles Holz leiten das Licht weiter.

Kunstmuseum in Castellón, Mansilla + Tuñón

Archäologiemuseum in Zamora, Mansilla + Tuñón

Kohun-ji Temple, Ryoji Suzuki

Die Fraktaltheorie hat den Gedanken der Durchlässigkeit insofern beeinflusst, als sie eine Alternative zur euklidischen Eindimensionalität von Länge, Tiefe und Dicke bietet. Einige der ambitioniertesten Versuche, Baukörper dem Licht zu öffnen, erkennen, dass fraktale Grenzen die Möglichkeit für Kanäle verschiedener Maßstäbe eröffnen, bei denen Räume ineinander verschachtelt sein können und simultan in kleiner und großer Form existieren. Modelle von solch offener Form, die bei minimalem Volumen eine maximale Oberfläche bietet, wurden ursprünglich von Mathematikern visualisiert, deren Erfindungen ihre Namen tragen: die Peano-Kurve, die Koch-Schneeflocke und der Menger-Schwamm (1926; unten). Es handelt sich bei Letzterem um einen Kubus, der endlos in sich selbst wiederholte kubische Löcher enthält – eine Struktur, die bestmöglichst in Hertzbergers Centraal Beheer (S. 151) umgesetzt wurde.

Von fraktalen Bildern mit konstruierter Aura inspiriert, hat Steven Holl wagemutige neue Modelle von kanalisiertem Licht entworfen. Seine Simmons Hall (2002; unten) – abgeleitet vom Menger-Schwamm – gründet auf »Hohlräumen eines Schwammes im Schnitt« und »Energie-Kraftfeldern«, wie Holl es nennt.[55] Während die vielen »Poren«, welche das Gebäude nach außen öffnen, auf eine dünne äußere Schicht beschränkt sind, findet Mengers Bild sein überzeugendstes Pendant in den großen Hohlräumen, die aus der Dachverkleidung für Außenterrassen ausgespart wurden. Sein provokativstes Pendant sind jedoch die organischen Atrien, die sich mit ihrer höhlenartigen Kontur zum Himmel öffnen und in steilem Winkel tief in das Gebäude eingeschnitten sind. Diese unregelmäßigen Hohlräume bilden im Kern des Baus natürlich belichtete Sitzbereiche aus und bringen Licht in die Begegnungszentren des Studentenwohnheims, die dadurch wie kleine städtische Plätze erscheinen.

Organische Aussparungen in Resträumen, die das Licht durch den Kern von vielstöckigen Gebäuden strömen lassen, werden zunehmend zum Markenzeichen von Frank Gehry. In einer Dokumentation von Sydney Pollack beschreibt er seine Faszination für den unvorstellbaren Raum, der sich zwischen den Objekten in einem Mülleimer auftut. Ein vergleichbares Labyrinth von Hohlräumen bahnt in seinem Guggenheim Museum in Bilbao (1997) einer Flut von Licht den Weg – und mehr noch in der Walt Disney Concert Hall in Los Angeles (2003; linke Seite und S. 248). Ein glänzender Panzer entfalteter Metallblätter, der intensives Sonnenlicht zu Fensterschlitzen leitet, schützt Innenräume, die von sanftem Streiflicht berührt werden. Deren Kurven erscheinen dadurch sinnlich – fast peristaltisch – und sind darin den Blumenbildern Georgia O'Keeffes oder den mütterlichen Hohlräumen Henry Moores nicht unähnlich. In diese Beleuchtung mischt sich Licht, das durch Dachschlitze fällt, die von Gehry als »Oberlichter in der Form einer sich öffnenden Blume« beschrieben werden und »einen alles durchdringenden Energiefluss« erzeugen. Die geschmeidigen Wände und gestaffelten Ebenen, mit weißem Putz und hellem Holz ausgekleidet, leiten das auf sie fallende Licht weiter und lassen die Räume in einer leuchtenden Piranesi'schen Vision miteinander verschmelzen.

Seit über einem halben Jahrhundert verfolgt Maurice Smith eine orthografische Permeabilität, deren sich verzweigende Kanäle aus Licht und Raum Fraktalen ähnlich sind. Sie entstehen aus Addition und sind als »dreidimensionaler, bewohnbarer Bereich« gedacht. Smith, der in der offenen Wortstruktur von Charles Olsens Gedichten sowie in den hieroglyphischen Schemen und collagierten Farbtönen des Malers Paul Klee Analogien findet, setzt Gebäude aus halb offenen Ecken und Wänden zusammen, sodass jeder Baukörper von dem Licht lebt, das er mit den Nachbarn teilt. Besonders durchlässig ist sein Manchester House (1995; unten), das sich entlang der Atlantikküste nördlich von Boston erstreckt und aus großen, vorgefertigten Trag- und Fensterelementen besteht. Diese Baukörper bieten Öffnungen in allen Maßstäben: große und kleine Fenster, Oberlichter und Dachöffnungen, Spalten und Risse sowie kleine Schlitze in Fachwerkwänden und Treppen, die ein langsames Durchmischen des Lichts von außen nach innen und von Raum zu Raum erzeugen. Mit seiner Neuformulierung des Traums der Moderne von sich dem natürlichen Licht öffnenden Gebäuden – die allerdings nicht ihre ortsgebundene Intimität und Menschlichkeit verlieren – weist Smith den Weg zu einer Verbindung von menschengerechter Dichte mit Le Corbusiers Credo »den Himmel zurück zu bringen«. So ermöglicht er der »Sonne, die alles Wachstum beherrscht, […] in jede Wohnung [zu] dringen, um dort ihre Strahlen zu verbreiten, ohne die das Leben dahinsiecht.«[56]

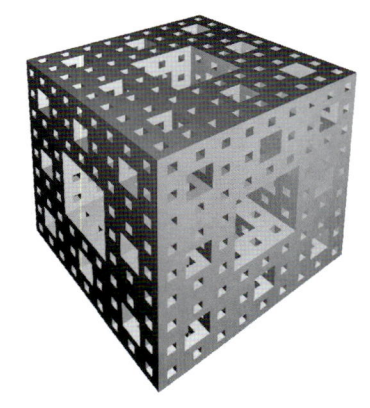

Menger-Schwamm

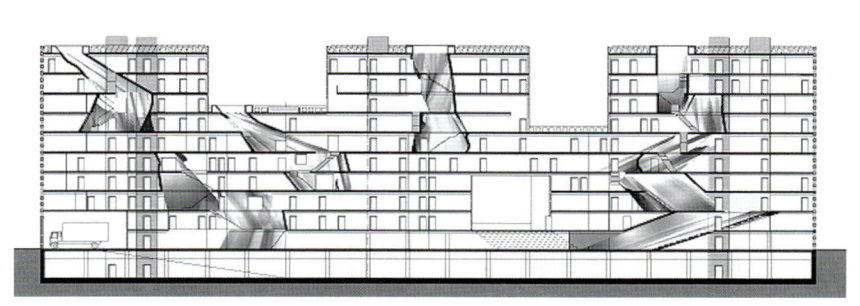

MIT Simmons Hall, Steven Holl

Manchester House, Maurice Smith

KANALISIERUNG 155

Kontrastierendes Licht aus drei verschiedenen Quellen
Rechte Seite: abgestufte Oberlichter des Treppenhauses

Auditorium und Konferenzzentrum in Castellón, Spanien
Carlos Ferrater

Um den intensiven valencianischen Lichteinfall in dieses Konferenzzentrum in Castellón (2004) zu mildern, setzte Ferrater – in seinen eigenen Worten gesprochen – »gefaltete Oberlichter« ein, in denen die »die Decke über sich selbst gefaltet wird«, um das Sonnenlicht in genau kalkulierten Winkeln einzufangen und zu streuen sowie um dieses Licht des Weiteren durch räumliche Spalten und Verkehrszonen zwischen den Haupthallen nach unten zu leiten. Dieses Phänomen tritt in kleinerem Maßstab wieder an der Südwand auf, wo rostige Stahllamellen – die als eine »doppelte innere Fassade« gedacht sind – die Sonne abfangen und nach einigen Reflexionen in mit Glas abgeschlossene Innenräume abgeben. Der Zwischenraum zwischen Dach und Wand verhält sich, gemäß Ferrater, wie »ein Schatten, durch den Licht eintritt«, wobei seine Tiefe durch den Winkel der Sonne bestimmt wird und den Raumabschluss *más grueso que el papel* (dicker als Papier) werden lässt.

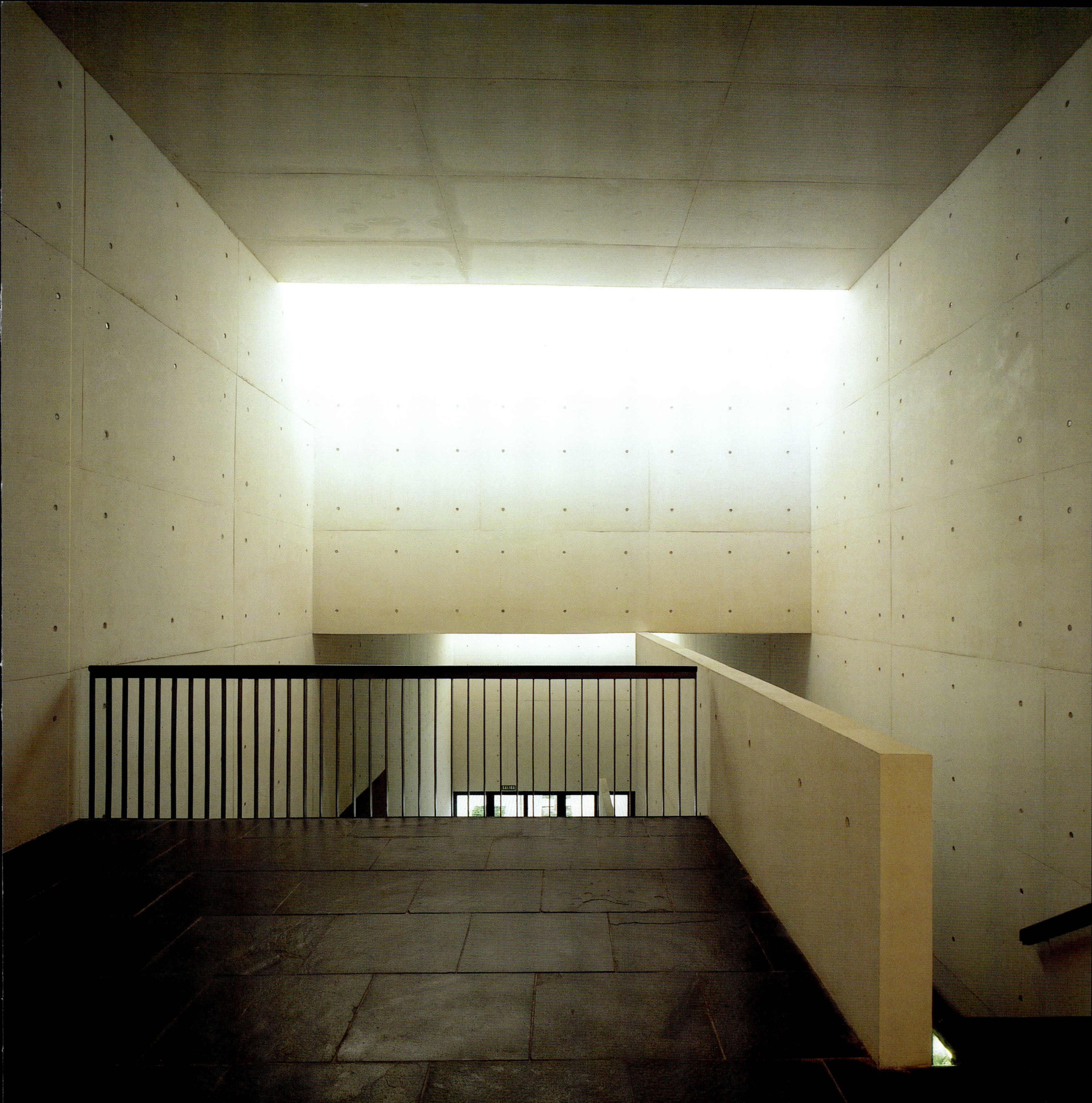

Im Uhrzeigersinn von oben links: Oberes Foyer; exzentrisch drehbare Holzlamellen in der Ausstellungshalle mit Lichtschlitz hinten; Mischung aus zenitalem und horizontalem Licht; Gang mit gefalzten Stahllamellen zur Rechten und verglasten Innenräumen zur Linken

Doppelt gefaltete Oberlichter über der Treppe

KANALISIERUNG 159

Blick vom Kirchenvorraum in das Allerheiligste
Rechte Seite: Innenansicht mit Blickrichtung zum Altar

Herz-Jesu-Kirche, Deutschland
Allmann Sattler Wappner

Die Kunstfertigkeit dieser Kirche in München (2000) liegt darin, wie jede durchlässige Gebäudeschicht subtil sowohl den Verlauf als auch die Qualität des Lichtes verändert. Die äußere Glashülle wird beim Betreten der Kirche nach und nach von einer klaren zu einer transluzenten Wand, das Licht zunehmend streuend, wobei sie den Übergang vom Profanen zum Heiligen vollzieht, ohne den Wandelgang abzudunkeln. Gleichzeitig öffnet sich eine innere Hülle aus Ahornlamellen zunehmend in Richtung Altar und erhöht die Helligkeit im Bereich des Allerheiligsten. Beide Stirnwände tragen eine feinere, zudem symbolische Lichtfilterung bei: eine verglaste, mit winzigen blauen Nägeln bedruckte Eingangsfassade, die den Moment des Eintritts farbig begleitet, sowie hinter dem Altar ein Gewebe aus einer Messing-Kupfer-Legierung mit einem eingewirkten Kruzifix. Beide wirken zusammen und erzeugen einen einladenden Wechsel von kalten zu warmen Farbtönen.

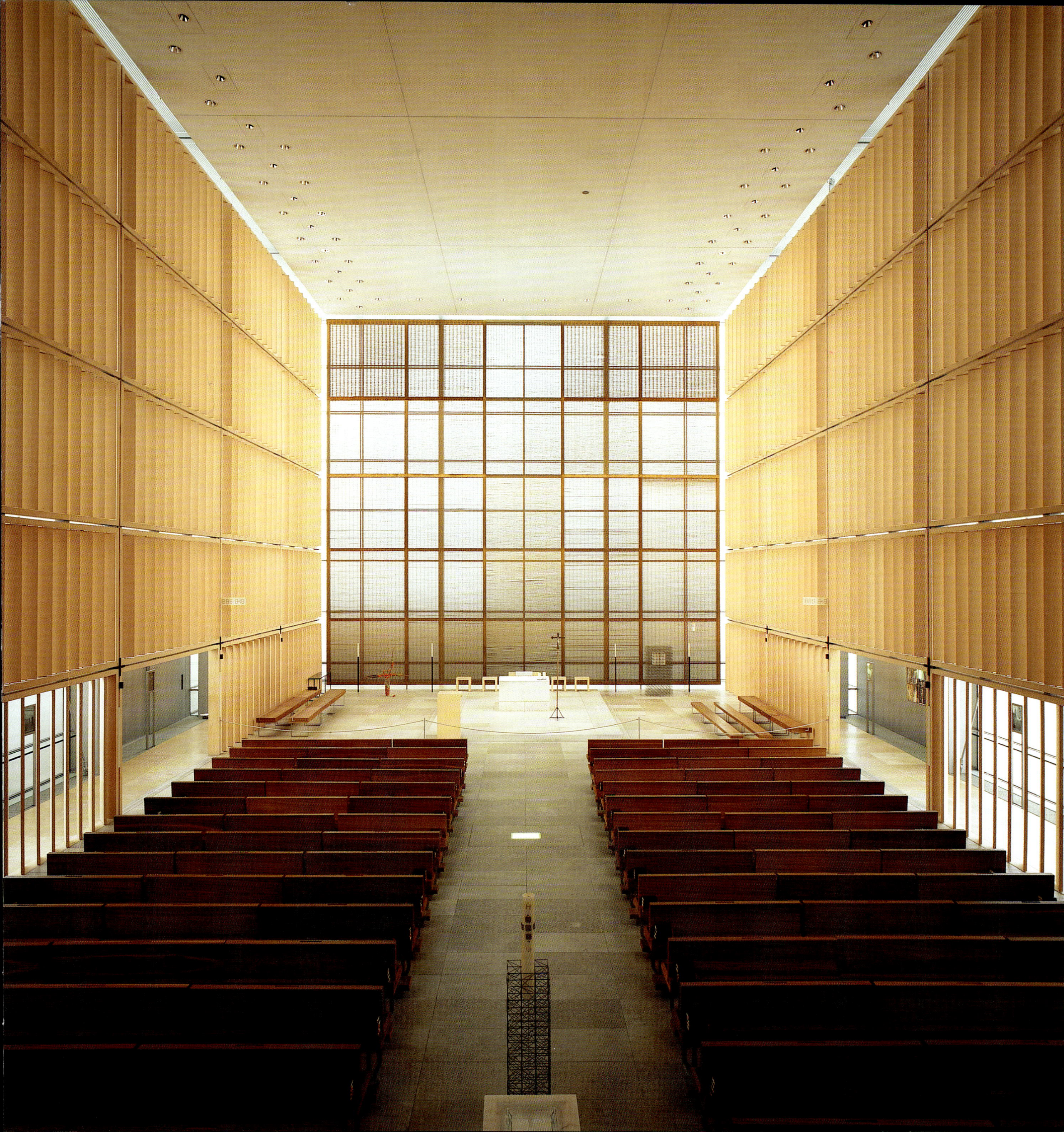

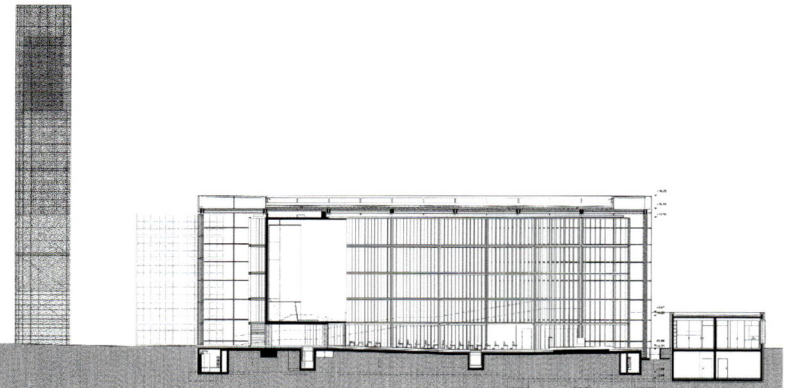

Großes Bild: Blick nach oben im Wandelgang
Kleine Bilder (von links nach rechts): Längsschnitt; Außenansicht

Großes Bild: Seitenschiff mit Allerheiligstem zur Linken
Kleine Bilder (von links nach rechts): Altarbereich; Eingangshalle mit Siebdruck blauer Nägel

KANALISIERUNG 163

Blick durch das Kirchenschiff mit Fenster der Galerie im Vordergrund
Rechte Seite (im Uhrzeigersinn von oben links): Blick durch das Kirchenschiff von der Galerie aus; Innenansicht mit Blickrichtung zum Altar; Grundrisse des Erdgeschosses (oben) und der Galerieebene (unten); Querschnitt

Mortensrud-Kirche, Norwegen Jensen & Skodvin

In offensichtlicher Anspielung auf Herzog & de Meurons Dominus Winery (1998; S. 134) dient die siebartige Steinverkleidung dieser Kirche außerhalb Oslos (2002) dazu, das Licht zu einem mystischen Leuchten herunterzubrechen, das eine tiefschwarze, doch funkelnde Umgebung schafft, die an den Nachthimmel erinnert, dessen Präsenz den hohen Norden prägt. Flache, unverfugte Schieferplatten werden von einem Stahlrahmen getragen und außen von einer transparenten Haut verkleidet. Sie erlauben jeder Schicht eine andere Funktion auszuüben. Als Reaktion auf das besonders während der langen Winter spärliche Licht in nördlichen Breiten – aber auch als Verbindung von Pantheismus und Christentum, Erde und Himmel, die so typisch für Skandinavien ist – wurde das durchlässige Mauerwerk angehoben und durch einige Spalten im Dachbereich geöffnet, um für zusätzliches Licht von den Seiten her zu sorgen.

KANALISIERUNG 165

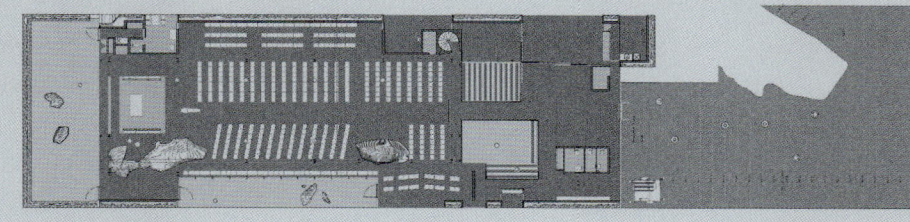

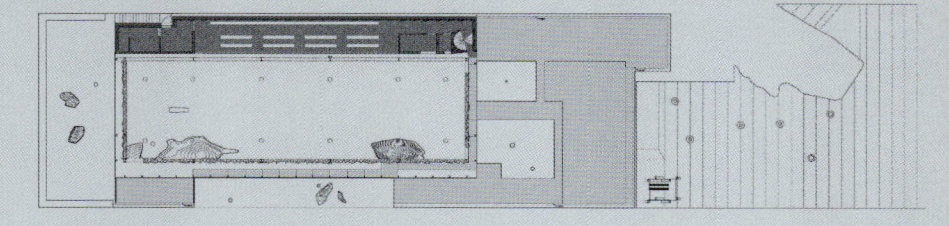

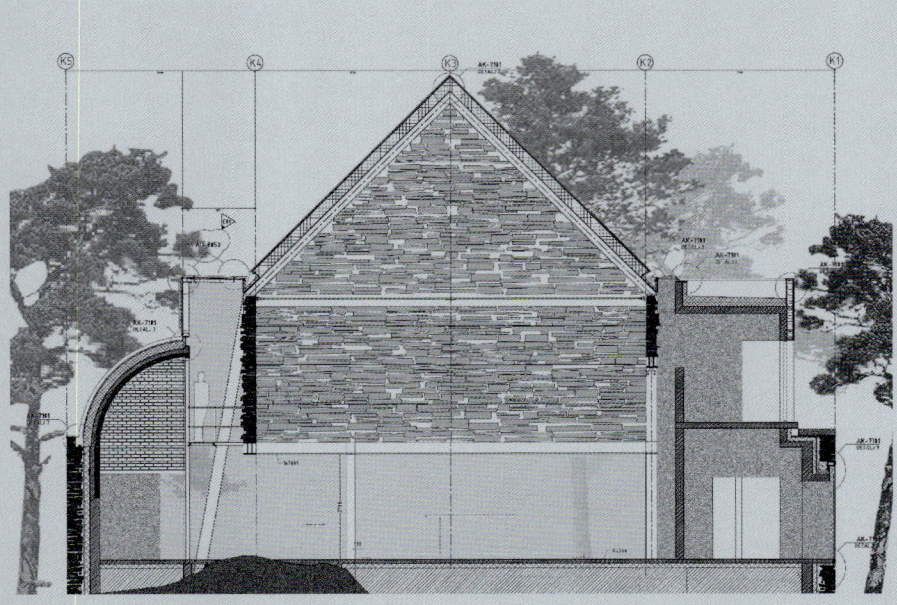

Lichthof zwischen privaten Leichenschauräumen
Rechte Seite: Innenraum der Kapelle mit vier
»Lichtfingern«

Städtisches Leichenschauhaus León, Spanien BAAS

Ein Großteil des Lichtes, welches in diesem Leichenschauhaus (2000) ins Innere vordringt, wird von einer Grasböschung transportiert, die sanft die verglaste Halle erhellt, in der sich die Familien der Verstorbenen versammeln. Entlang der technischeren und privateren Ostseite des Gebäudes wird Licht durch kubische Lufträume übertragen, die alle einen Wasserhof bilden, dessen Spiegel Licht in die Tiefe des Raumes reflektiert und die Umgebungsbeleuchtung ausgleicht. Wichtiger noch: Diese Kuben spenden den intimsten Bereichen des Gebäudes – den privaten Trauerräumen für die Familien – tröstendes Licht, indem sie im Moment der Trauer ein himmlisches Zeichen der Hoffnung geben. Im Kontrast dazu wird die unterirdische Kapelle von fünf rätselhaften Betonröhren erhellt. Diverse Momente der Nachmittagssonne werden über die Wasserfläche auf dem Dach in kontrastierenden Winkeln ins Gebäude projiziert. Erdacht als »mysteriöse Finger, die nach Licht für das Gebet tasten«, senden diese Röhren im Geiste Le Corbusiers Licht zu den fünf verschiedenen Aussparungen in Wand und Decke der Kapelle.

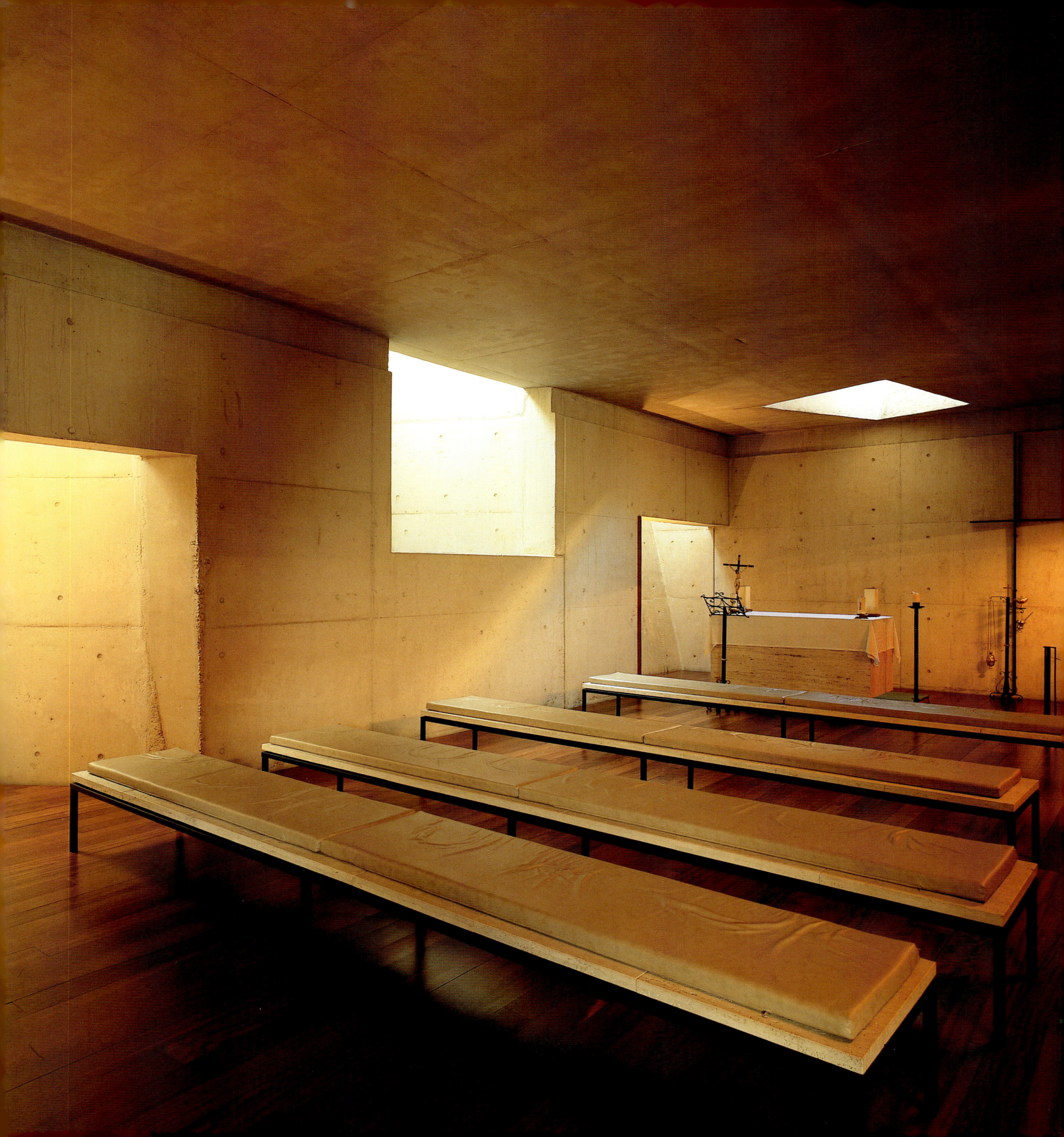

Von oben nach unten: Hauptraum;
»Lichtfinger« über der Kapelle

168 **KANALISIERUNG**

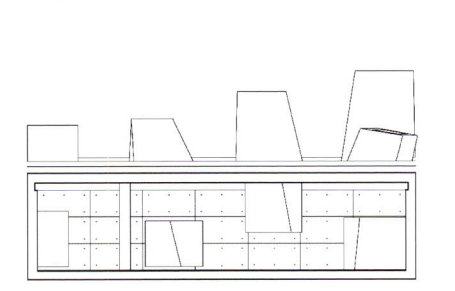

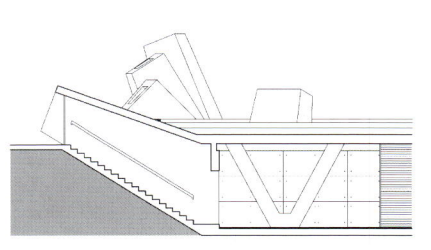

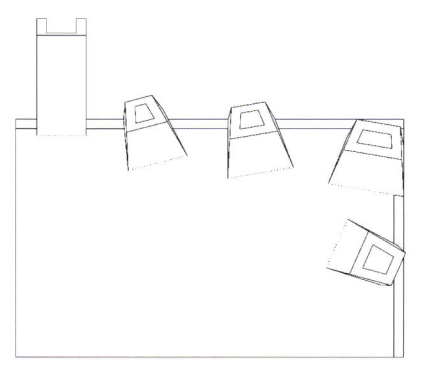

Fotografie: Hinterer Bereich der Kapelle
Zeichnungen: Schnitte und Dachgrundriss der »Lichtfinger«

KANALISIERUNG

Atrium auf Bibliotheksebene
Rechte Seite: Ansicht der Glastreppen von unten

Carré d'Art, Frankreich Norman Foster

Den Lichthof dieser Mediathek in Nîmes (1993) schützen entkoppelte Metalllamellen vor der Sonne der Provence, gefolgt von Spannstoffen, welche die gedämpfte Beleuchtung noch weiter mildern. Sie sind eine moderne Abstraktion der traditionellen Sonnensegel, welche die mediterranen Patios schützten. Das Prunkstück des Gebäudes sind die verschiedenen transluzenten Plattformen und Brücken, die den Luftraum durchkreuzen und somit Zugang zu den Ebenen gewähren, ohne dabei den Einfall von Licht zu blockieren. Gläserne Laufstege verbinden jedes Stockwerk mit einer wunderschönen Glastreppe, die von einer schlanken Stahlkonstruktion gehalten wird. Das Erlebnis, scheinbar auf Luft zu gehen und durch einen Strom von Licht nach oben zu steigen, erregt ein Gefühl des Erstaunens, des schwerelosen Schwebens.

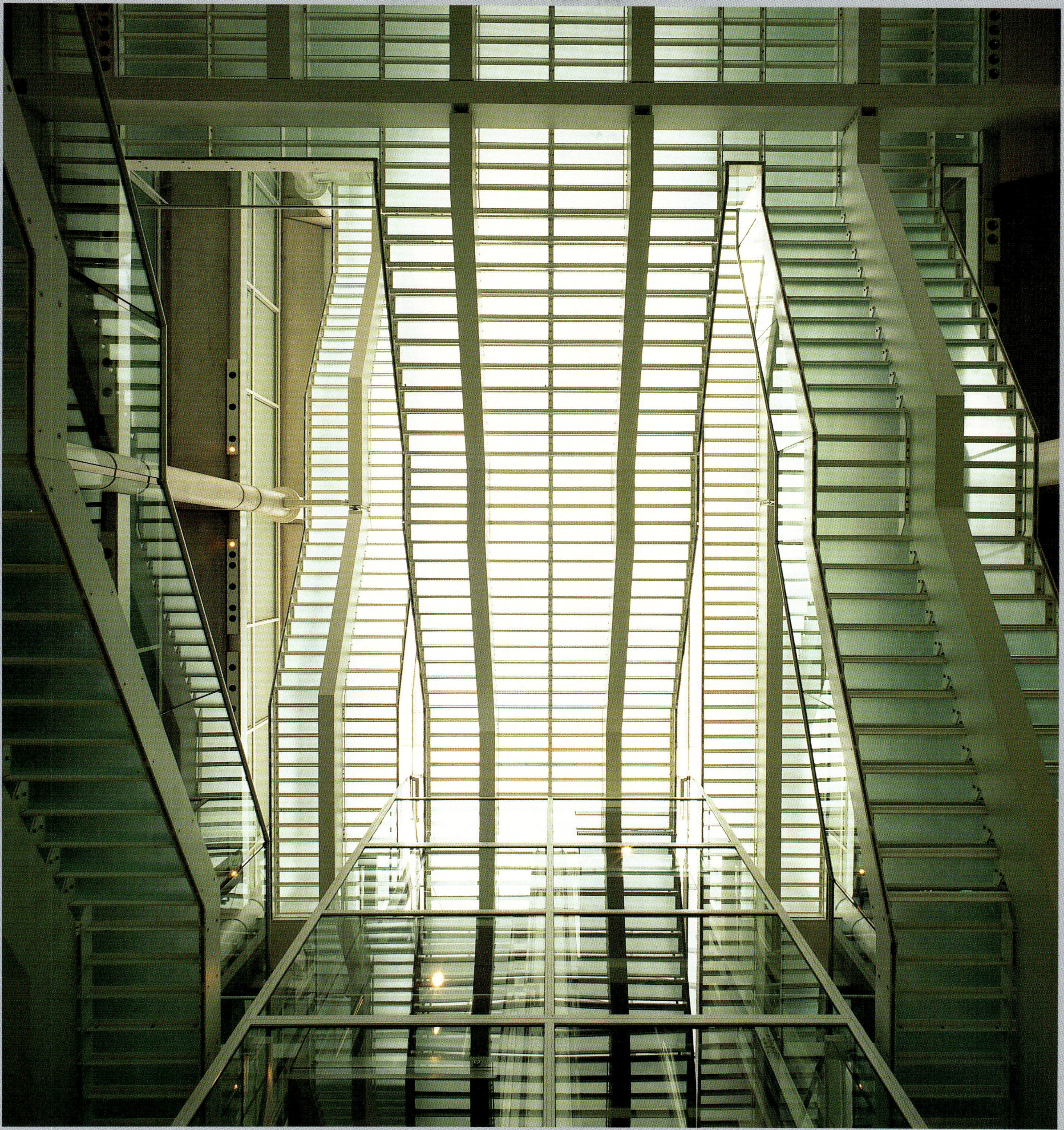

Lichthof nahe der Lobby
Rechte Seite: Zentrale Halle mit Ansicht der Rampe

Museu d'Art Contemporani de Barcelona (MACBA)
Richard Meier

Die geschichtete Struktur dieses Museums von 1995 beginnt außen mit vorgeblendetem Sonnenschutz und wiederholt sich im gesamten Gebäude mit einer Reihe von Brüchen vom Dach bis zum Boden. Indem Tageslicht durch die parallelen Spalten strömt, aktiviert es eine Reihe von hin und wieder auftauchenden Tönen, welche den Besuchern beim langsamen Anstieg über Rampen und verglaste Übergänge zu den Galerien begegnen, bevor sie letztlich in den Ausstellungsbereichen ankommen, die über Dachschlitze beleuchtet werden. Die Komposition umfasst damit insgesamt 16 Wandflächen und Lichtfugen.

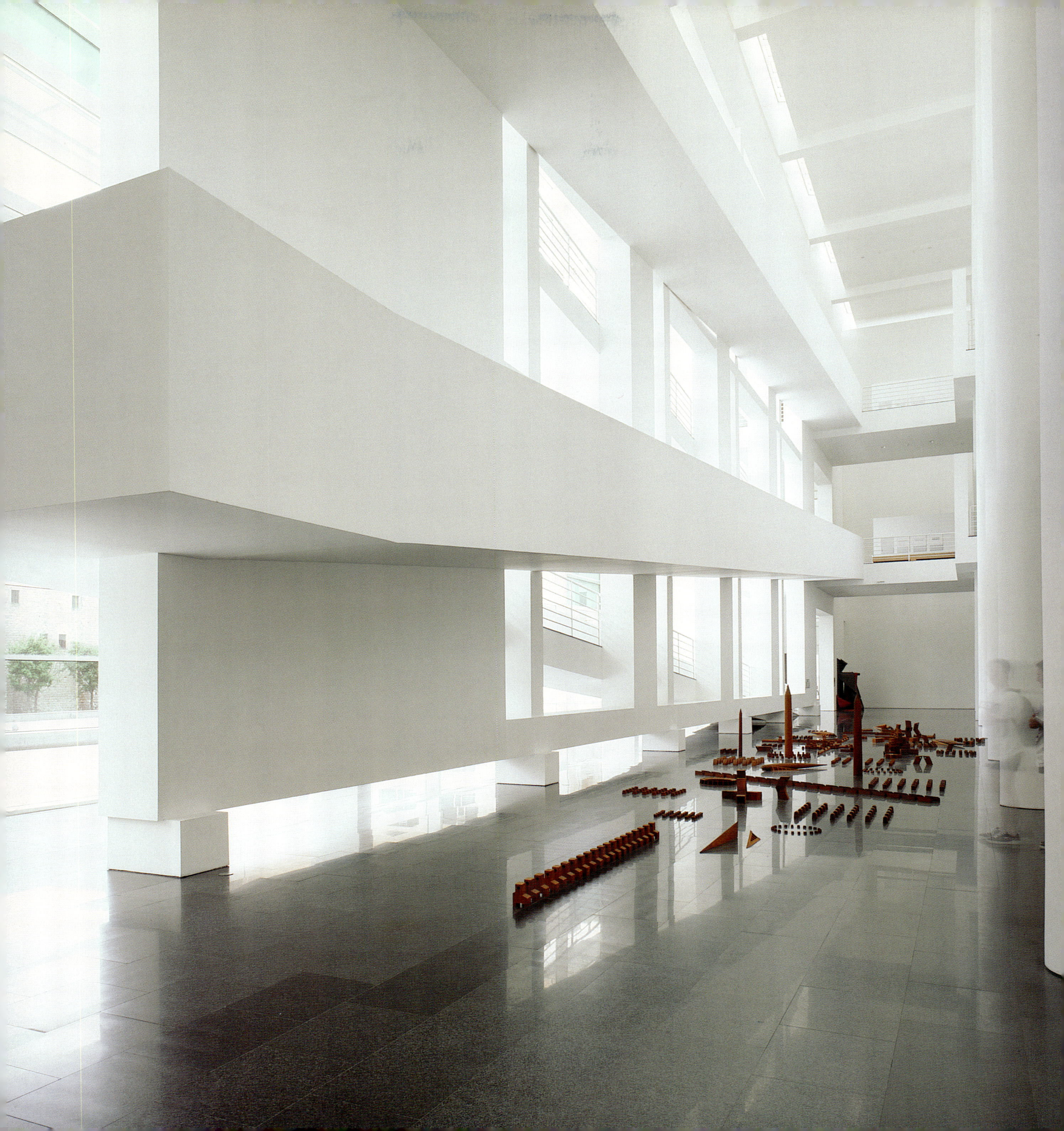

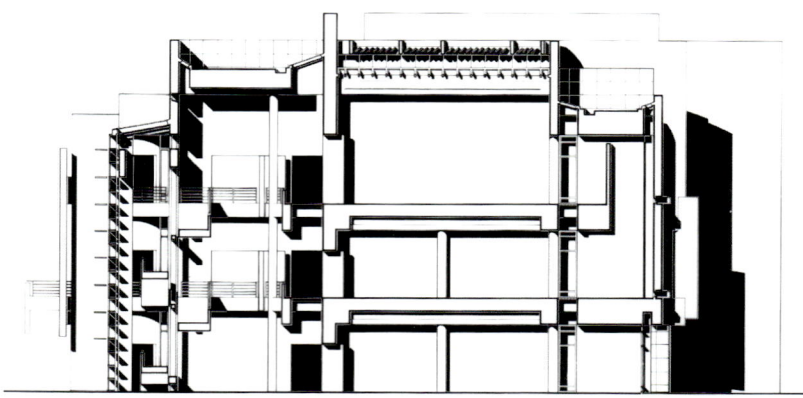

Von oben nach unten: Oberes Zwischengeschoss und Glasboden, Galerien zur Linken; Querschnitt

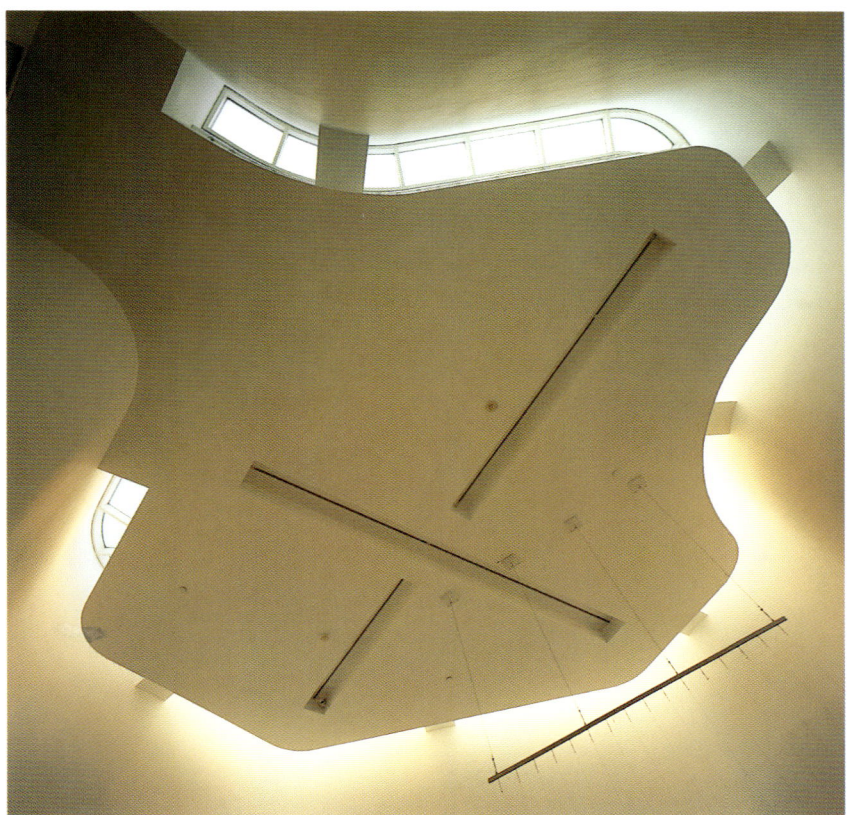

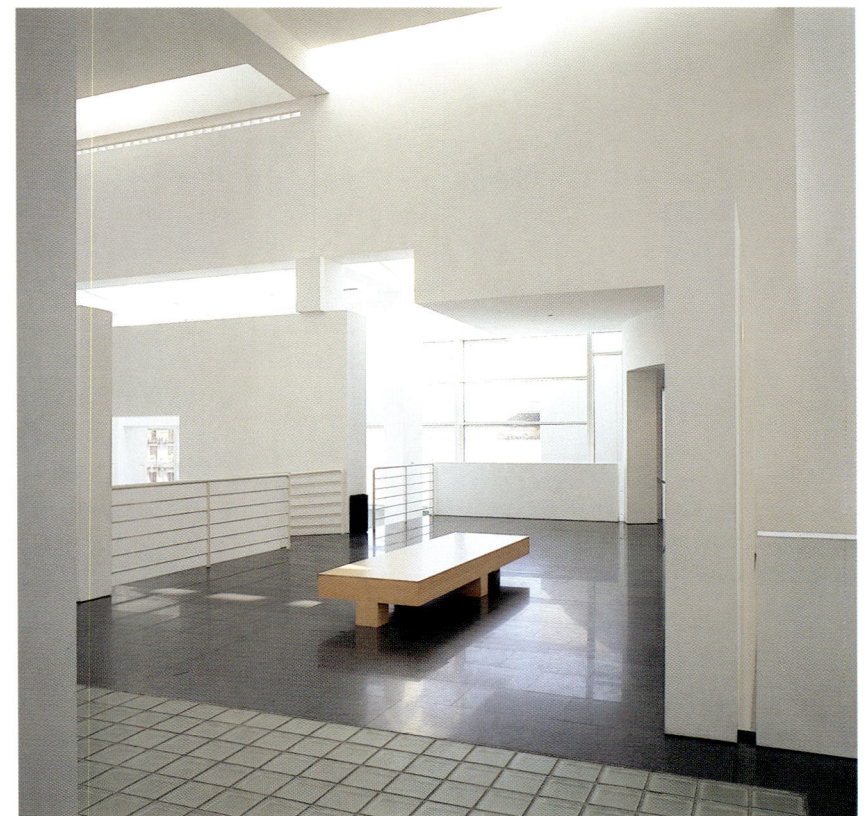

Im Uhrzeigersinn von oben links: Blick in Richtung obere Ebene mit Glasboden zur Linken; Decke der »flügelförmigen« Galerie; zentrale Halle mit Rampe zur Rechten und Galerien zur Linken; obere Ebene, Blickrichtung von der Galerie zum oberen Ende der Rampe

KANALISIERUNG

Lichtverteilung aus der Hauptgalerie, von der Rampe aus gesehen
Rechte Seite (im Uhrzeigersinn von oben links):
Lichtschlitz der Treppe; Lichthof in mittlerer Galerie; Öffnungen zwischen Galerien verschiedener Ebenen; Explosionsaxonometrie

Archäologiemuseum in Zamora, Spanien
Mansilla + Tuñón

Um zenitales Licht in die introvertierte, steinerne Box dieses Museums (1996) zu führen, wurden mehrere Schlitze in das Dach und in den Baukörper eingeschnitten, dessen Formenprache an eine felsige Schlucht erinnert, welche den bergseitigen Eingang des Museums spaltet. Licht, das von stark geneigten Dachlaternen aus verschiedenen Himmelsrichtungen eingefangen wird, gelangt durch enge Spalten zu den auf verschiedenen Ebenen angeordneten Galerien. Dieser Lichtstrom wird von Schattenstreifen auf weißem Beton mit Schalungsabdrücken abgebildet. Umgekehrt bewegt sich der Besucher durch die Spalten und das eindringende Licht aufwärts: vom dunklen Eingangsbereich zu mannigfaltig beleuchteten Galerien. Besonders prägnant sind Einschnitte zwischen dem Neubau und den mittelalterlichen Wänden im hinteren Bereich des Museums, wobei Lichtflächen eingesetzt werden, um Ausstellungsstücke zu beleuchten und dabei das architektonische Gedächtnis anzusprechen.

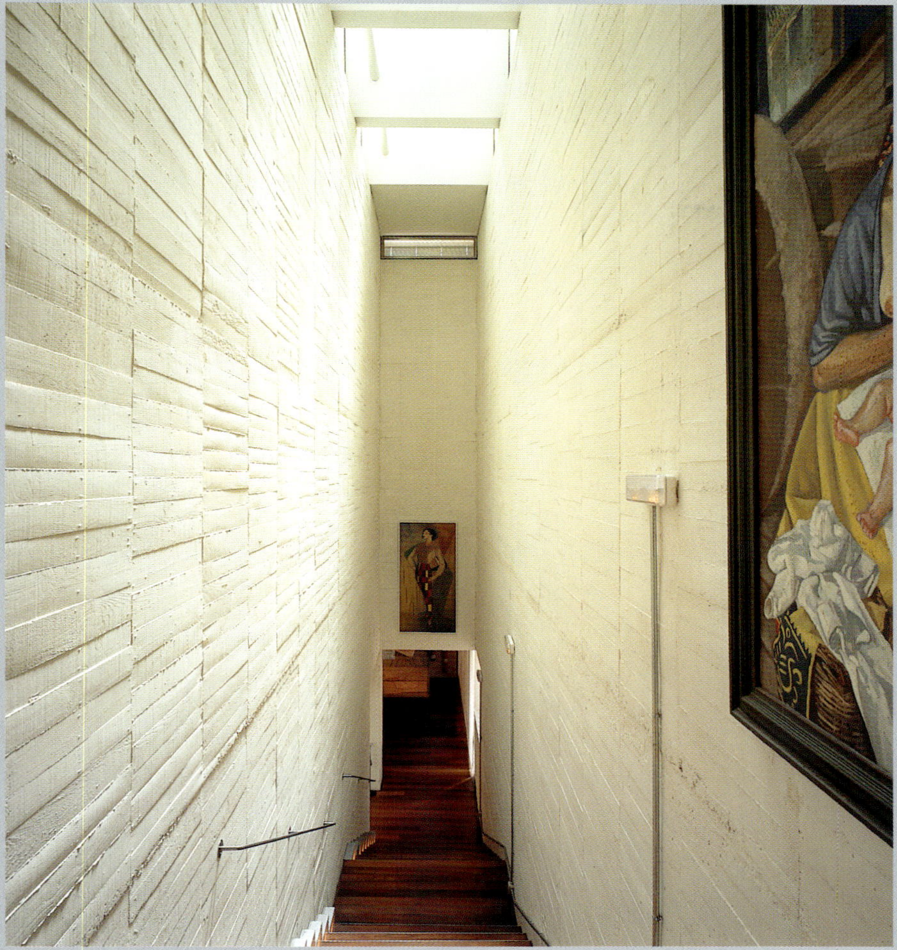
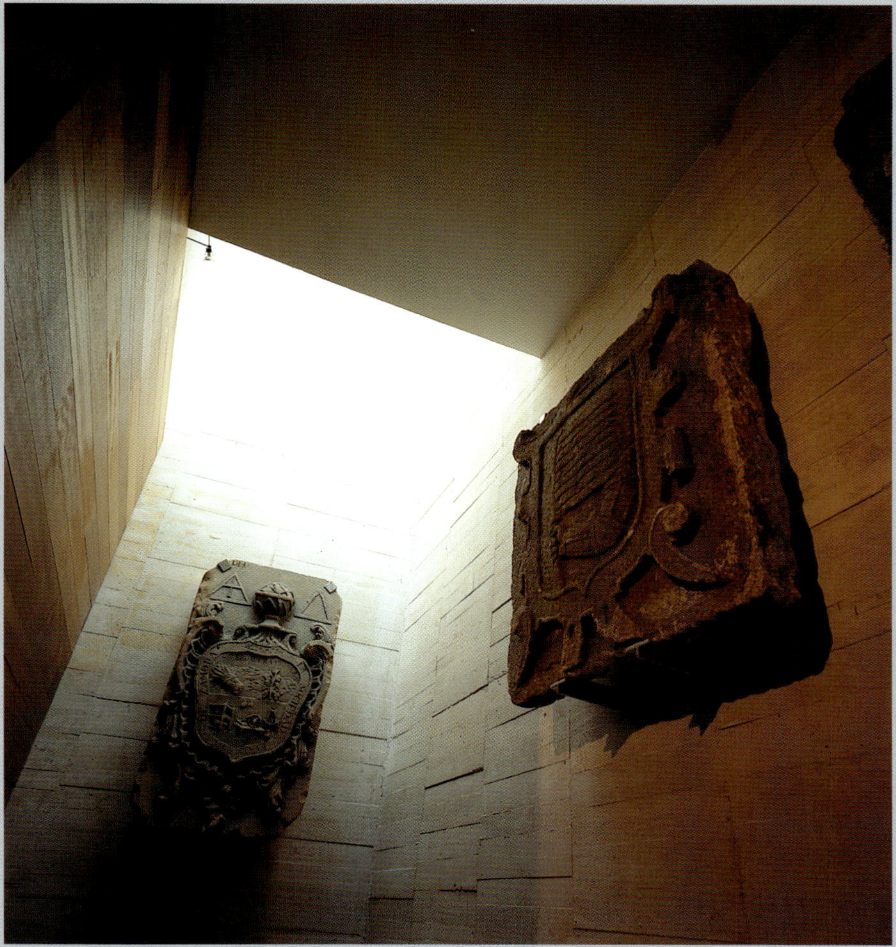
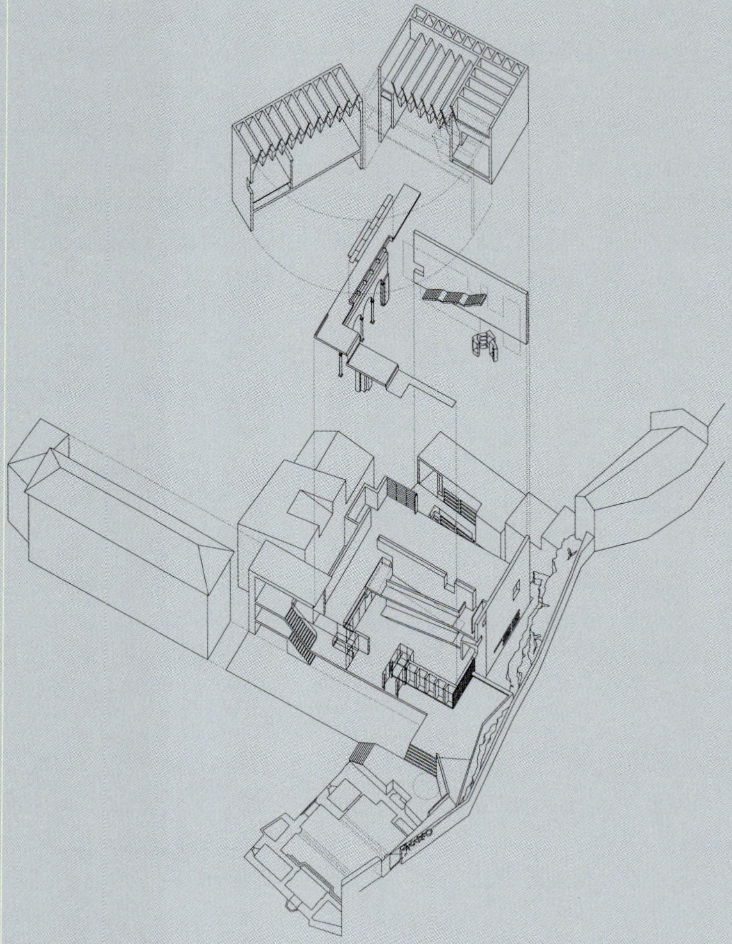
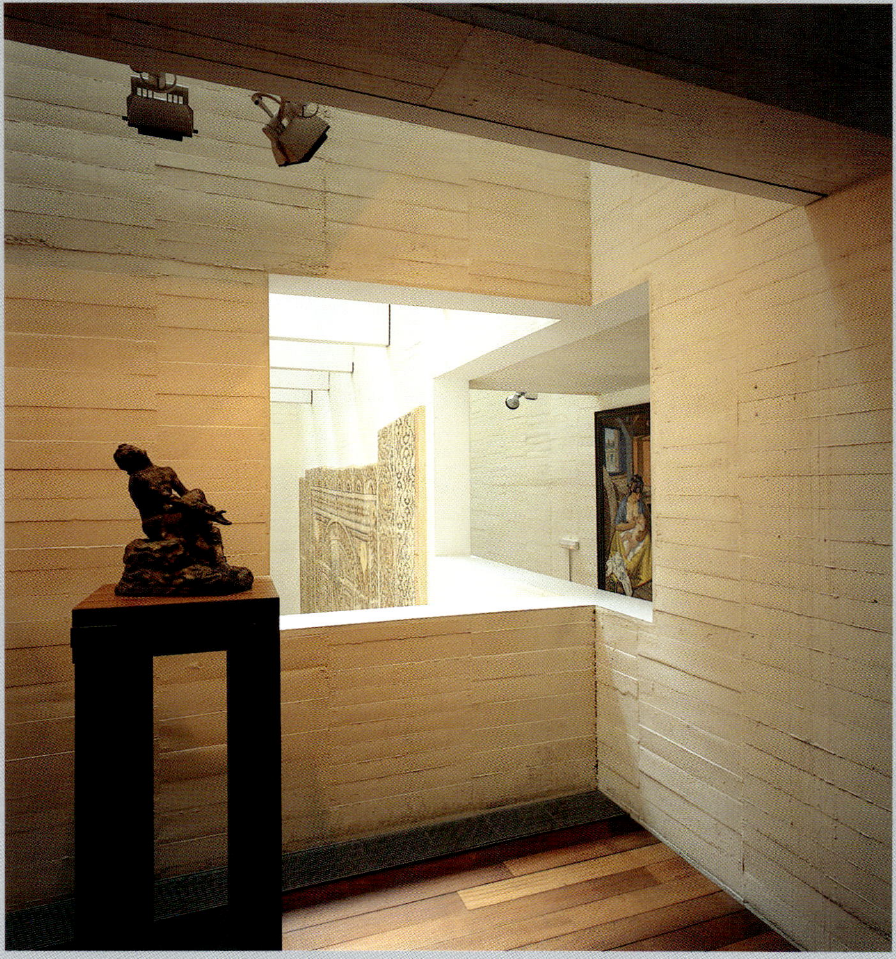

ATMOSPHÄRISCHE STILLE

DER RAUM WIRD IN EIN LICHT VON EINHEITLICHER STIMMUNG GETAUCHT

6 ATMOSPHÄRISCHE STILLE
Der Raum wird in ein Licht von einheitlicher Stimmung getaucht

Die Fähigkeit des natürlichen Lichtes, einen eigenen Geist des Ortes zu erschaffen, indem es ein Gebäude mit einer Stimmung erfüllt, versuchen Architekten seit Jahrhunderten zu begreifen und zu kontrollieren. Diese Art von Licht erschafft eine Atmosphäre, die alles im Blickfeld des Betrachters umfängt und deren Einheit von Eindruck und Gesamteffekt mit einem Blick erfasst wird, was unabhängig von der Logik die Sinne anspricht.

Die Herausforderung bei der Schaffung einer Lichtatmosphäre liegt im erforderlichen Maß an Beschränkung. Nur wenn Formen zurücktreten und Oberflächen sich auf ein einziges Material oder eine eng abgestimmte Farbpalette beschränken, kann eine nuancierte Stimmung entstehen. Der fast einheitliche Reflexionsgrad erlaubt es Licht und Schatten eher Formen als Materialien klar darzustellen. Er führt zu einem Gesamteindruck, zu dem jeder einzelne Ton beiträgt, und verbindet die Objekte mit der sie umgebenden Atmosphäre. Die überzeugendsten Beispiele haben sich in jenen Kulturen herausgebildet, die von regionalen Kräften oder ihrer Religion bestimmt werden. Die klimatischen Beschränkungen und einfachen Materialien indigener Architektur – etwa die bescheidenen Lehmsteinhütten der Wüsten, der ockerfarbene Stein von Dordogne-Dörfern oder der gekalkte Putz der Hügelorte der Ägäis – führten oft zu einem monochromatischen Lichtspiel, dessen Atmosphäre aber meist nur ein glückliches Nebenprodukt war. Umgekehrt resultierten die vornehme Zurückhaltung von Baumeistern mit metaphysischen Ansichten – und einer Verpflichtung zu materieller Armut – in einer atmosphärischen Dichte, die geschickt gesteuert war und selten übertroffen wurde. Vom Übermaß gereinigt und für Licht sensibilisiert, strahlen die einfachen Steinkammern von Zisterzienserklöstern (rechte Seite, unten links) und die schlichten Holzarbeiten von Zentempeln noch immer eine Ruhe aus, die dem geistlichen Leben entgegenkommt.

Die Rückkehr der modernen Architektur zu einer metaphysischen Ausrichtung wurde hauptsächlich von Louis Kahn mitverantwortet. Seine vornehmlichsten Interessen waren die enge Verbindung von Licht und Stille in einem »monolithischen Raum«. Die Kraft seines Werkes gründet, wie man etwa an seinem Salk Institute im kalifornischen La Jolla (1965; rechte Seite) sieht, darauf, Formen auf friedliche, doch eloquente Weise zum Leuchten zu bringen und sie somit leer, aber nicht ausdruckslos zu gestalten. Er setzte archaische Geometrien und nackte Wände ein, um seine Gebäude auf ihre Essenz zu reduzieren – wodurch er den Raum durch wundersame Stimmungen verzaubert. In seiner Arbeit zeigt sich das Bewusstsein für die Einfachheit, die nötig ist, damit Gebäude ihre physischen Grenzen überwinden. Sie ist stets verbunden mit einem Vermeiden von starken Oberflächeneffekten, welche die subtile, wunderbare Erscheinung des Lichts behindern könnten. Die elementare Reduktion, die Kahn mit nacktem Beton erreichte, ist seit den 1970ern von Tadao Ando weiter vereinfacht worden und andere wie Henning Larsen und Schultes & Frank haben die Stimmungspalette stetig erweitert. Sie alle zeigen, dass Atmosphäre am kraftvollsten mit einfachen Mitteln zu erreichen ist – durch die Präsenz des Abwesenden.

Heutige Architekten, die wie Kahn der Einfachheit zugeneigt sind, befreien weiterhin ihre lichterfüllten Räume von allem Überflüssigen. Sie formen und

Santorini, Griechenland

platzieren Lichtquellen so, dass sie eine Palette von ungeschönten Materialien leicht variiert beleuchten, wenige Elemente oft wiederholen und dabei formale Rhetorik und großen Pathos vermeiden. Was diese Ansprüche von der Vergangenheit unterscheidet, ist die Bandbreite von Gebäudetypen, in denen nach einer Lichtatmosphäre gesucht wird, aber auch das Ausmaß, in dem Gebäude zu reinen Vehikeln für Licht werden, ohne dabei ihre Funktionalität oder ihren Reichtum zu opfern – ganz zu schweigen von dem Einfluss industrieller Materialien und Technologien auf eine Ruhe, die unsere Zeit repräsentiert.

Diese zeitgenössische Sichtweise ist auch in den dämmrigen Klöstern des Mönches Hans van der Laan anwesend, besonders in seiner Abtei St. Benedictusberg in Vaals (1986; S. 186). Deren Atmosphäre rührt von einer reduzierten Einfachheit in Bezug auf Typologie und Geometrie her, die einst unvorstellbar gewesen wäre. In Van der Laans Architektur zeigen sich viele der Ideen von Max Picard, etwa dass »Stille zu den Grundzügen des Menschen gehört« und dass Gebäude »Sammelbecken der Stille« sein können.⁵⁷ Indem Van der Laan einfache und bescheidene Materialien zu einer orthografischen, auf Stahlbeton aufbauenden Sprache verbindet, konstruiert er eine Welt, in der »es ist, als ob das Licht zugunsten der Stille von der Wand Besitz ergreifen würde«. Damit wirkt er der von Picard erkannten Misere entgegen, dass »nichts die Natur des Menschen so sehr verändert hat, wie der Verlust der Stille«, der sich in zunehmend lärmenden und pathetischen Formen manifestiert.

Van der Laans »dunkle« Arbeiten verweisen auch auf die Zeitlosigkeit der Atmosphäre in der Architektur – die sublime Verbindung von bezaubernden Schatten, die im Raum schweben und zartes Licht in seiner Wirkung verstärken, wird lange schon von Baumeistern von Kirchen, Tempeln und Moscheen genutzt. Dies ist auch bei Ando der Fall, wie man an seinem Forest of Tombs Museum in Kumamoto (1992; rechts) sehen kann, wo fühlbare Schatten ein zartes Licht verstärken, das mit neutralen Farben und strengen Geometrien spielt. Andos meisterhafter Einsatz von Schatten geht zum Teil auf die Reduktionen Kahns, Luis Barragáns oder verschiedener skandinavischer Architekten zurück. Er entstammt aber ebenso der japanischen Liebe zu zerbrechlichem Licht und zur Schönheit dunkler Orte (unten rechts). Der Charme eines japanischen Raumes rührt laut Junichiro Tanizaki von gedämmten Schatten in der Leere her. In *Lob des Schattens* beschreibt er »die weiche, zarte Stimmung des spärlichen Lichtscheins […], wenn ein bereits diffuses Außenlicht allenthalben die dämmerfarbigen Wandflächen überzieht und nur mit Mühe einen Rest von Leben bewahrt«.⁵⁸ Schatten dieser Art sind die Essenz von Andos Church of Light (1989; S. 190), einem Ort des Rückzugs, der die Aufmerksamkeit auf das reduzierte Licht lenkt, das sich wie ein Messer in die Dunkelheit schneidet.

Forest of Tombs Museum, Tadao Ando

Abtei von Le Thoronet, Frankreich

Salk Institute, Louis Kahn

Yoshijima-Haus, Japan

The Light Inside, James Turrell

Peter Zumthor Einsatz von Schatten in der Therme in Vals (1996; S. 60) entspringt der Unterwelt und erzeugt den Bann kargen Lichts und leuchtenden Nebels, welche das Gefühl verstärken, sich in Höhlen aufzuhalten. Die Verwendung eines einzigen Materials, grünlich-grauer Gneis, führt zu einer gleichmäßigen Textur und einem gleichartigen Reflexionsgrad – als wären alle Flächen aus monolithischem Fels gehauen. Die schattige Stille wird zudem durch farbneutralen Mörtel, rahmenlose Öffnungen und an den Ecken verschränkte Wandscheiben betont. In diese Dämmerstimmung strömen Lichtstrahlen aus Dachspalten, deren sich ausbreitende Wellen den zunehmenden Energieverlust visualisieren und eine von vielen Analogien zwischen Wasser und Licht herstellen. Zumthor beschreibt sein Konzept allgemein: »das Gebäude zunächst als Schattenmasse […] denken und dann nachher, wie in einem Aushöhlungsprozeß, Lichter […] setzen, Licht einsickern […] lassen.«[59] Die Beleuchtung breitet sich tangential an den Wänden aus und erhöht dabei ihre ätherische Wirkung im selben Maße wie sie die Schatten unter den Steinlagen vertieft. Der Zauber wird perfekt durch das Licht, das dem warmen Wasser ein gelartiges Leuchten verleiht, welches darüber zu phosphoreszierendem Dampf zerfällt.

Derartige Impulse wurden vom Minimalismus in der Kunst beeinflusst. In den erlesensten Werken ist Reduktion nicht Selbstzweck, sondern eine Strategie zur Schaffung eines immateriellen Seins, oft eines unendlich subtilen Leuchtens, das vom Kritiker Lawrence Alloway als »ein Schleier, ein Schatten, ein Hauch« beschrieben wurde. Diese Strahlung kann nur vage wahrgenommen werden und muss in der Fantasie ergänzt werden. Der Künstler Robert Irwin beschreibt diese Art der Begegnung als »Wahrnehmung aus erster Hand«, die von Kunst ermöglicht werde, die den Raum so leer wie möglich lässt, um die Sehgewohnheiten zu dekonstruieren. Man denke dabei an die leuchtenden Vibrationen von Agnes Martin, die pneumatischen Farbtöne von Mark Rothko, die nackten Räume und Streiftöne von Sol LeWitt, die leuchtenden Serien metallener Quader von Donald Judd, die massiven Licht- und Farbfelder von Dan Flavins Leuchtstoffröhren und das mit dem Auge berührbare, von jeglichen Objekten befreite Licht der Installationen James Turrells sowie an sein ortsspezifisches Projekt für das Museum of Fine Arts in Houston (1999; links).

Ähnliche Gedanken tauchen in den Bühnenbildern des Künstlers und Theaterautors Robert Wilson auf. Deren karges Leuchten erinnert daran, dass der »leere« Teil eines chinesischen oder japanischen Gemäldes bis zu zwei Drittel des Bildes ausmachen kann. Wilsons einsame Räume durchdringt etwas Metaphysisches, dessen Emotionalität nur in totaler Leere entstehen kann. Die für *Bluebeard's Castle* (1995) entwickelten Kulissen sind mit farbigen Lichtexplosionen überflutet, deren kurzes Aufscheinen durch Dunkelheit unterbrochen wird, nur um sofort wieder in kontrastierenden Tönen aufzutauchen, die

Abtei von Poblet, Spanien

182 ATMOSPHÄRISCHE STILLE

Fushimi-Inari-Schrein, Japan

Villa Neuendorf, Pawson & Silvestrin

Hintergrund wie Bühne durchtränken. Außer ein paar Silhouetten von Schauspielern und Requisiten existiert in dieser extrem Abstraktion nur eine traumhafte, fast rauschartige Leuchtkraft. Mit vielen Architekten teilt Wilson eine Präferenz für jene emotionale Intensität, die nur durch farbiges Licht entstehen kann, dessen Farbton den gesamten Raum bestimmt und mit seiner besonderen Kraft erfüllt.

Wir finden frühe Beispiele dieser Kunst im goldenen Ambiente eines Zisterzienserklosters, das in einer einzigen Steinart erbaut wurde (linke Seite, unten), in der rötlich-violetten Stimmung der Kathedrale von Chartres, die von der vorherrschenden Färbung der Fenster herrührt, oder aber im tief roten Glühen des Fushimi-Inari-Schreins in Kyoto (oben), das durch die Zinnoberfarbe auf den »tausend *torii*« erzeugt wird. In der jüngeren Vergangenheit beispielhaft sind Rafael Moneos bernsteinfarbenes Licht, das durch Alabasterwände scheint, oder der goldene Schein der Bronzegewebe in der Dresdner Synagoge (2001; S. 204) von den Architekten Wandel Hoefer Lorch + Hirsch.

Beim Erschaffen von Räumen aus farbigem Licht geht Ricardo Legorreta weiter als irgendein anderer Architekt seit Barragán. Indem er seine Palette auf einem kieshaltigen Putz aufbaut, der mit pulsierenden Farben gestrichen ist, verleiht er dem Licht eine starke haptische Präsenz. Er verbindet das Licht dabei so sehr mit Farbe, dass das eine vom anderen nicht mehr zu trennen ist und innerhalb eines Gebäudes, wie dem Bel Air House (1998; S. 200), von Gelb oder Burnt Orange bis Pink oder Rot, Blau oder Purpur variieren kann. Das farbige Licht, das in der Villa Neuendorf (1992; S. 183) von John Pawson und Claudio Silvestrin eingesetzt wurde, ist viel strenger, fast klösterlich. Seine erdigen Farbtöne sind von Mallorcas rötlichem Boden abgeleitet, um die Villa stimmungsmäßig in die Landschaft zu integrieren. Aus einem Kubus wurden miteinander verbundene Leerräume ausgehöhlt – einfache Kammern mit antiken Anflügen, denen Le Corbusiers Suche nach »großartigen, durch Licht vorteilhaft hervorgehobenen Primärformen« innewohnt. Zu diesem mediterranen Traum trägt auch der Zauber riesiger, in Stille versunkener Wände bei, welche an die einsame Poesie der auf Leinwand gebannten verwaisten Quadrate von Giorgio de Chirico erinnern, in deren Farben und Schatten sich eine Metaphysik der Leere findet.

Im harschen Gegensatz zu den starken Emotionen, die von durchgängig farbigem Licht ausgelöst werden, steht die ruhige Luftigkeit reinweißer Architektur. Da es jede Wellenlänge sichtbaren Lichtes reflektiert, erzeugt Weiß eine makellose Oberfläche bar jeder physischer Eigenschaften. Diese hinterlässt nur ein übersinnliches Leuchten. Da der Reflexionsgrad völlig gleichmäßig ist, erzeugt jede neue Form oder Textur ein Schlaglicht oder einen Schatten, die eng mit subtilen und fast undefinierbaren Tönen verbunden sind. Zarte Lichtfarben streichen über Wände wie über eine Leinwand, die bemalt ist mit Tupfen von Sonne und Himmel, Blättern und Wolken. Diese delikaten Schleier aus Farbe und Schatten sind ein zentrales Erlebnis reinweißer Architektur, wie sie sich in den Dörfern griechischer Inseln zeigt, deren plastische Formen in einem Licht baden, das vor der Oberfläche zu vibrieren und wirkliche Form anzunehmen scheint.

Vielen, die danach streben, ähnliche Ideen von leuchtendem Weiß umzusetzen, gelingt es oft nicht, das reflektierte Licht zu modellieren. Sie produzie-

Männistö-Kirche, Juha Leiviskä

ren helle Objekte, denen die Schatten fehlen. Dieses Fehlen von Atmosphäre machte die Architektur der frühen Moderne eher ärmer. Obwohl sie von einer »strahlenden neuen Welt« inspiriert war, haftete ihren reduzierten weißen Kisten eine Art Krankenhausatmosphäre an. Die ersten Schritte zurück zu einem nuancierteren Weiß erfolgten in Skandinavien. Gunnar Asplund in Schweden, Alvar Aalto in Finnland und Jørn Utzon in Dänemark (unten) – alle drei erzeugten aus plastischen Volumen und abgestuftem Licht eine milde, weiße Atmosphäre und begründeten so eine Tradition, die sich mit Architekten

Bagsværd-Kirche, Jørn Utzon

wie Kristian Gullichsen, Claesson Koivisto Rune und Henning Larsen weiterentwickelt.

Besonders herausragend ist Juha Leiviskä, in dessen leuchtenden Destillaten der Einfluss von Balthasar Neumanns wogenden Räumen sichtbar wird. Beim Betreten von Leiviskäs Kirchen – etwa der Männistö-Kirche in Kuopio (1992; linke Seite und S. 34) – scheint man in eine andere Welt zu gelangen. Diese wird von nichts als weichen Abstufungen weißen Lichts bestimmt. Eine glatte Haut aus weißer Farbe bedeckt jede nackte Oberfläche und bietet dem Auge kaum mehr als ein leeres Leuchten. Obwohl es beruhigend wirkt, verleihen die sanften Modulationen, die von einem Überlappen von Flächen in rhythmischer Wiederholung erzeugt werden, dem Weiß eine gewisse Unruhe. Wie bei Echos, die nur im leeren Raum vorkommen, stärkt dieses flatterige Licht den Raum durch das Aufsteigen und Niedersinken flüsternder Sequenzen, die durch den Raum schweben und wie gregorianischer Gesang verklingen. Die Atmosphäre verändert sich, wenn Licht über einige Wände strömt, andere in zarte blaue Schatten hüllt und Flächen mit einem unregelmäßigen, allumfassenden Dunst verschleiert. Die bescheidenen Mittel und sanften Wiederholungen von Leiviskäs Licht haben große Ähnlichkeit mit der minimalistischen Musik Arvo Pärts. So wie ein mystischer Zauber von Kirchengesängen und Chorälen erzeugt wird – durch Betonung einer vorherrschenden Leere, in der zarte, lang gezogene Töne klingen –, ist dies in Pärts »Tintinnabuli-Stil« der Fall.[60] Das karge Instrumentalwerk *Für Alina* (1976) baut sich etwa aus ruhigen, eindringlichen, hypnotisierenden Piano-, Geigen- und Celloklängen auf, die einander durch Noten, die bei jeder Wiederholung zur Tonfolge hinzuaddiert werden, widerspiegeln. Pärt kommentiert dies: »Ich könnte meine Musik mit weißem Licht vergleichen, welches alle Farben enthält. Nur ein Prisma kann die Farben aufspalten und sichtbar machen: Dieses Prisma ist das Verständnis des Hörers.«[61]

Ein Weiß, das von vibrierenden Schatten belebt wird, dient Architekten oft zur Erreichung eines weiteren kontemplativen Zustands: einer Stimmung, die der Wahrnehmung und Reflexion in Kunstmuseen förderlich ist. Nicht Leere wird im rhythmischen weißen Leuchten von Museen wie dem von Richard Meier in Barcelona (1995; S. 172) gesucht, sondern Ruhe. Mit ähnlichen Absichten suchen Gigon & Guyer nach einer Gesamtkonzeption, die aus einer durchgehenden Schicht weißen Putzes auf jeder Oberfläche über hellgrauen Betonböden entsteht. Licht strömt durch gerichtete Dachlaternen so in die nackten weißen Räume ihres Anbaus an das Kunstmuseum in Winterthur (1995; unten), dass es »einen Reichtum der Wahrnehmung […]« eröffnet, »der vergleichbar ist mit dem, was ein Bild von Robert Ryman mit Weiß als einem Träger von Licht und Schatten unterschiedlicher formgebender Strukturen ausdrücken kann.«[62] Wie in Rymans weißen Bildern wird die monochromatische Reduziertheit in Winterthur von Schatten neu aufgeladen. Ein durchgehendes Sheddach über den Galerien sendet verschiedene Lichtwellen aus, wobei das reinweiße Licht mit Violett vermischt wird und zarteste Schatten auf die Wände wirft, die sich im Gegenlicht der benachbarten Sheds auflösen. Diese sanften Strahlungen bringen eine Ruhe in die Räume, die nur von den farbigen Kunstwerken und malerischen, gerahmten Ausblicken durchbrochen wird.

Äußerste Strenge in der Erscheinung ist die bemerkenswerteste Eigenschaft der Weißheit, wie sie in der iberischen Architektur entwickelt wurde und ablesbar ist am Werk von Alberto Campo Baeza (unten). Ein weiterer führender Experte für Licht, das sich auf stummen Wänden zeigt, ist Álvaro Siza. Die Stimmungen seiner Gebäude evozieren eher Schwere als Freude (unten). Sizas Stille wird von flüssigen Abschnitten unterbrochen, in denen blasses Licht flackert und in Schatten ausläuft – oft in der Nähe von Übergangselementen wie Eingang oder Fenster, Brüstung oder Treppe. Dies ist der Fall beim Galizischen Zentrum für zeitgenössische Kunst (1993; S. 208), dessen Leuchten in einer Granitschale versteckt ist; ebenso bei seiner Marienkirche in Marco de Canavezes (1996; S. 212), deren Proportionen so übertrieben sind, dass man deutlich darauf hingewiesen wird, dass man einen Ort äußerster Leere betritt. Aber es ist gerade dieses eindringliche Gefühl von Verlassenheit inmitten von strahlendem Glanz, welches Gebäuden eine Aura seliger Kargheit geben kann, die weithin als das Wesen von Spiritualität angesehen wird.

Anbau an das Kunstmuseum in Winterthur, Gigon & Guyer

Haus Gaspar, Alberto Campo Baeza

Serralves-Museum, Álvaro Siza

Gang zur Kirche
Rechte Seite: Krypta mit seitlichen Kapellen zur Rechten

Abtei St. Benedictusberg, Niederlande
Hans van der Laan

Wie in der *Pittura Metafisica* des italienischen Malers Giorgio Morandi erregt die Stille der Materie in Van der Laans einfachen Formen – aufgrund der lyrischen Sprache solch bescheidener Dinge – ein Gefühl eindringlicher Schönheit. Stimmungsvolles Licht und lange Schatten hinterlassen zwischen den Säulen, Wänden, Kirchenbänken und Kammern dieser Abtei in Vaals (1986) eine starke Wirkung. Sie wurde aus Steinblöcken und leicht mit Mörtel aufgerauten Ziegeln sowie aus hellblau gestrichenen Holzplanken und mit Fußböden aus Zement und Flusskieseln errichtet. Eine unheimliche Stille wird in der Kirche durch ein Licht hervorgerufen, das durch eine Reihe hoch liegender quadratischer Öffnungen eintritt und sich sanft in die schattigen Kolonnaden schneidet. Noch mystischer ist die unterirdische Krypta, deren tiefdunkles Schiff von einer Seite her durch schräg beleuchtete Kapellen belebt wird, deren Licht ein Linienmuster auf den Boden zeichnet und in dem schnörkellosen Raum eine düstere heilige Aura erzeugt.

ATMOSPHÄRISCHE STILLE

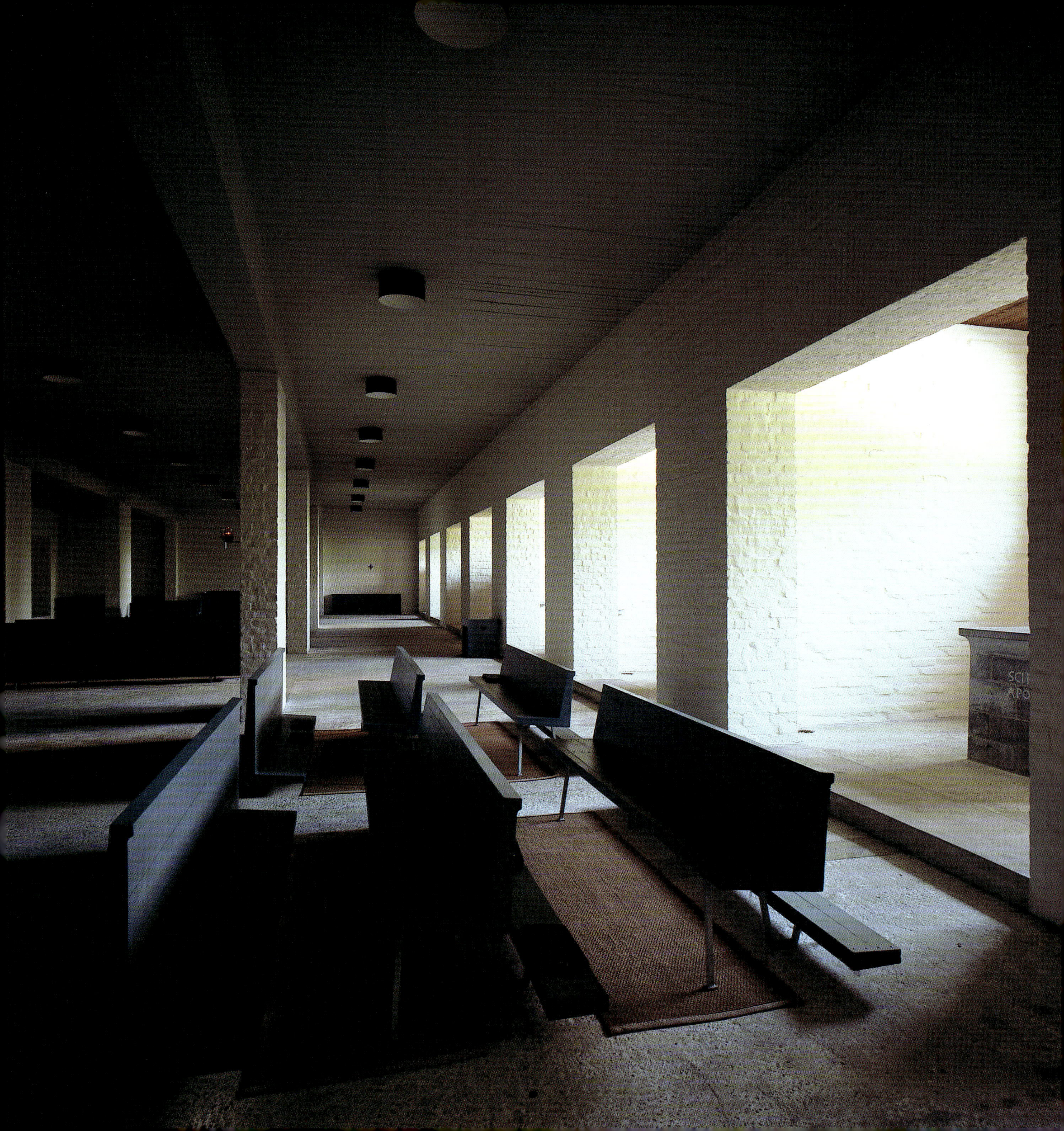

Krypta mit Blickrichtung zum Altar

Großes Bild: Farbige Schatten im Chorumgang der Kirche
Kleine Bilder (von links nach rechts): Kirche mit Blickrichtung zum Altar; Kapelle der Krypta; Abstieg in die Krypta

ATMOSPHÄRISCHE STILLE 189

Lichtkreuz
Rechte Seite: Sich schneidende Wände

Church of Light, Japan Tadao Ando

Von all den »dunklen« Werken Andos erfüllt seine Church of Light in Ibaraki (1989) am ehesten Junichiro Tanizakis Sehnsucht nach »der traumhaften Schönheit, dem Geheimnis und Zauber der Schatten.« Durch Brüche und Spalten gelangt spärliches Licht in das tiefe Dunkel und erlangt ein höheres Dasein, bevor es auf dem nackten Beton entschwindet. Verschieden orientierte Schlitze halten kontrastierendes Licht von Sonne und Himmel fest und färben dabei einige Wände hellgelb, andere violett. Wie eine Transfusion füllen zwei verschiedene Stimmungen den Raum: ein dichtes Dunkel, das massive Bauteile verwischt und die physischen Grenzen des Raums verschleiert; und Lichtsplitter, die Wände durchschneiden und sie dabei mit zartem Nachglanz besprühen. Die vorherrschende Dunkelheit vergrößert unsere Pupillen und sensibilisiert unsere Sinne für dieses spärliche Licht. Diese düstere Kammer beruhigt einerseits, ist andererseits aber auch nicht nur ein Zeugnis des Lichts, sondern Licht *an sich*, das sich in sinnlicher Form manifestiert.

190 ATMOSPHÄRISCHE STILLE

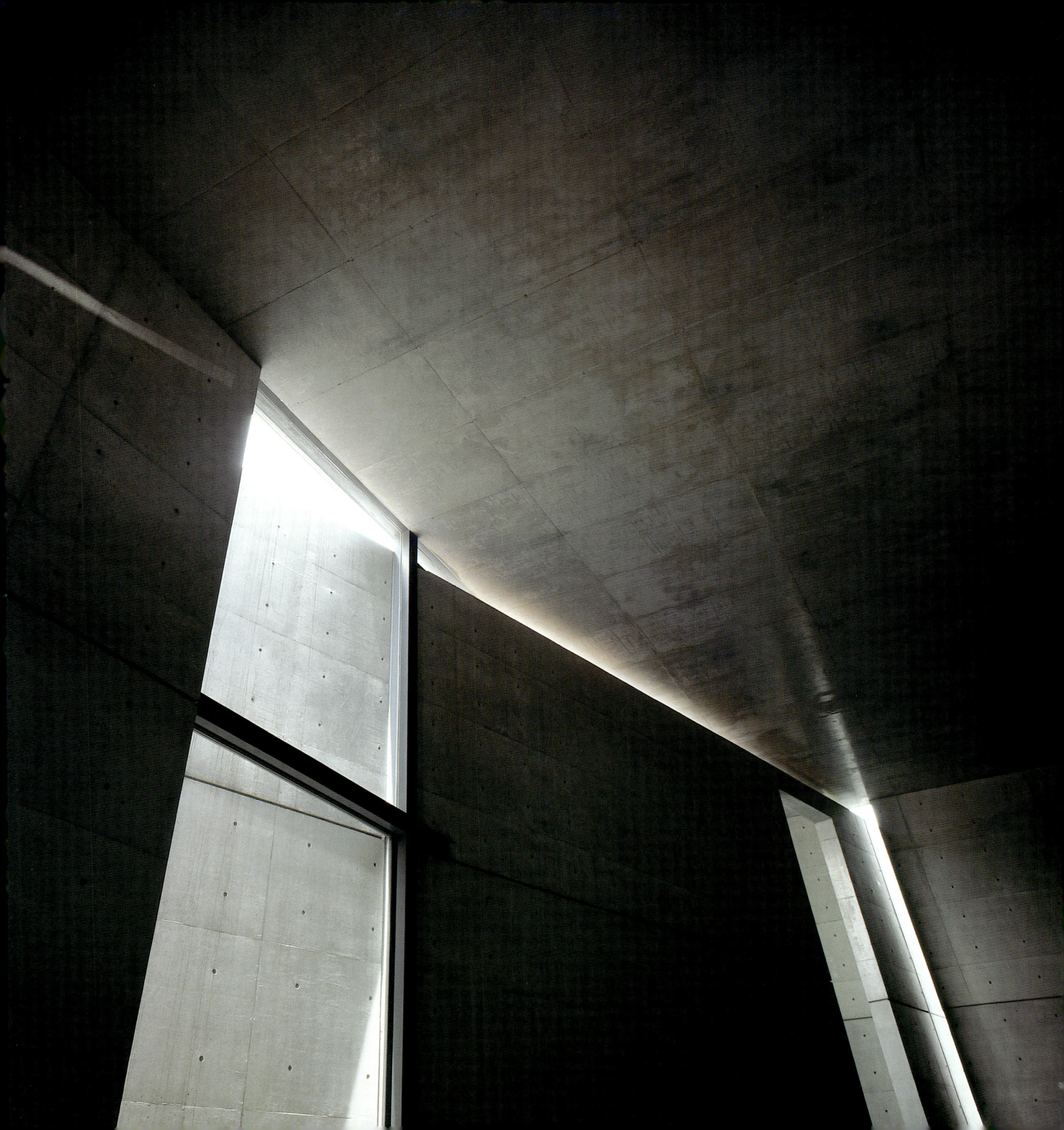

Blick von der Kirche zur Decke des Eingangs

192 **ATMOSPHÄRISCHE STILLE**

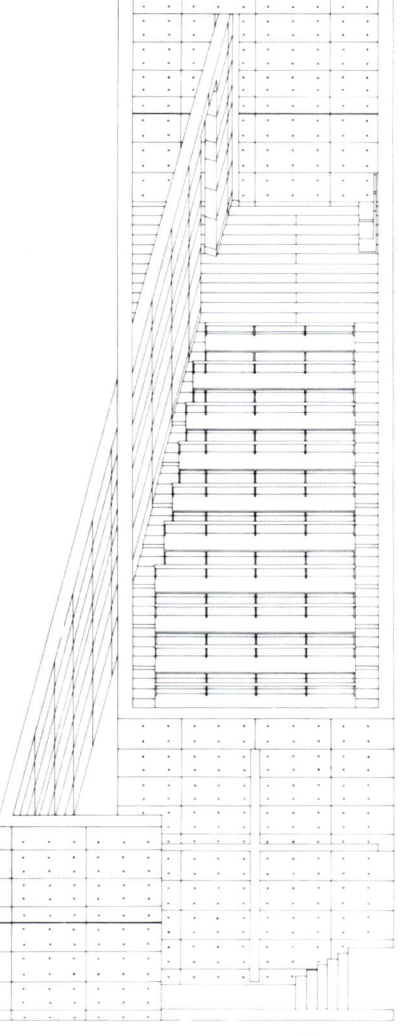

Von links nach rechts: Axonometrie; Eingangsportal; Gegenüberstellung der
Wandfärbungen durch Sonnen- und Oberlicht

ATMOSPHÄRISCHE STILLE 193

Seitliche Wand
Rechte Seite: Innenansicht mit Blickrichtung zum Altar

Enghøj-Kirche, Dänemark Henning Larsen

Eine spärliche Materialpalette wird in dieser Kirche im dänischen Randers (1999) mit größtmöglichem Effekt genutzt. Nackte Betonwände, deren einzige Dekoration die sichtbaren Schalungsanker sind, werden über Dachschlitze von Licht bestrichen und sind mit Löchern durchbrochen, die ohne sichtbare Quelle erstrahlen. Die Dachauflager werden zunächst visuell aufgelöst und lassen das Dach scheinbar schweben. Dabei fällt Licht so auf gegenüberliegende, hölzerne Dachschrägen, dass sich zwischen ihren Rippen Schatten bilden und eine warme Atmosphäre im Raum erzeugen. All diese Effekte verstärken die poetische Kraft des Daches und seine metaphorische Wirkung eines Schiffskiels, dessen Abbild in der nordischen Welt eine besondere Bedeutung trägt.

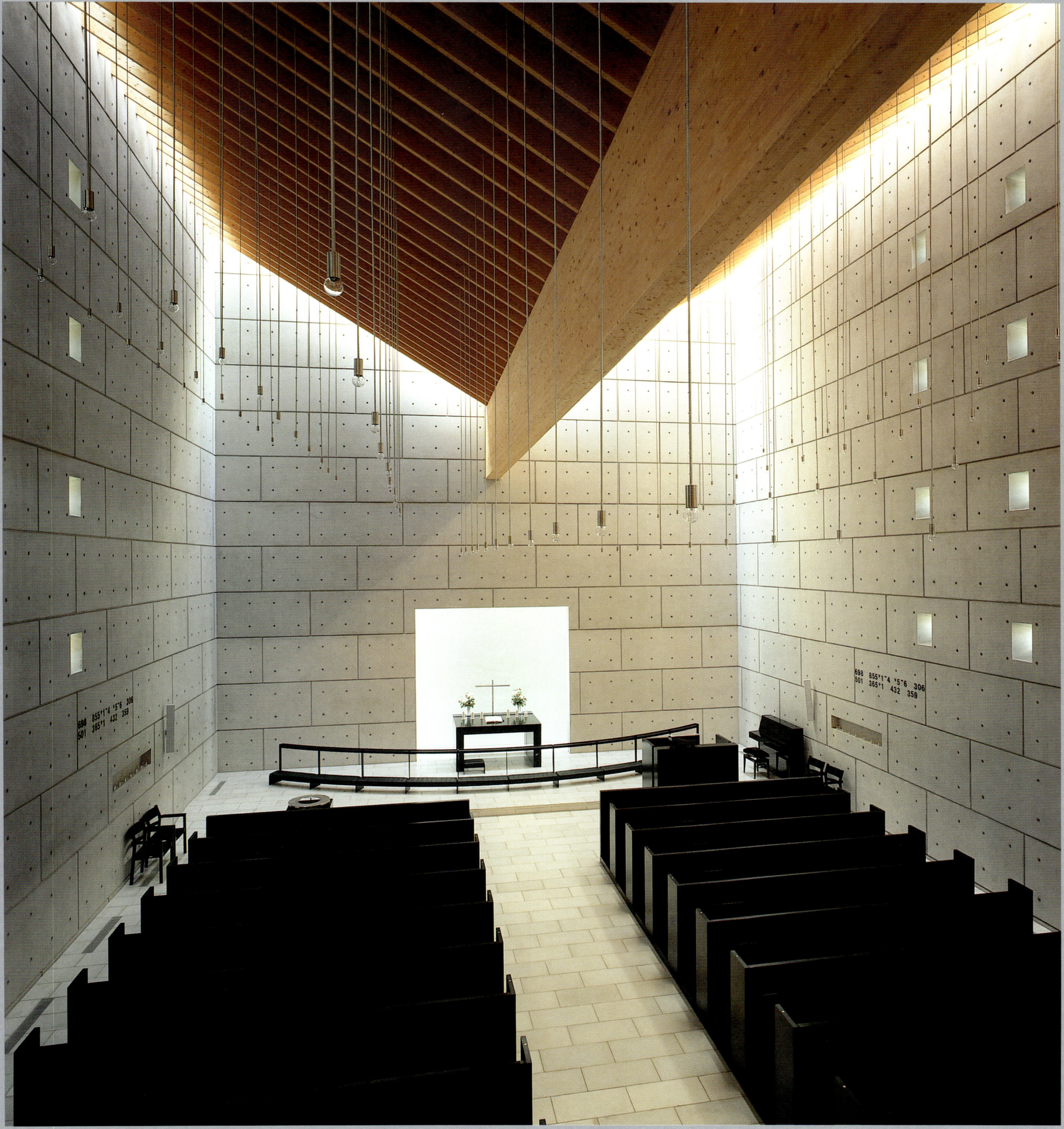
698 855*1-4 *5-6 306
501 365*1 432 359

Sonnenflecken und erleuchteter Sand in Bodenaussparung
Rechte Seite: Decke mit »Lichtkapitellen« über den Stützenköpfen

Krematorium Baumschulenweg, Deutschland
Schultes & Frank

In der voluminösen Halle dieses Krematoriums in Berlin (1998), das zwischen archaischer und zeitgenössischer Wirkung schwankt, existiert nichts außer einem Wald monumentaler Betonstützen, die mit wandernden Sonnenpunkten betupft sind. Der Ursprung dieser Lichtfunken sind Dachöffnungen an den Stützenköpfen, die von den Architekten als »Lichtkapitelle« beschrieben werden. Deren verblüffende Wirkung verleiht im Zusammenspiel mit den langen Rissen im Dach dem Licht eine transzendente Wirkung und lässt das Gebäude wie eine antike Ruine wirken. Die rituelle Atmosphäre setzt sich in den Grabkapellen fort, die vom Himmel gefärbt sind, wobei ihre blaue Atmosphäre durch gelbliche Lampen und Sonnenstrahlen jeweils zusätzlich Spannung erhält.

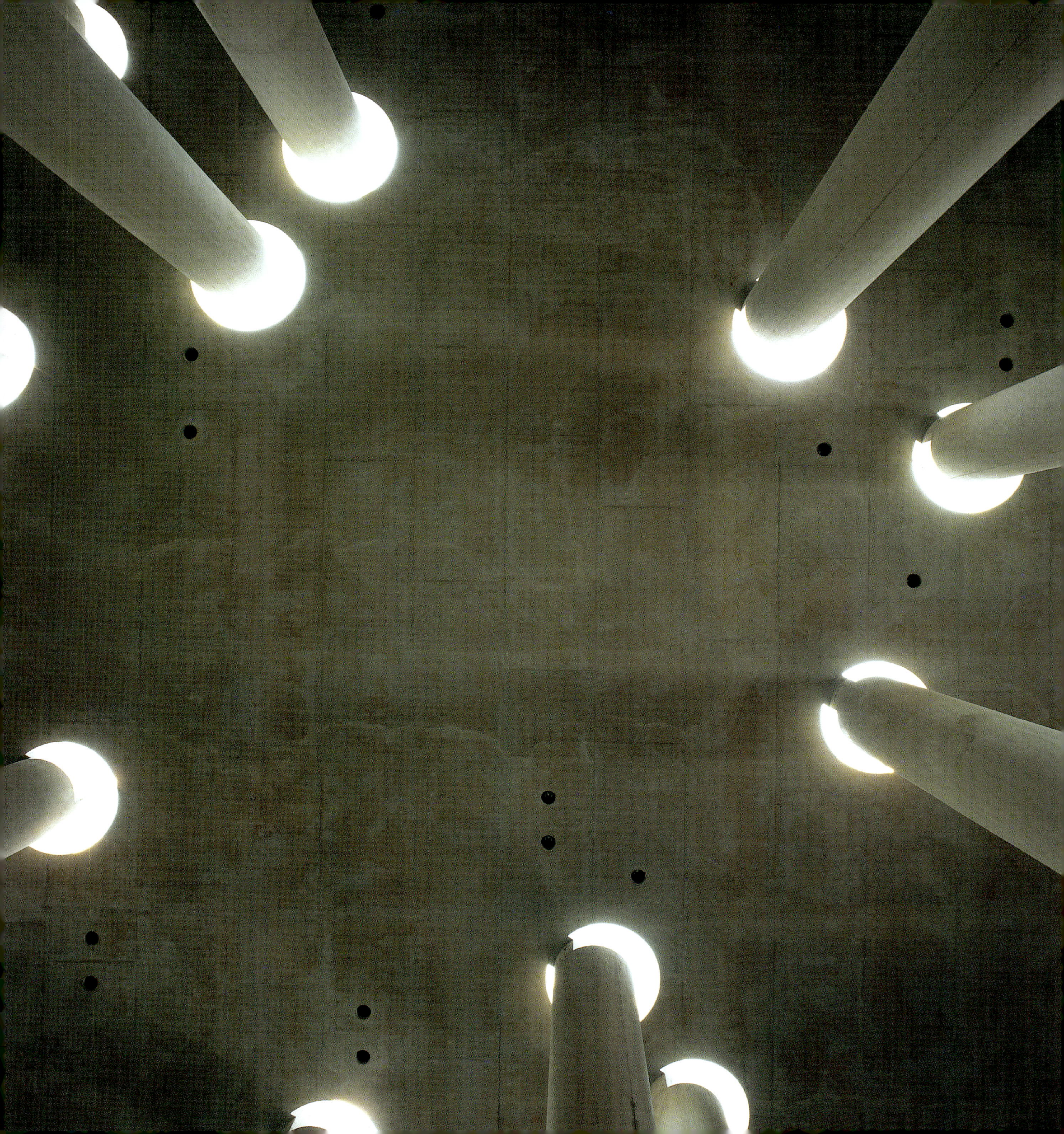

Großes Bild: Halle, von der großen Kapelle aus gesehen
Kleine Bilder (von links nach rechts): Grundriss; Halle mit rundem Wasserbecken im Vordergrund

198 **ATMOSPHÄRISCHE STILLE**

Von oben nach unten: Große Kapelle; kleine Kapelle

ATMOSPHÄRISCHE STILLE

Eingang, vom inneren Korridor her gesehen
Rechte Seite: Blick nach oben im Eingangsbereich

Bel Air House, Kalifornien, USA Legorreta + Legorreta

Die kräftigen, kubischen Körper aus geglättetem Putz in Ricardo Legorretas Haus in Los Angeles (1998) sind gleichmäßig weinrot gestrichen. Beim Betreten des Gebäudes setzt ein hohes Vestibül einen Kontrapunkt: Der Eingang ist komplementär in intensivem Kobaltblau gestrichen. Die kontrastierenden warmen und kalten Töne, die sich in rascher Folge – ob man nun kommt oder geht – abwechseln, reinigen und verstärken gegenseitig die jeweilige Farbintensität. Der Eingangsbereich, der von einem einzigen Fenster und einem vertikalen Schlitz spärlich beleuchtet wird, vermittelt das Gefühl einer Kapelle und eröffnet einem das Haus mit einem Moment des Staunens – ein Thema, das sich in weiteren wechselnden und leuchtenden Farben durch das gesamte Haus zieht: im orangefarbenen Leuchten der Treppe, in strahlenden Gelbtönen unter einem Oberlicht, in Lichtgarben entlang eines dunklen Korridors, in einem traumhaften blauen Baum in einem rötlichen Hof.

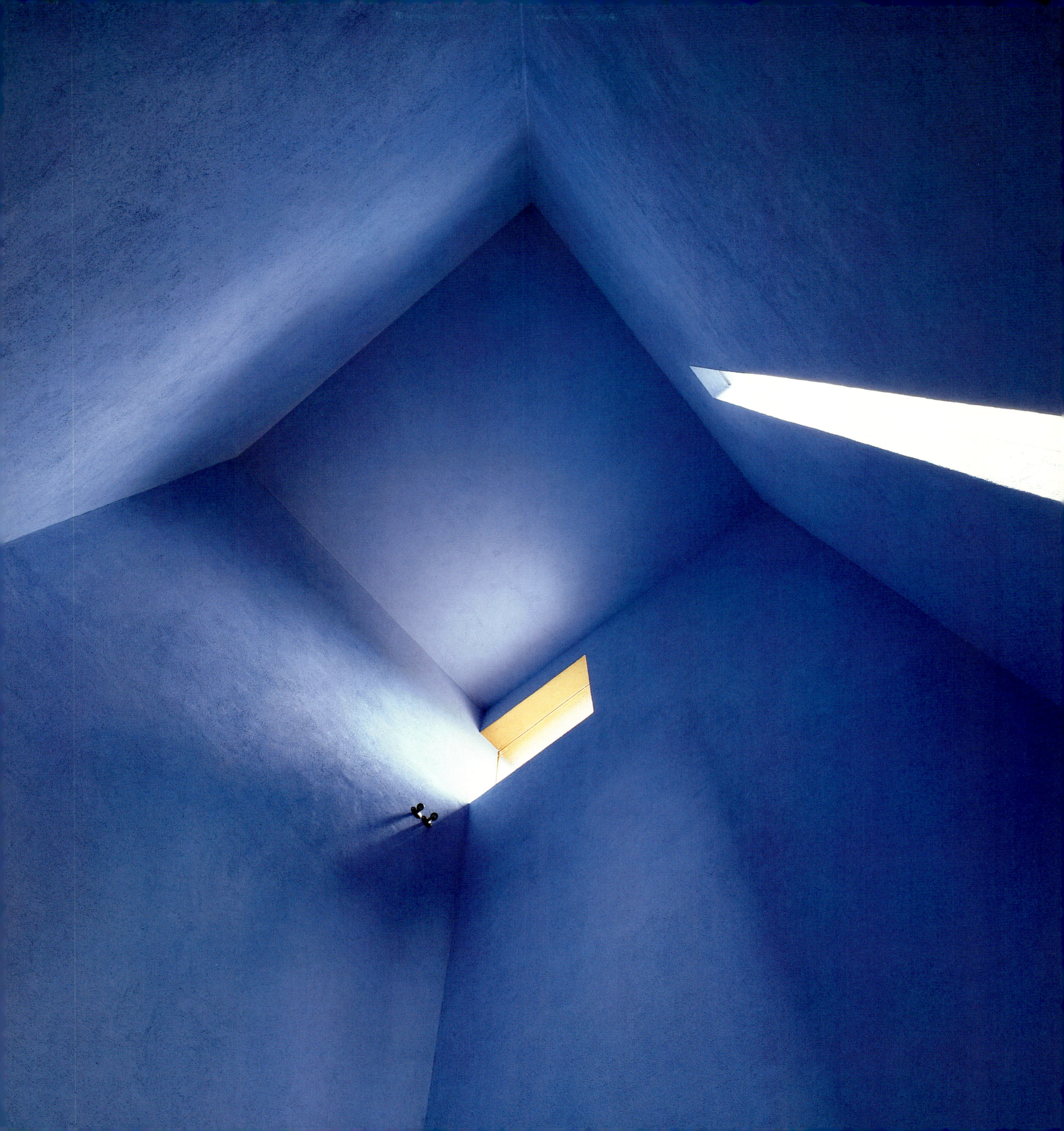

Großes Bild: Gang mit Lichtschlitzen
Kleine Bilder (von links nach rechts): Blick durch Holzgitter in Richtung Innenhof; oberer Korridor; Treppe

202 **ATMOSPHÄRISCHE STILLE**

Von oben nach unten: Blick zum Innenhof vom Gang aus; Erdgeschosskorridor mit Fenster zum Garten

ATMOSPHÄRISCHE STILLE

Detail des hinterleuchteten Gewebes, von den
Kirchenbänken aus gesehen
Rechte Seite: Blick durch das Gewebe ins Allerheiligste

Synagoge in Dresden, Deutschland
Wandel Hoefer Lorch + Hirsch

Im Dunkel der Synagoge in Dresden (2001) ist wie ein Geheimnis die verschwommene Aura goldenen Lichts verborgen. Licht gelangt durch ein einziges Oberlicht und ein seitliches Fenster in den massiven Steinkubus, worauf es sofort durch ein Bronzegewebe gefiltert wird, das den Gemeinderaum umhüllt. Wenn es durch diesen metallenen Vorhang tritt, färbt sich das Licht gleichmäßig ein, konzentriert sich wie Nebel und verteilt sich dann, um zart die benachbarten Wände zu berühren, bevor es in den umliegenden Schatten entschwindet. Indem es an ein durchsichtiges Zelt als naheliegende jüdische Symbolik erinnert, bildet der bronzefarbene Vorhang eine eigene Welt, deren Heiligkeit weniger durch ihr Material als durch den mystischen Schein farbiger Luft definiert wird.

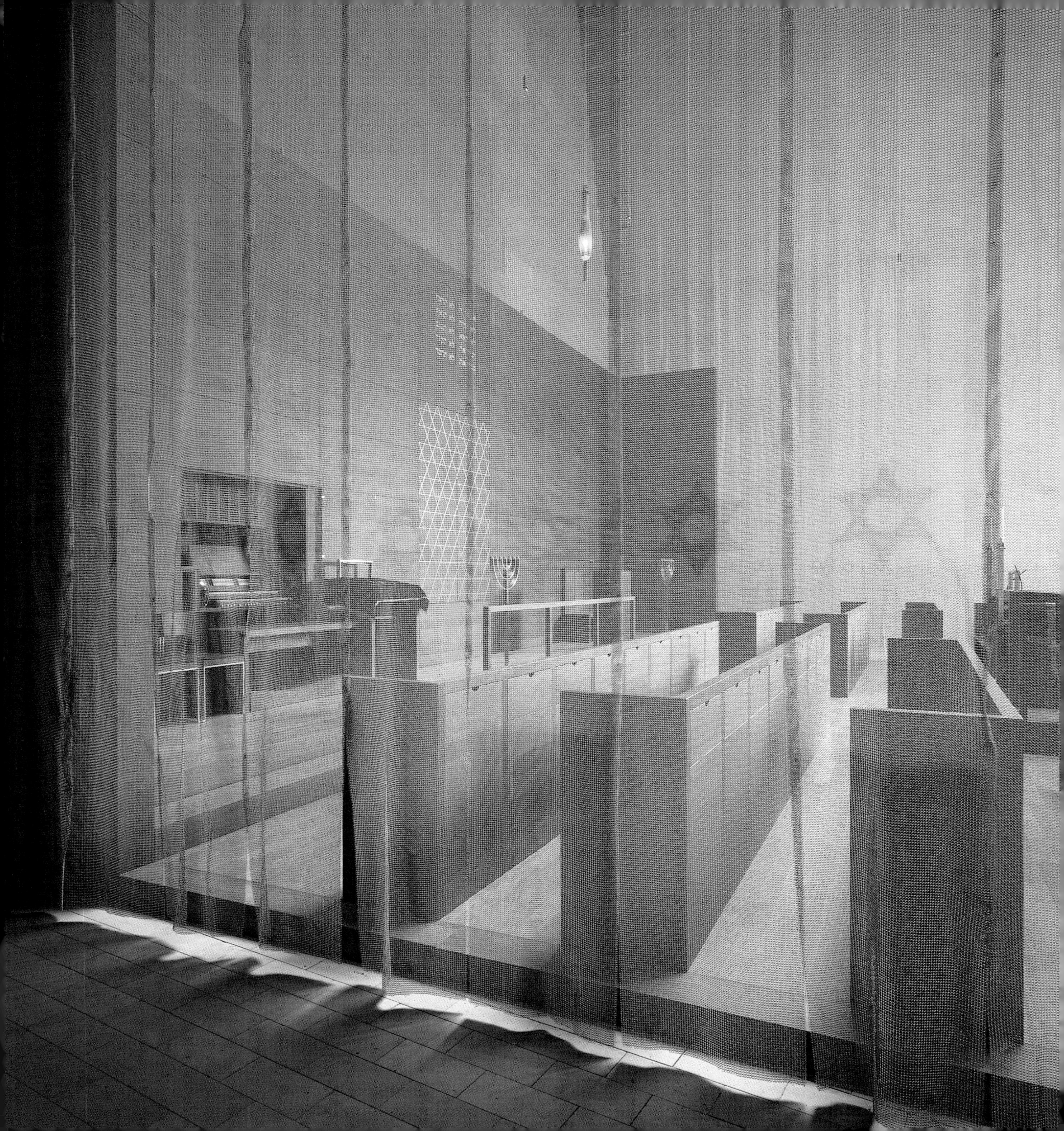

Allerheiligstes mit Thora

Im Uhrzeigersinn von oben links: Empore; Innenansicht des Holzkörpers mit Treppe zur Empore und Gang zum Allerheiligsten; Schnitt; dunkler Übergang zum Allerheiligsten

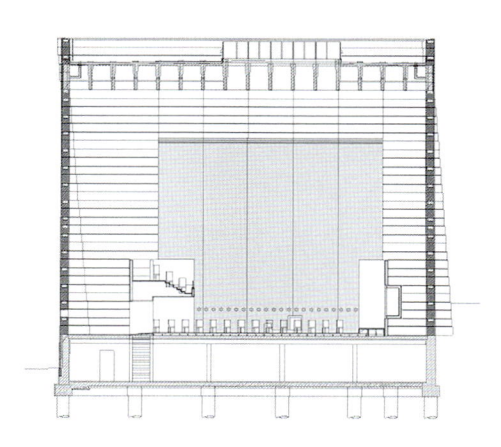

ATMOSPHÄRISCHE STILLE 207

Oberer Korridor zwischen Galerien
Rechte Seite: Decke der Galerie und Brücke zum Ausgang

Galizisches Zentrum für zeitgenössische Kunst, Spanien
Álvaro Siza

Alle höheren Oberflächen des Lobbybereiches in Sizas Museum in Santiago de Compostela (1993) sind mit weiß gestrichenem Putz versehen, der an einigen Stellen vom figürlichen Licht einiger tiefer Fenster erhellt wird. Die Fußböden sind mit poliertem weißen Marmor belegt, dessen Schimmern auf die Wandtäfelungen übergeht und sich in Schwellen und Bänken, Brüstungen und Tischoberflächen verbindet – alles scheint wie aus einem Guss mit dem Boden zu sein. Die Dualität glänzender Basis und matter Oberteile erzeugt eine Vertikalität, die aufgebrochen wird von unruhigen Reflexionen, die den Boden scheinbar verflüssigen. Diese Auflösung wird durch Brüche im leicht transluzenten Marmor akzentuiert, deren Kanten Licht von den Fenstern aufnehmen und scheinbar lichterfüllte Körper bilden, die Eduardo Chillidas Alabasterserie *Elogio de la luz* (1965–90) ähneln. Der umgekehrte Effekt – nun durch Licht von oben, aber nicht minder mysteriös – wird in den Galerien erreicht: Die Decken sind angeschrägt und verbinden sich mit Oberlichtern zu Lichtleitern, die über Nischen die umgebenden Wände in weichen Tönen erhellen und eine gleichmäßige Beleuchtung schaffen.

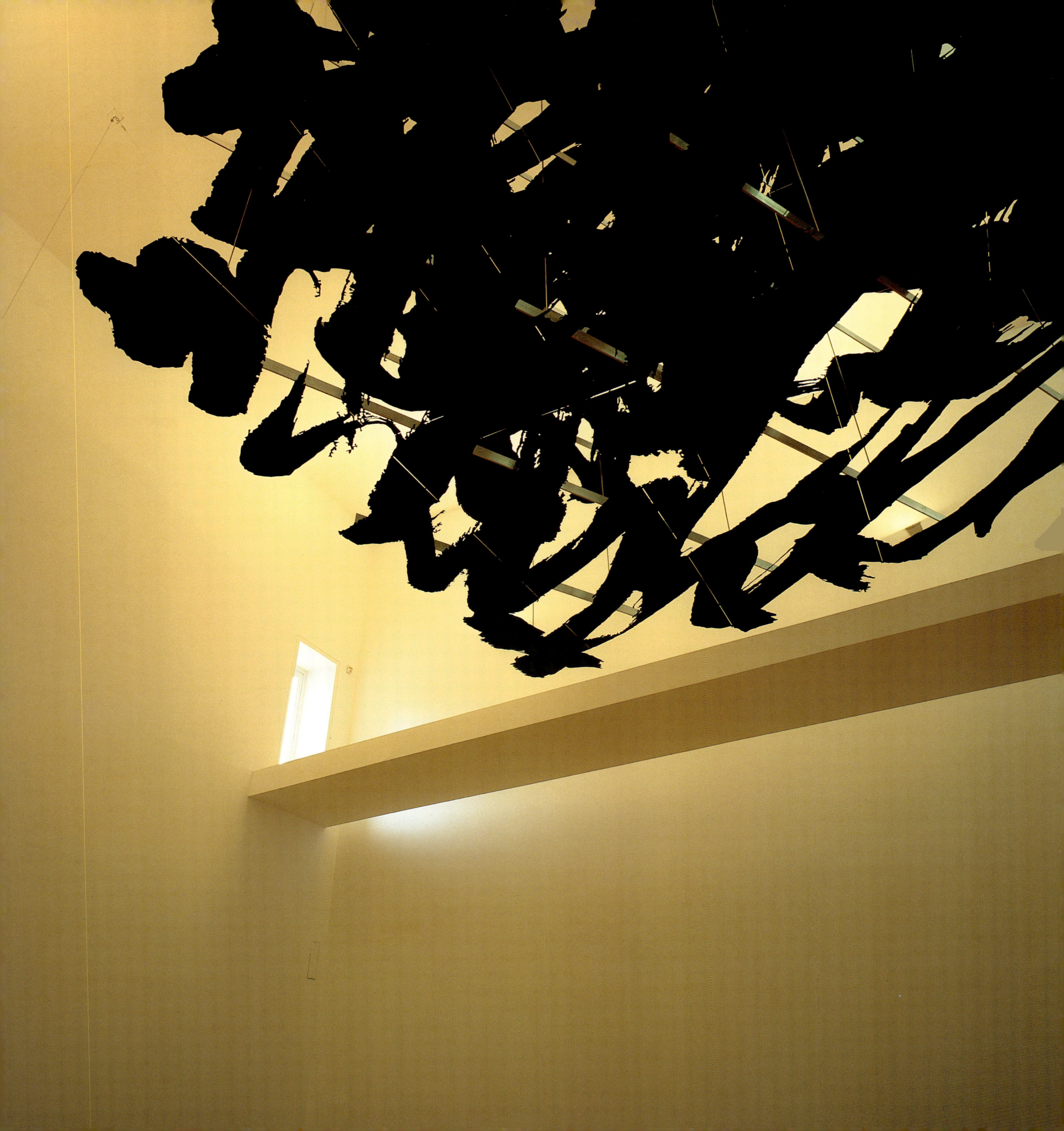

Plastische Figuren zenitalen Lichts über der Galerietreppe

210 **ATMOSPHÄRISCHE STILLE**

Großes Bild: Zur Linken das Fenster mit Blick auf die Lobby und zu den Galeriekorridoren weiter hinten
Kleine Bilder (von links nach rechts): Galerie; Lobby mit tiefem Fenster zur unteren Ebene

ATMOSPHÄRISCHE STILLE 211

Lichthof der Taufkapelle
Rechte Seite: Totenkapelle

Marienkirche, Portugal Álvaro Siza

In der Kirche in Marco de Canavezes (1996) dringt Licht durch drei hohe Fenster in der Nordwand ein. Es scheint durch seine Strahlkraft die massive Fläche einzudrücken und zu verformen, es bringt sie dazu, sich nach innen zu neigen und zu biegen. Gerichtetes Licht zeichnet den Raum dann in Sfumato-Technik, deren weiches Lichtspiel durch die nackten Wände verstärkt wird. Zwei blinde Fenster hinter dem Altar, die von einer verborgenen Öffnung beleuchtet werden, tragen zur Stabilisierung der sich kreuzenden Lichtströme bei und stärken die liturgische Achse des Raumes. In anderen Bereichen, wie der Taufkapelle, bilden sich dazu kontrastierende Stimmungen aus, wobei Licht über handgefertigte Keramikfliesen strömt und dem Ort der Ablution ein flüssiges Glänzen verleiht. Wiederum anders ist die Totenkapelle unter der Kirche. Dieser düstere unterirdische Bereich, in den man über eine Reihe von dämmrigen Treppen und gewundenen Korridoren gelangt, erreicht seinen Höhepunkt in einem strahlenden Raum für den unter einer Lichtöffnung gelegenen Sarg.

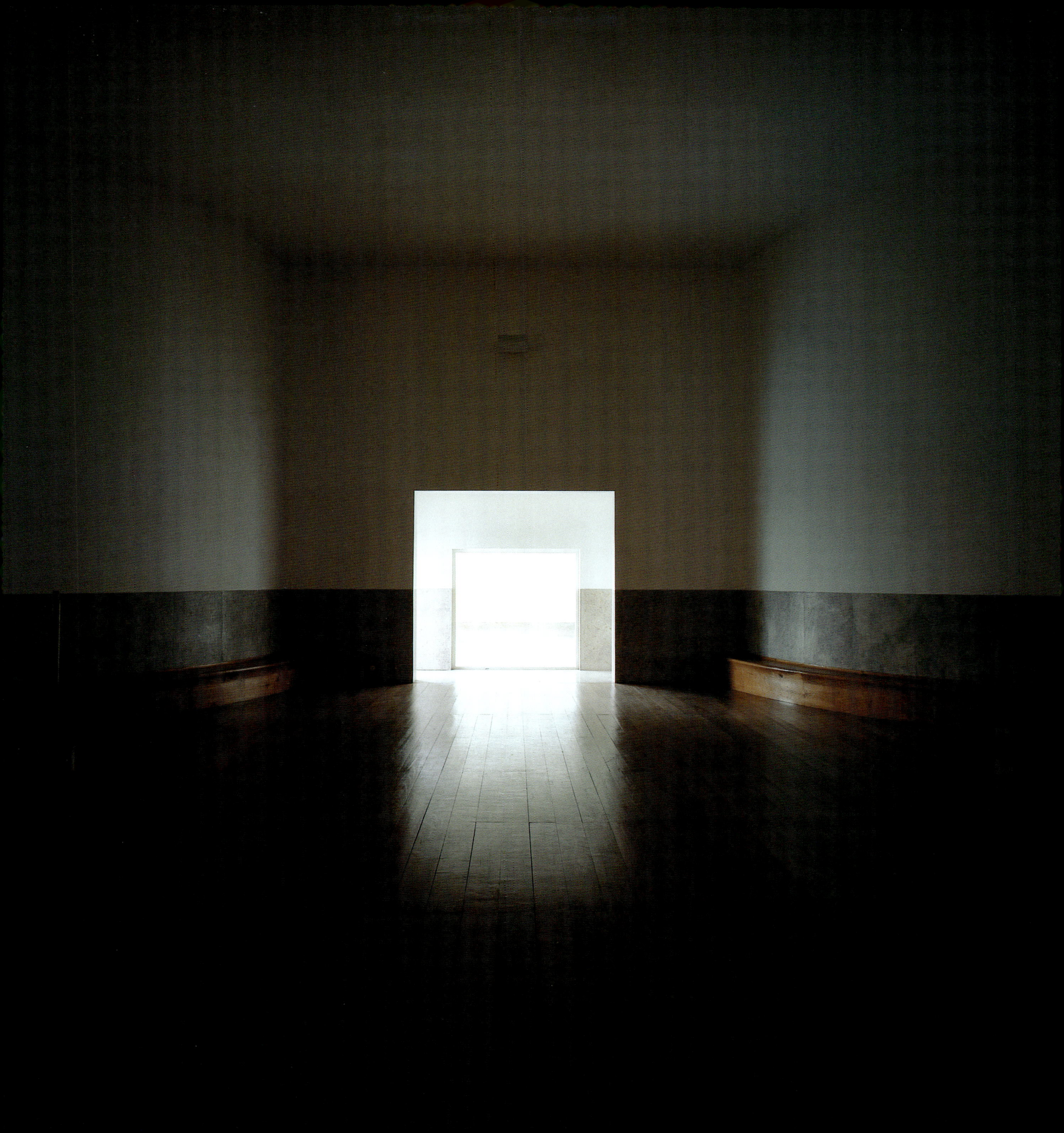

Großes Bild: Decke über dem Altar
Kleine Bilder (von links nach rechts): Seitliches Fenster; Innenansicht mit Blickrichtung zum Altar; Lichtöffnungen hinter dem Altar

214 **ATMOSPHÄRISCHE STILLE**

Decke mit Lichtgaden zur Rechten

ATMOSPHÄRISCHE STILLE 215

LUMINESZENZ

MATERIALISIERUNG VON LICHT ALS PHYSISCHE MASSE

7 LUMINESZENZ
Materialisierung von Licht als physische Masse

Die Fähigkeit des Lichts, Materie zu durchdringen und ein inneres Leuchten sowie eine große Intensität von Gegenwärtigkeit zu erzeugen, ist ein ewiger Quell menschlichen Staunens. In solchen Momenten besitzt Licht die hypnotisierende, rätselhafte Kraft, stumme Objekte und öde Materialien mit gesteigerter Schönheit und wachsender Lebendigkeit zum Strahlen zu bringen. In der gesamten Geschichte finden wir Gebäude, bei denen die Materialien manipuliert wurden, um ihre Lichtempfindlichkeit zu steigern. Man denke etwa an den griechischen Steinmetz, der transluzenten Marmor für Tempel meißelt und kanneliert (unten links); an den byzantinischen Mosaizisten der Mosaiksteine schneidet, die das Licht aufsaugen und Kirchendecken zum Funkeln bringen; an den persischen Fliesenmacher, der Quarz zu einem feinen Pulver mahlt und mit Glaspulver vermischt, bevor er Metalloxide hinzufügt um die »Sieben Himmelsfarben« zu erzeugen; oder an den mittelalterlichen Glasmacher in Chartres (unten rechts), der zermahlenen Saphir geschmolzenem Glas beifügt und die gehärtete Oberfläche mit Kupfer und Silberchlorid behandelt. Jüngere Beispiele sind die phosphoreszierenden Kacheln an Gaudís Casa Batlló (1907) und die vibrierenden Schatten auf den unebenen Ziegeln an Sigurd Lewerentz' Sankt-Petri-Kirche in Klippan (1966).

Während einige dieser Techniken heute aus Kostengründen und aufgrund verlorener Traditionen nicht mehr ausführbar sind, bieten industrielle Materialien und moderne Technologien neue Möglichkeiten, den Dingen wieder jene metaphysische Dimension zu verleihen. Neben ihrer Auseinandersetzung mit der Optik von Glas und Schirmen gehen die heutigen Architekten auch die schwierigere Aufgabe an, opake Materialien für Licht empfänglich zu machen. Beton glänzt durch das Wachsen seiner Oberfläche oder die Aufnahme von Latexfarbe wie Seide. Und durch Zugabe von Quarzpulver, Silit, Aluminium- oder Kupferstaub lassen sich noch intensivere Wirkungen erzielen. Und Holz kann wieder und wieder gesägt, poliert und gehobelt werden, um das Schattenspiel auf seiner faserigen Oberfläche zu verstärken. Stein wird geschnitten, um funkelnde Mineralien in seinem Inneren freizulegen, oder er wird in unebenen Verbänden gelegt, um ein unruhiges Lichtspiel zu erzeugen. Metalle werden sandgestrahlt, mit Säure oxidiert, zerstäubt und auf andere Metalle gesprüht sowie mit Hitze oder anderen Materialien behandelt, um eine Patina und Texturen zu erzielen, die auf Witterung und Licht reagieren. Außergewöhnlich ist auch das unergründliche, magische Leuchten unkonventioneller Materialien – alltäglicher Isolierungen, Kunststoffen aus dem Bereich des Industriebaus, Metallen aus dem Flugzeugbau, Lagerhäusern, Straßenbauanlagen oder Schiffen.

Ähnliche Experimente, Licht und Materie zu verbinden, sind Gegenstand der Arbeiten abstrakter Künstler von Jackson Pollock bis Isamu Noguchi. Sie nutzen das, was Gaston Bachelard im Gegensatz zu »formaler Imagination« als »materielle Imagination« bezeichnete. Die Umwandlung von Material in Lichtenergie ist bis heute ein wichtiges Thema im Werk vieler Künstler: Bei Gerhard Richter beinhaltet die Farbe metallische Pigmente, die auf Aluminiumtafeln aufgetragen werden. Deren nasse Oberflächen werden dann gebürstet und schließlich mit einem Gummiwischer geglättet. Um Holz mittels winziger Lichtwellen vibrieren zu lassen, meißelt und schleift, reibt und mahlt, verschmiert und brennt Kain Tapper seine rohen Holzblöcke. In Eduardo Chillidas ausgehöhlten Alabasterwürfeln (rechte Seite), die durch mineralische Ablagerungen verunreinigt sind, finden sich innere Korridore und Kammern, die zur freien Bewegung des Lichtes ausgeschnitten wurden und eine leichte Irritation hervorrufen, die dem Stein selbst eigen zu sein scheint; dies veranlasste den Dichter Octavio Paz zur Beschreibung dieser Arbeiten als »Blöcke der Transparenz, in denen die Form zu Raum wird und der Raum sich in Lichtschwingungen auflöst«.[63]

Eine ähnliche metaphorische Kraft findet sich im Ortbeton eines der vollkommensten »Alchimisten« unserer Zeit: Tadao Ando. Er spricht davon, »Wände

Parthenon, Griechenland

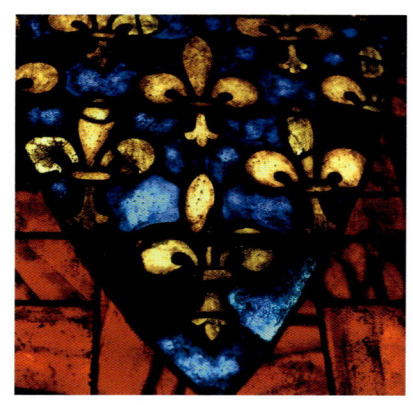

Kathedrale in Chartres, Frankreich

durch Sonnenstrahlen zu abstrahieren« und »Beton auf eine Art und Weise zu handhaben, die ihm eine Intensität verleiht, die den menschlichen Geist herausfordert und anregt.« Le Corbusiers *Béton Brut* und Kahns *Clair Obscure* weiterentwickelnd, verleiht Ando seinen Oberflächen ein subtiles, nur bei direkter Lichteinstrahlung sichtbares Relief. Herzog & de Meurons Versuchen, Materialien eine unterschwellige Poesie zu entlocken, liegt ein tieferes Motiv zugrunde: das Erhöhen des »ontologischen Zustands der Materie«, indem sie »von jeder anderen Funktion als ihrem bloßen ›Sein‹« befreit wird.[64] Durch das Bedrucken des Betons mit sich wiederholenden, abstrakten Fotografien ist es ihnen – besonders bei der Bibliothek der Fachhochschule in Eberswalde (1999; S. 226) – gelungen, eine ornamentale und zugleich höchst lichtempfindliche Schicht auf die Oberfläche aufzubringen.

Einen plastischeren Ansatz wählt Rafael Moneo. Wie ein Bildhauer schält er Kammern aus dem Ortbeton-Volumen, die Licht einschließen. Die Öffnungen in Wänden und Dach seiner Miró-Stiftung in Palma de Mallorca (1993; S. 72) sind tief eingeschnitten und dann durch röhrenartige Volumen jenseits der Raumgrenzen verlängert, sodass das Licht *in* der Substanz gefangen scheint. Die Galeriewände nehmen diese Sprache im größeren Maßstab auf, indem sie sich in verschiedene Winkel auffächern und Licht in diversen Schattierungen aufnehmen. Die zahlreichen Poren des massiven Blocks scheinen das Licht aufzusaugen. Monumentaler sind die Lichtkammern in Moneos Cathedral of our Lady of the Angels in Los Angeles (2003; S. 230): angefangen bei den gitterartig aufgelösten Wänden mit von oben beleuchteten Kapellen bis hin zu einem riesigen Lichtschacht über dem Altar, dessen leuchtender Alabaster so nah an die Wirkung des erdfarbenen Betons heranreicht, das Ersterer als eine glimmende Fläche derselben Grundsubstanz erscheint.

Naturstein ist ein weiteres uraltes Material, dessen Lichtempfänglichkeit mithilfe moderner Technologien gesteigert wird und dessen Eigenschaften sich je nach der Art des Zuschnitts und der Oberflächenbehandlung sowie der anschließenden Montage und Fügung verändern. In den Händen Moneos wird das massive Material zu einer Membran: Er schneidet es so dünn, dass es transluzent, zu einem steinernen Vorhang wird. Diese Idee belebt eine alte Tradition

Pius-Kirche, Franz Füeg

wieder, die von den Alabasterfenstern früher christlicher Kirchen bis hin zu solch modernen, mit Marmor ausgefachten Strukturen wie SOMs Beinecke Library (1963) oder Franz Füegs Kirche in Meggen (1966; oben) reicht. Sowohl auf Mallorca als auch in Los Angeles hat Moneo seine Alabastertafeln in horizontalen Streifen unterschiedlicher Breite angeordnet und mit Stahlstäben gehalten, um die Bewegung des Lichtes *innerhalb* des Steins zu betonen, bevor es als farbiger Dunst in den Innenraum tritt. Beim Eintritt wird das Licht von der Maserung und kleinen Partikeln gebrochen und umgelenkt. Die Steinplatten

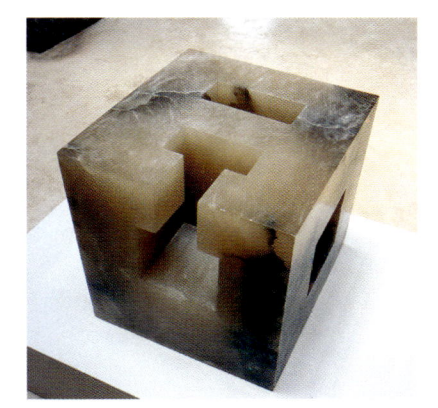

Elogio de la luz, Eduardo Chillida

enthüllen – unabhängig von ihrer Funktion, die Sonne zu mildern und eine ruhige Beleuchtung zu erwirken – eine leuchtende, metaphysische Landschaft unter der Oberfläche. Diese steinernen Schleier erregen die Neugier auf magischen Dinge ebenso wie es Mirós Bildern tun – ein Vergleich, den auch Moneo bemüht, wenn er feststellt, dass durch »die Verwandlung der Fenster in gigantische und unerwartete Lampen Erstere eine Art erfundene Geologie annehmen, so als ob sie zu jenen Objekten gehörten, die Miró entdeckte, als er eifrig den Boden untersuchte, während er auf ihm lief – allerdings in völlig anderem Maßstab.«[65]

In seinem Versuch »die mystischen Eigenschaften einer Welt aus Stein« in seiner Therme in Vals (1996; S. 60) auszudrücken und sie zum »Klingen und Strahlen« zu bringen, ließ Peter Zumthor den gebrochenen Gneis wie Nutzholz in Planken dreier verschiedener Dicken schneiden, um die Steinschichten zu variieren, die dann wie die Steinablagerungen ihres Ursprungsortes vertikal angeordnet wurden.[66] Es wurde auch auf die dem Gestein *innewohnende* Textur geachtet, wobei es so gesägt und poliert wurde, dass seine mineralische Zusammensetzung, Fragmente von Glimmer und Quarz, freigelegt wurden: all dies, um unseren Blick gezielt *in* den Stein zu lenken, wo wir ein zarten Leuchten entdecken. Zumthors konsequenteste Entscheidung war, die Platten in vor- und zurückspringenden Schichten anzuordnen und so ein Relief zu erzeugen, das bei frontaler Beleuchtung flach erscheint, während es eine geriffelte Struktur aufweist, wenn es durch die Dachschlitze beleuchtet wird, was die Wand zum Leben erweckt. Als Lieblingsidee bezeichnet Zumthor den Vorgang »Materialen […] bewusst ins Licht zu setzen. Und […] mit diesem Bewusstsein, wie das reflektiert, die Materialien zu wählen und ein stimmiges Ding zu machen.[67]

Sogar Putz kann durch Beimischung lichtempfindlicher Partikel verändert werden. Im Falle der Alhambra in Spanien (unten) mischten islamische Handwerker fein gemahlenen Marmor in die Gipsmasse und polierten dann die harte Oberfläche mit Bimsstein und Knochenmark, um dem Putz die leichte Lumineszenz cremefarbenen Marmors zu geben. Im Rückgriff auf uralte venezianische Techniken verlieh Carlo Scarpa dem *stucco lucido* beim Olivetti Showroom (1959; unten) durch Beigabe von Marmorstaub, Farbpigmenten, Leim und Leinsaatöl zur Kalkmischung ein lack- oder marmorartiges Aussehen. Der Putz wurde nach und nach in Schichten aufgetragen, deren verschiedener Sandgehalt – hier durchsichtig, dort opak – unterschiedlich auf Licht reagiert. Wenn Licht unter die Oberfläche gelangt, beginnt der Putz von innen her zu leuchten und erzeugt damit ein sanftes Scheinen, das ständig zwischen »transparent« und »leicht reflektierend« changiert und dem harten Material einen fast ätherischen Charakter verleiht.

Venezianischen Techniken wurden jüngst auch von Steven Holl aufgegriffen und abgewandelt – am eindrucksvollsten in seinem Anbau an das Nelson-Atkins Museum in Kansas City (2007; unten und S. 64). Die Weißputzflächen von Lobby und Verkehrsflächen wurden handgeglättet, in Nass-in-nass-Technik schichtweise aufgetragen und anschließend poliert. Das Ergebnis ist ein Material, das über alle Stofflichkeit hinaus eher zu Licht wird, das einen marmorierten Glanz mit transparenten Schichten und tiefen Reflexionen aufweist. Holl erzielte bei seiner Chapel of St Ignatius in Seattle (1997; S. 44) im Gegensatz dazu durch Abätzen des Putzes während des Setzungsprozesses einen *Claire-Obscure*-Effekt, der den Schattenfurchen der Sgraffito-Technik der Renaissance ähnelt. Die Stuckateure bearbeiteten den nassen Putz mittels sich kreuzender Arbeitsgänge. Dies führt zu einem Rillenmuster mit Höhen und Tiefen, wodurch der Putz mal heller, mal dunkler erscheint, die Tönungen auftauchen oder verschwinden, sich je nach Blick- und Lichtwinkel umkehren.

Die fasrige Struktur des Holzes bietet Architekten verschiedene Möglichkeiten. Um seine unterschwellige Schönheit freizulegen, schleifen japanische Tischler gesägte Bretter mühselig mit der Hand, sie arbeiten so das zarte Gewebe heraus und heben die Holzfasern hervor. Zusätzlich zu dem sanften Glanz, der durch das Einreiben von Ölen während des Polierens entsteht – und dabei das Licht unter die Oberfläche eindringen lässt –, dient die unebene, unregelmäßige Textur dazu, Licht in der Mikrostruktur zu modellieren und zu reflektieren (rechte Seite, oben). Mit dieser Tiefenwirkung verwandt ist das diffuse Leuchten der *shoji* und der *shitajimado*, deren Papier bei näherer Betrachtung ein komplexes textiles Kreuzmuster aufweist. Man kann sich in diesen Papierwänden verlieren und ihre organische Struktur betrachten, die verborgen bleibt,

Alhambra, Spanien

Olivetti Showroom, Carlo Scarpa

Bloch Building, Steven Holl

Shisendo, Japan

bis sie von Licht hinterleuchtet und so eine endlose optische Tiefe in einem flachen Material erzeugt wird. Zeitgenössische Versuche, Holz seine Opazität und Mattheit zu nehmen, konzentrieren sich auf industrielle Verfahren des Fräsens, der Konstruktion und der Oberflächenbehandlung. Industriell hergestelltes Sperrholz findet seiner Herkunft gemäß unverfälscht Einsatz und wird zu einem Medium der Lichtmodulation – so etwa bei diversen Häusern Joseph Eshericks in der San Franciscos Bay Area oder bei seinem Bermak House in Oakland (1963; unten). Aber auch neuere Arbeiten des Stuttgarter Büros Cheret + Bozic fallen in diese Kategorie – besonders ihr katholisches Gemeindezentrum in Sontheim (1998; S. 236).

Riepl Riepl erreichen in ihrer Kirche St. Franziskus (2001; S. 234) mit glattem Birkensperrholz ein glänzendes Ergebnis, wobei die samtige Oberfläche von einem leichten Hell-dunkel-Effekt belebt wird, der aus gerichtetem Licht resultiert, das auf eine zarte Textur unebener Platten mit sichtbaren Fugen fällt. Obwohl die Donau-City-Kirche (2000; S. 138) von Heinz Tesar aus demselben Rohmaterial besteht, ist die Innenausstattung hier von einer robusten, skulpturalen Gestalt. Weiches, glänzendes Holz erstreckt sich wie aus einem Guss durchgängig über Wände und Decken, Laternen und Fenster, den Boden wie auch die Kirchenbänke. Diese Plastizität impliziert ein hohles Material, dessen Oberfläche so behandelt ist, dass sie das Licht bis zur letzten Ecke und Pore leitet. Der Eindruck, einer lichterfüllten Tiefe *innerhalb* des Holz wird besonders durch die konischen Fensterlaibungen und eine geschwungenes, aus dem Dach geschnittenes Oberlicht verstärkt. Ein noch subtilerer Eindruck von Tiefe entsteht durch Reflexionen aus unterschiedlichen Quellen und ein vergoldetes, einem Sperrholzkreis einbeschriebenes Kreuz hinter dem Altar, dessen versetzte Holzstruktur Licht unterschiedlicher Richtungen aufnimmt und den Kreis fast als Himmelskörper erscheinen lässt, der vor der Wand schwebt.

Außer Glas ist im letzten Jahrhundert kein Material so sehr auf seine optischen Qualitäten hin untersucht worden wie Metall. Zu den frühen Errungenschaften dieser Entwicklung zählen: die Bronzeverkleidung von Mies van der Rohes Seagram Building (1958), deren taktile, warme Oberfläche mit dem gräulich-bernsteinfarbenen Glas und den bronzefarbenen Pfosten harmoniert; die zimtbraune Farbe des Corten-Stahls von Eero Saarinens John Deere Headquarters (1963); das sanfte Schillern des Edelstahls in Louis Kahns Yale Center for British Art (1974; S. 222), dessen Patina das matte Glänzen von Zinn hat. Einige Architekten sind der Ansicht, dass der unvergleichliche Glanz von Metall auch mit metallischen Anstrichen erreichbar ist. Durch subtil variierte Beleuchtung einer solchen eher glatten, regelmäßigen Oberfläche lässt sich eine schimmernde Tiefe erreichen, die fast so diffus und versonnen – wenn auch nie so komplex – wie das Blattsilber auf alten Gebäuden ist. Die enorme Bandbreite an

Bermak House, Joseph Esherick

LUMINESZENZ

Yale Center for British Art, Louis Kahn

Lichttönen in Zumthors hölzerner Kirche Caplutta Sogn Benedetg (1988; S. 240) wird durch die nuancierte Reflexion von Silberfarbe akzentuiert, die man durch und jenseits einer inneren Reihe von hölzernen Pfosten sieht. Eine noch komplexere Strategie verfolgt die Aluminiumfarbe in Brückner & Brückners Kapelle in Tirschenreuth (2000; S. 244). Silbern schimmernde Wände finden ihre nahe Entsprechung in den einfarbigen, transluzenten, leicht reflektierenden Opalglasfenstern, die einen ständigen Wechsel von Licht und Schatten, Vorstoß und Rückzug auf den Wänden produzieren, die fast aus einem einzigen Material zu sein scheinen.

Rem Koolhaas nutzt in seiner niederländischen Botschaft in Berlin (2004; S. 76) sowohl die Poesie als auch die Formbarkeit von Metall, um das geschmeidige Aluminium dem Spiel des Lichtes zugänglich zu machen und den Besuchern das Gefühl zu vermitteln, in einen glänzenden Metallkörper einzudringen, ihn dann wieder zu verlassen, um wiederum in ihn einzudringen. Aluminiumkörnchen, die in den Kunstharz der Eingangsrampe eingelassen sind, bieten einen Vorgeschmack auf diese Welt aus Licht. Die winzigen Partikel werden zu einer durchgängigen Haut, die Innen und Außen bekleidet. Der Fußboden und die Treppe sind mit rauen, hart legierten Aluminiumblechen versehen. Das ruhige Schimmern setzt sich im glatten Aluminiumlaminat auf Faserplatten an Wänden und Decken fort, dessen diffuser Glanz nahtlos in die eingelassenen und beleuchteten Handläufe aus Alu-Strangpressprofilen, die rein metallischen Fensterpfosten und Stützen, die Wandschränke und -teiler, Türen und Brücken übergeht. Das gesamte Blickfeld wird von monochromatischen Reflexionen bestimmt, die abebben und auslaufen und dem Metall einen Glanz von ausgeprägter Tiefe verleihen, den das Material fast aufzusaugen scheint und sich dadurch zunehmend auflöst. Die leuchtende Tiefe von Toyo Itos Yatsushiro Museum (1991; rechte Seite), das auch aus diversen Aluminiumoberflächen besteht, resultiert aus gebogenen und geschichteten hauchdünnen Lagen, die eine nahezu durchsichtige Metalloberfläche ergeben. Die Geschmeidigkeit, welche das wolkenartige Dach aus silbrigen Schichten zunächst ausstrahlt, wird im Inneren durch eine freie Collage aus Lochblechen und eine außergewöhnliche Decke aus feinem Metallgewebe umgesetzt.

Dem architektonischen Erbe »metallurgischer« Experimente hat sich besonders Frank Gehry verschrieben, der seine Suche nach »neuen Materialien, die mit Licht spielen«, nach der Art ausrichtet, mit der sie »gebürstet, gerieben, poliert und beschichtet« wurden und wie sie so mit »der richtigen Mischung aus Öl, Säuren, Walzverfahren und Hitze« behandelt wurden, »dass sie jenes Material abgeben, das wir wollen«.[68] Die Edelstahlfassade des Weisman Museum (1990) wurde so gebogen und poliert, dass sie den düsteren Himmel von Minnesota aufhellt. Ein matteres Glänzen war bei der bleibbeschichteten Kupferverkleidung seines Toledo Visual Arts Center (1992; unten) gefragt, dessen leicht schillernde Patina einigen Edelstahlwerken von David Smith ähnelt, der Metall absichtlich abbrannte und polierte, bevor er es mit der Schleifscheibe behandelte, um ihm eine zarte Maserung zur Lichtbrechung zu verleihen. Wiederum anders sind die glatten Edelstahlpaneele der Walt Disney Concert Hall (2003; S. 248) und die äußerst taktile Titanverkleidung des Guggenheim Museums in Bilbao (1997; rechte Seite). Die dünnen Paneele von Letzterem wurden während der Herstellung Chemikalien und Hitze ausgesetzt,

Toledo Visual Arts Center, Frank Gehry

Guggenheim Museum, Bilbao, Frank Gehry

um jene warme Ausstrahlung zu erreichen, die Metallen wie Edelstahl fehlt. In der Bauphase bekam das Material eine weiche Textur in Form konvexer Paneele, die sich von den Nahtstellen wegwölben und eine Oberfläche aus Licht und Schatten in verschiedenen Maßstäben ergeben.

Gehrys Bemühungen darum, Farbe und Reflexionsgrad seiner Materialien den natürlichen Lichtverhältnissen anzupassen, verleiht seinen Gebäuden einen kontextuellen Bezug, der von jenen, die von der skulpturalen *Grandezza* seiner Bauten überwältigt oder irritiert sind, leicht übersehen wird. Heikkinen-Komonen, die ebenfalls nach einer engen Verbindung des Ortes mit seinem Licht streben, nutzen das Gedächtnis wie auch die Gegenüberstellung, um den Metalloberflächen ihrer finnischen Botschaft in Washington, DC (1994; unten) etwas Suggestives zu verleihen. Die Materialien wurden grün gefärbt, damit sie sich in das waldige Grundstück fügen und Bilder der nordischen Welt evozieren. Das schon durch Bäume und Rankgerüste leicht eingefärbte Licht wird von grün getöntem Glas gefiltert und fällt auf moosgrünen Granit und Kupferpaneele mit unregelmäßig grüner Patina. Dasselbe Prinzip der poetischen Metapher brachte schon Frank Lloyd Wright dazu, Gebäude mit stark an die amerikanische Prärie erinnernden bronzefarbenen Platten und horizontalen Schatten zu versehen; bewegte Alvar Aalto dazu, Holzelementen und Fliesen einen Rhythmus zu verleihen, der an finnische Seen und Wälder erinnert; veranlasste Carlo Scarpa dazu, dem Putz einen Glanz zu verleihen, der demjenigen der Lagunen und des Himmel über Venedig gleicht.

Tesars Hülle der Donau-City-Kirche bedient sich hingegen einer dunklen Lumineszenz, um sich bewusst von ihrer Umgebung abzugrenzen und um diesen banalen Ort mit einem Werk von eigenständigem Zauber zu bereichern. In Anspielung auf den Kontrast von harter Schale und weichem Kern erzeugen die äußere Metallverkleidung und die innere Sperrholzschale ein Gefühl spiritueller Zuflucht und Intimität. Der technoide Kubus ist gänzlich mit rechteckigen Paneelen aus legiertem Chromstahl verkleidet, welche die Kirche mit einem merkwürdigen »Schwarzlicht« umgeben. Zunächst erscheinen die Wände tiefschwarz mit blauen Zwischentönen, bei genauerer Betrachtung entstehen auf den Paneelen wechselnde matte Reflexionen, deren Farbe und Helligkeit sich mit der Sonne wandeln und sogar an bedeckten Tagen sichtbar sind. Der leicht schillernde Stahl, der gleichzeitig warme und kalte Farbtöne ausstrahlt, erhält im Schatten ein tintiges Violett, im Licht des Sonnenuntergangs ein sanftes Gold mit einem Anflug von Blau, gefolgt von einem gleichmäßigeren, leicht violetten Pink. Dieses abendliche Leuchten, das von tief innen zu kommen scheint, gewinnt zusätzlich an Tiefe durch: den Rhythmus und die leichte Unebenheit der Stahlplatten, die der Außenhaut eine mosaikartige Qualität verleihen; die Fensteröffnungen, die je nach Reflexionsverhalten hell oder dunkel werden; das blinkende Licht eingelassener Bohrungen mit hoch reflektiven Metallkappen – ein Blinken aus dem Inneren, das Tesar »Aufzeichnungen des Tageslichts« nennt. Dieses geheimnisvolle Metall sieht man nicht einfach *an*, man sieht vielmehr tief *in sein Inneres* – so wie in einen dunklen Teich oder in den Nachthimmel, um dort ein verborgenes Leuchten zu entdecken. Dieses optische Spiel, welches das Auge mit auftauchenden und verschwindenden Phänomenen narrt, regt die Fantasie an und ermutigt den Betrachter selbst aktiv das Gesehene zu formen.

Yatsushiro Museum, Toyo Ito

Finnische Botschaft, Heikkinen-Komonen

Betonspalt in der Treppe
Rechte Seite: Unterschiedliche Licht- und Schatteneffekte auf den Betonwänden des Korridors

Ito House, Japan Tadao Ando

Die Lichtstimmung auf dem Beton dieses Hauses in Tokio (1990) beginnt mit dem wiederholten Muster der Sperrholzschalung, begleitet von den Schatten der Fugen und den Löchern der Stahlverankerungen der Schalung und – als faszierendstem Bestandteil – kaum wahrnehmbaren Wellen, die von der leichten Verformung des Sperrholzes während des Aushärtens des Betons stammen. Über diesen modellierten Schatten liegt der höchst unregelmäßige Glanz einer Latexschicht, die von der grauen Farbe auf der Schalung aufgenommen wurde. Anschließend erfolgte eine Silikonbehandlung, die der Oberfläche das sporadische Schimmern japanischer *raku*-Keramik verleiht. Außergewöhnlich ist auch die einzigartige Mischung von Zement und Zuschlagstoffen im Beton, die zu einer blassen, fast weißgrauen Substanz führt, welche leuchtender als normaler Beton ist. Die auffälligsten Lichtakzente setzen gelegentliche Wandschlitze, die den Beton scheinbar von innen her leuchten lassen. Was normalerweise ein trister Baustoff ist, wird hier zu etwas Sinnlichem, fast Transluzentem, wobei der seidige Glanz durch zarte Lichtpunkte und Schatten, die von Grau bis zu reinem Schwarz reichen, intensiviert wird.

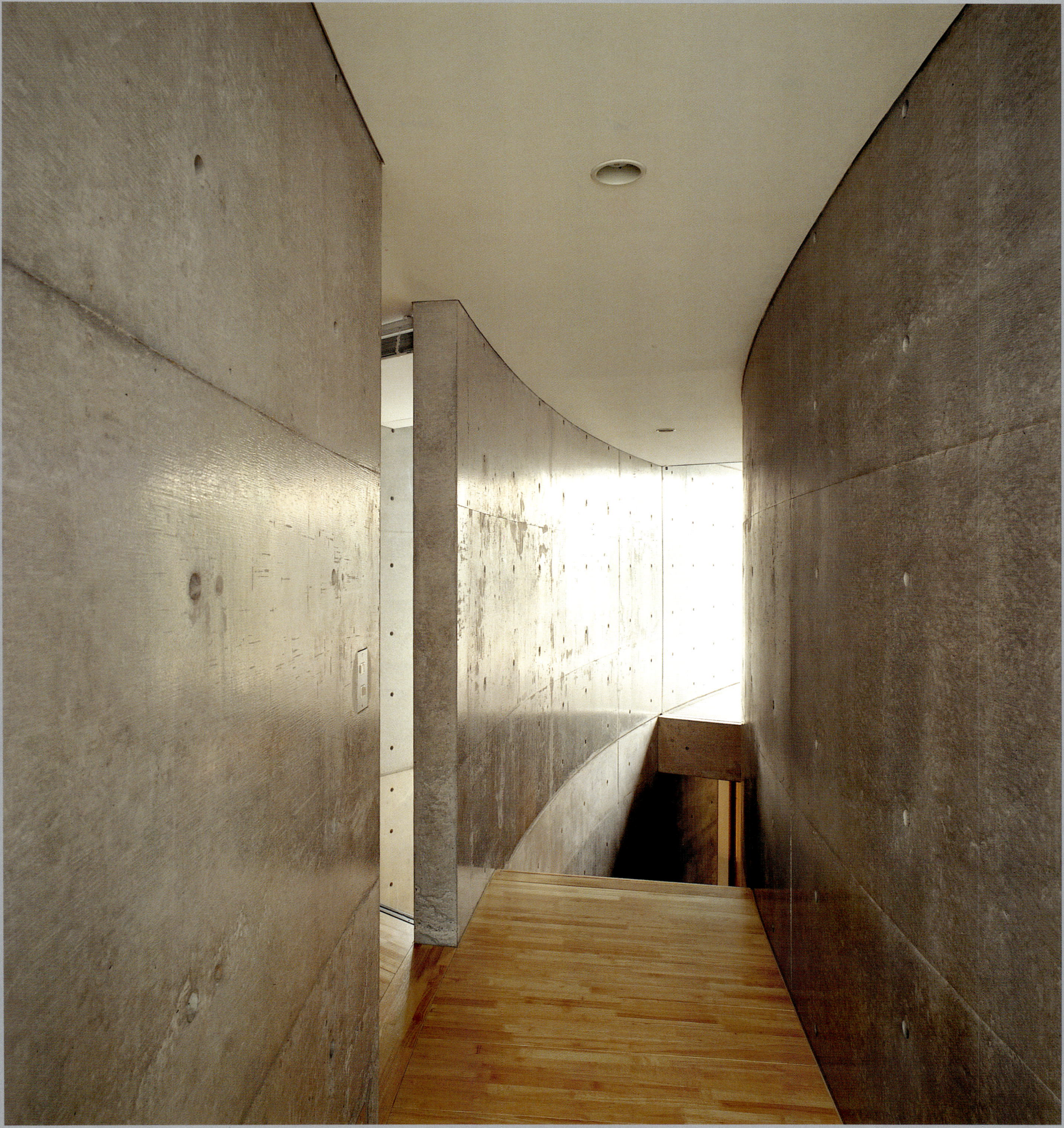

Eingang und Fassade
Rechte Seite: Gleichzeitige Muster auf Glas und Beton

Bibliothek der Fachhochschule Eberswalde, Deutschland
Herzog & de Meuron

Bei dieser Bibliothek im Nordosten Deutschlands (1999) wurden digitalisierte Zeitungsausschnitte in den Beton eingebracht, was zu einem ähnlichen Effekt wie bei Radierungen führt. Das Oberflächenrelief wird während der Herstellung erzeugt. Das Bild wird durch einen härtungsverzögernden Hemmstoff bewirkt, der es erlaubt, die noch flüssigen Teile des Bildes mit Wasser und Bürsten auszuspülen. Die Schattenwirkung wird durch subtile Reflexionen ergänzt, welche sich in den erhabenen Figuren jedes Bildes konzentrieren, aber gleichzeitig *unter* der Wandfläche und damit im Beton selbst zu liegen scheinen. In Abhängigkeit vom Blickwinkel und dem einfallenden Licht kann die gravierte Oberfläche besonders hart und flach oder leicht »topografisch« erscheinen. Am erstaunlichten ist der Einfluss des Wetters auf das graue Material, welches bei bedecktem Himmel silbern und merkwürdig metallisch, golden bei Sonnenuntergang und violett und purpurn bei Dämmerung wirkt, um nachts schließlich ganz zu verschwinden und gelb erleuchtete Fensterbänder zu hinterlassen. Ähnliche Motive auf Glas interagieren mit jenen auf dem Beton, wodurch sich die beiden Materialien in ihrem Zusammenspiel von Mustern und Tiefe verbinden.

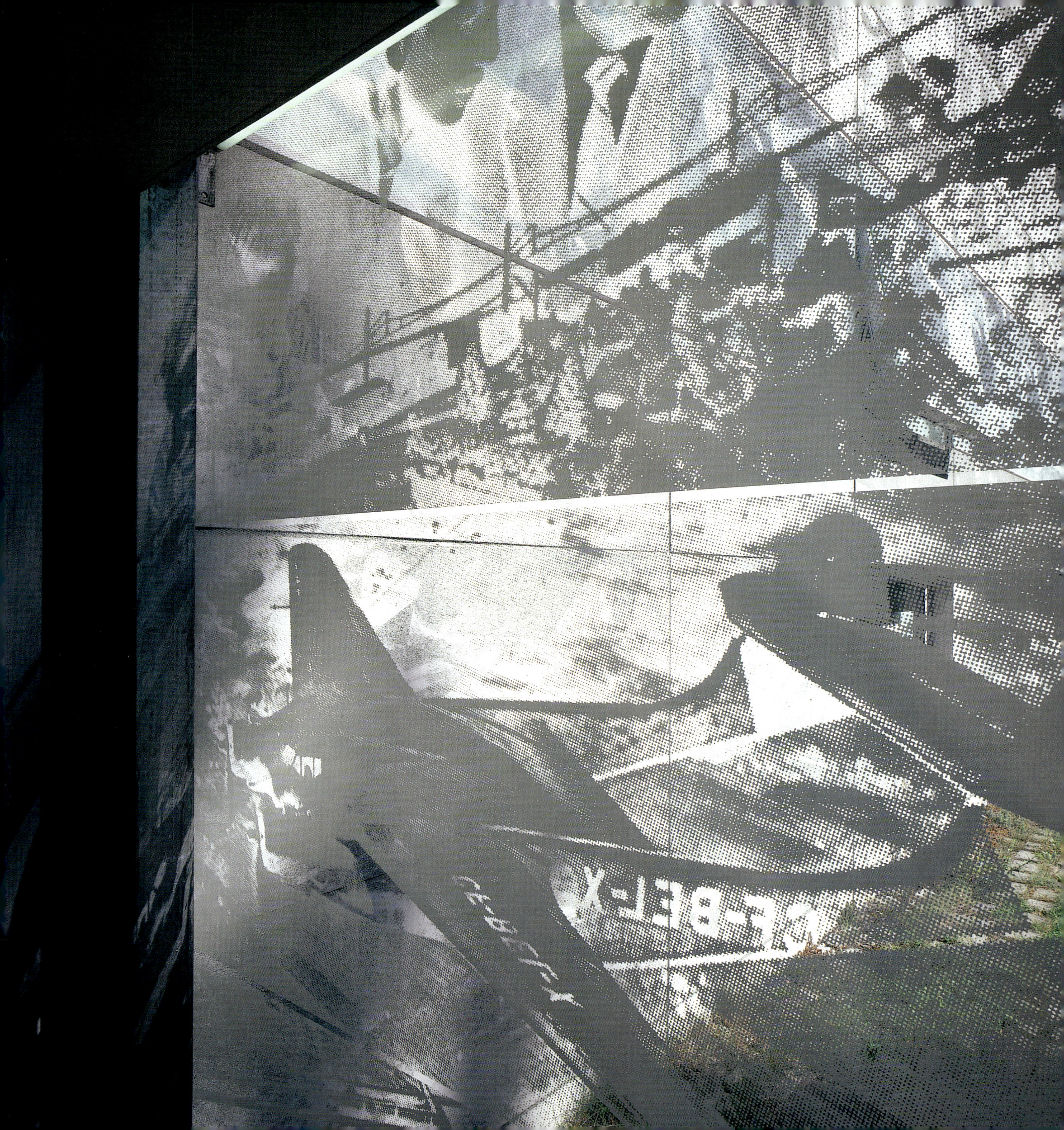

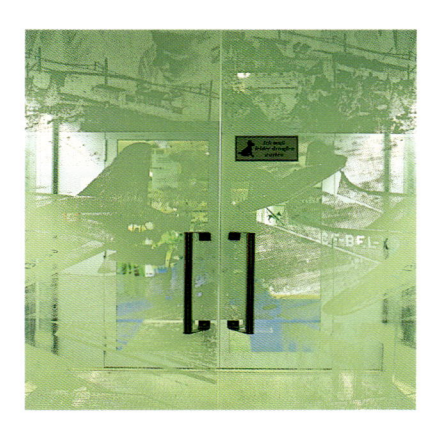

Große Bilder, diese und gegenüberliegende Seite: Bedruckter Beton bei wechselndem Licht
Kleine Bilder (von links nach rechts): Detail der Glastüren; Detail der Wand aus Glas und Beton;
Eingang nachts

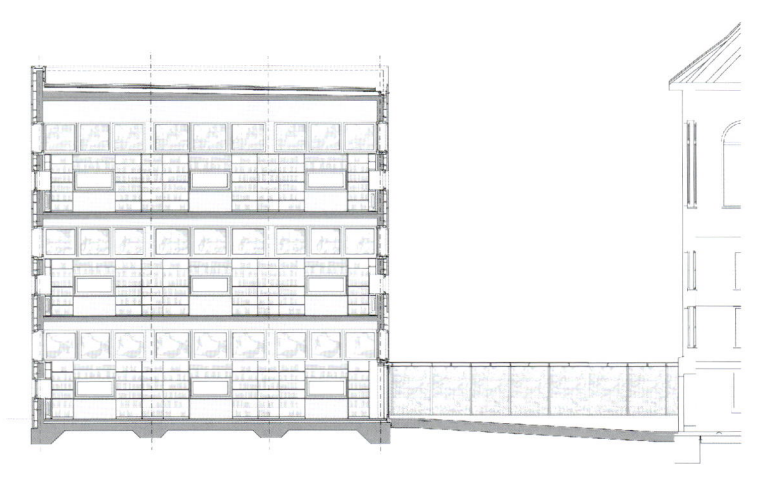

Kleine Bilder (von links nach rechts):
Außenansicht bei Dämmerung; Querschnitt

LUMINESZENZ 229

Oberlicht mit abstrahiertem Kreuz über dem Altar
Rechte Seite: Alabasterfenster des Chorumganges, eingerahmt von den Betonwänden der Kapellen

Cathedral of our Lady of the Angels, Kalifornien, USA
Rafael Moneo

Der bei dieser Kathedrale in Los Angeles (2003) eingesetzte Alabaster transportiert eine zusätzliche spirituelle Dimension – analog zu farbigem Glas, dessen Verbindung von Licht und Farbe die Fenster gotischer Kathedralen mit einem heiligen Sinn ausstattete, ebenso wie von der Jungfrau Maria angenommen wurde, dass sie einen Lichtstrahl von Gott empfangen habe. Und dennoch setzt der Architekt den Alabaster – obwohl er dem Innenraum eine herrliche Atmosphäre verleiht, die mit dem erdfarbenen Beton harmoniert und gar von ihm auszugehen scheint – anders als das mittelalterliche Glas ein. Er enthält keine ikonografischen Darstellungen und spielt, wie abstrakte Kunst, eher die materielle als die formale Seite des Lichtes aus. Tief in dem Stein findet sich ein Strahlen, das nicht von religiösen Dogmen, sondern von mineralischen Farbtönen und Ablagerungen bestimmt wird, deren irdische wie himmlische Fusion der Kirche eine pantheistische Note gibt, in der das Übernatürliche mit dem Natürlichen versöhnt wird.

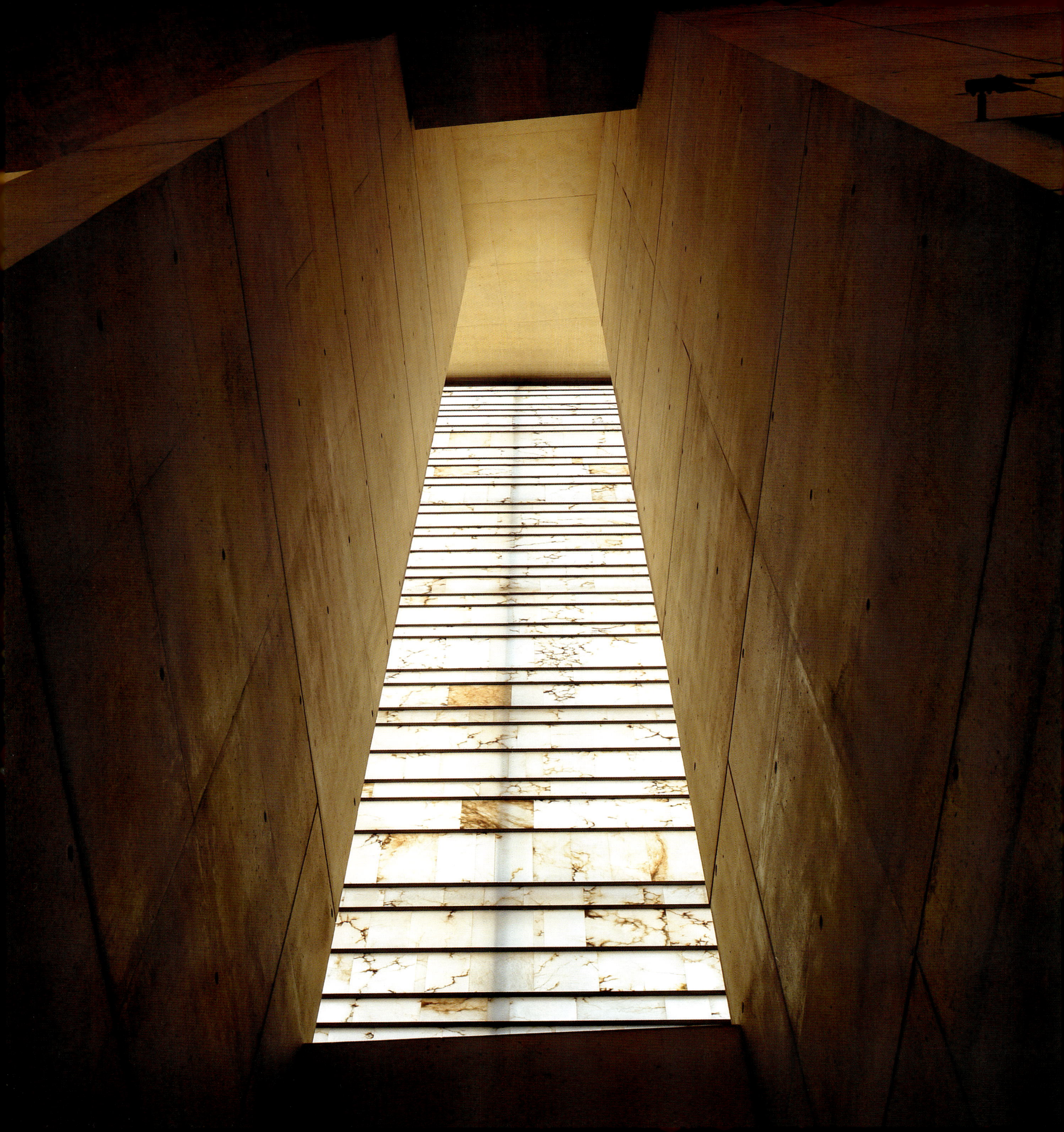

Blick vom Kirchenschiff Richtung Altar im Osten

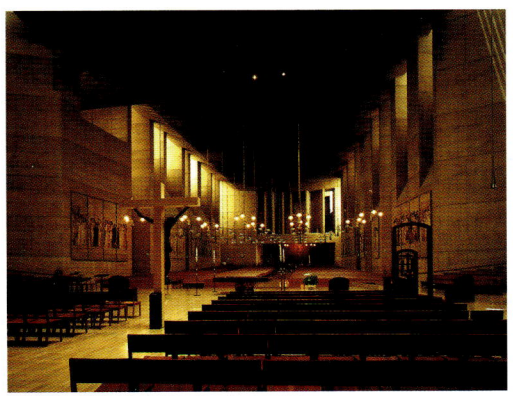

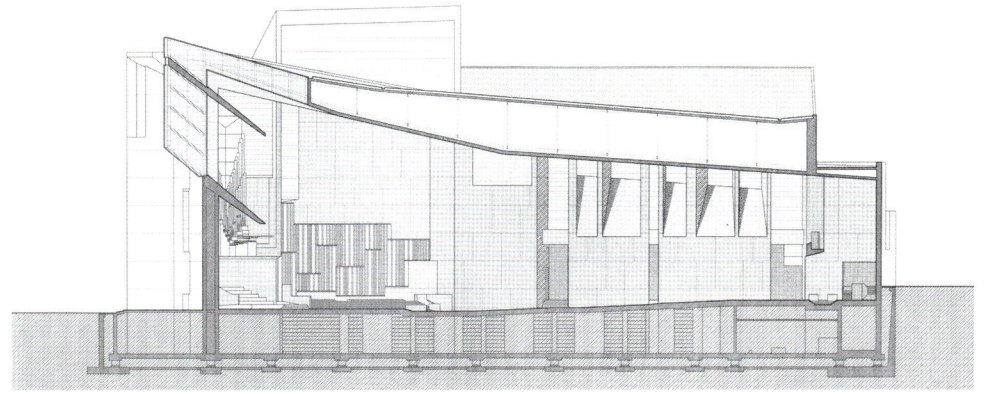

Großes Bild: Seitliche Kapellen mit Rampe zum Kirchenschiff
Kleine Bilder (von links nach rechts): Blick vom Kirchenschiff in
Richtung Westen; Längsschnitt

LUMINESZENZ 233

Detail der Altarwand
Rechte Seite: Allerheiligstes und Altarraum

Kirche St. Franziskus, Österreich Riepl Riepl

Die liturgische Bedeutung der Altarwand dieser Kirche in Steyr (2001) wird durch vertikales Licht von oben betont. In dieser Beleuchtung tauchen zarte Schatten auf, die die leichte Wölbung der glatten Sperrholzplatten hervorheben und der Oberfläche ein vibrierendes Glänzen verleihen, das je nach Wetter oder Tageszeit zu- oder abnimmt. Die Komplexität dieses wechselhaften Glanzes wird gesteigert durch Licht aus anderen Richtungen, besonders aus Bodenschlitzen, die Licht nach *oben* reflektieren und herrliche Gegenschatten auf das Holz werfen.

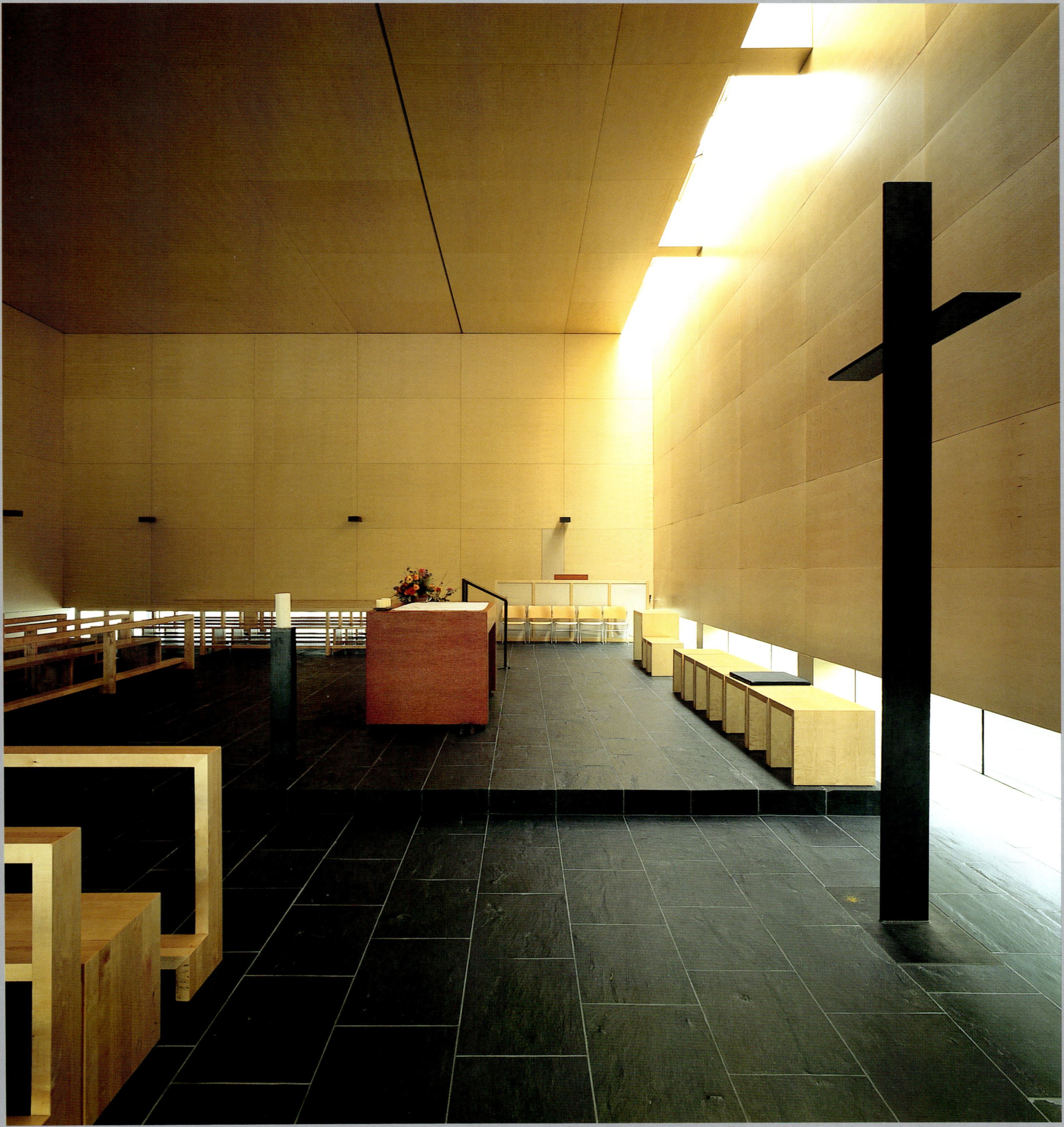

Deckendetail
Rechte Seite: Altar

Katholisches Gemeindezentrum, Deutschland
Cheret + Bozic

Der unscheinbare und unbehandelte Charakter von industriellem Sperrholz, der so roh wie möglich belassen wurde, ist in dieser Kirche in Sontheim (1998) eine Quelle assoziativer Potenziale. Das Gebäude besitzt eine Kuppel in Wabenstruktur aus Sperrholz, die nur zenitales Licht durchlässt. Wenn Licht durch die Waben fällt, streift es über raue Holzlagen und betont ihre Struktur mit einem Spiel aus Licht und Schatten. Gleichzeitig hebt es die Farbe des Holzes hervor und verleiht den Waben ein warmes, freundliches Leuchten. Da das Licht in den Hohlkammern – die je nach Tiefe in der Helligkeit variieren – gefangen ist, scheint die poröse Struktur selbst zu leuchten. Die wirkliche poetische Kraft dieser Kirche liegt jedoch darin, dass es gelungen ist, ein solch bescheidenes, alltägliches Material zu einer Quelle des Staunens zu machen. Gerade durch die Betonung seiner praktischen Gebrauchseigenschaften kann Sperrholz hier zu etwas so Neuem und Überraschendem werden und vermag als Gegenstand der Betrachtung so assoziativ zu wirken. Der künstlerische Eingriff hat eines der unscheinbarsten architektonischen Materialien zu einem vielsagenden Ausdrucksmittel gemacht.

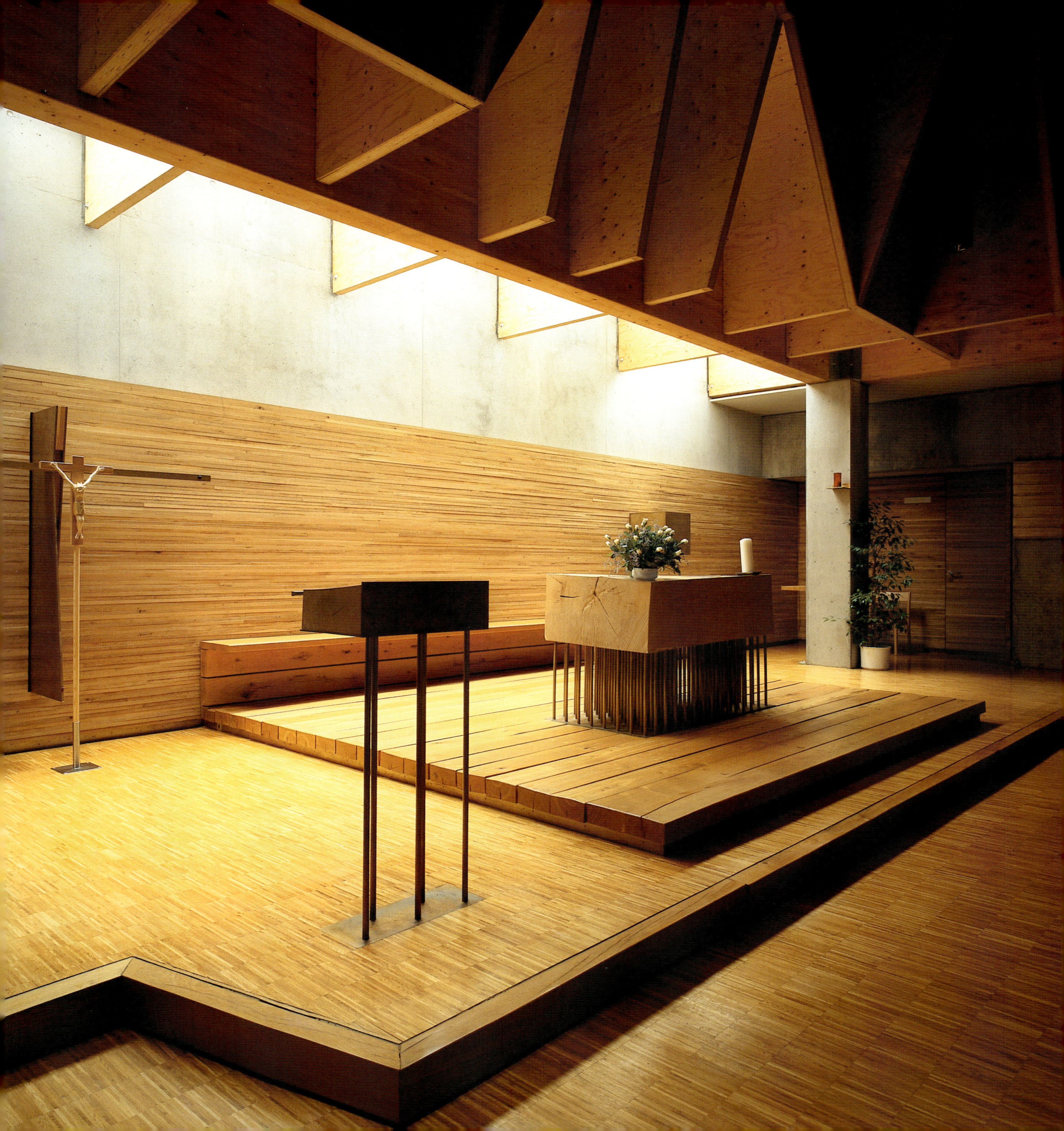

Sperrholzdecke

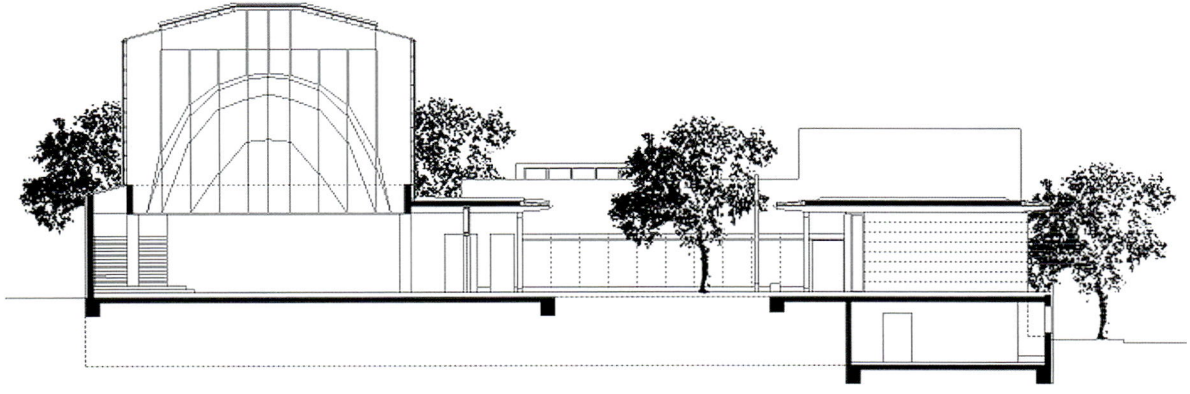

Von oben nach unten: Innenansicht mit Altar zur Rechten; Längsschnitt

LUMINESZENZ 239

Eingang
Rechte Seite: Decke

Caplutta Sogn Benedetg, Schweiz Peter Zumthor

In der Kirche in Sumvitg (1988) wurden verschiedene Maßnahmen ergriffen, um Holz einen strahlenden Ausdruck zu verleihen. Da das Material nicht selbst über eine Lumineszenz verfügt, wurde ihm diese durch aufeinanderfolgende Kontraste vermittelt. Nach den dunklen, wettergeschwärzten Holzschindeln auf der Außenseite scheint das lichte Holz des Eingangsbereiches viel heller – eine Entwicklung, die sich im Inneren in noch helleren Dielen fortsetzt und ihren Höhepunkt in den fast weißen Kirchenbänken findet. Die Helligkeit des Bodens wird durch die Gegenüberstellung mit einer umlaufenden Schattenkante noch weiter gesteigert, was zu einem Hell-dunkel-Effekt führt, der sich in dem nimbierten und verschatteten Holzdach wiederholt und die Dachstreben als ein Maßwerk aus Rippen visuell unterstreicht. Der i-Punkt in dieser Abstufung ist die Lumineszenz der Silberfarbe an den Innenseiten der Außenwände, deren Reflexionen durch die Schatten der davorstehenden Stützen und das Licht aus den hoch liegenden Fenstern verzerrt werden, und somit den Raum mit etwas einhüllen, das der Architekt als ein »abstraktes Panorama aus Licht und Schatten« bezeichnet.

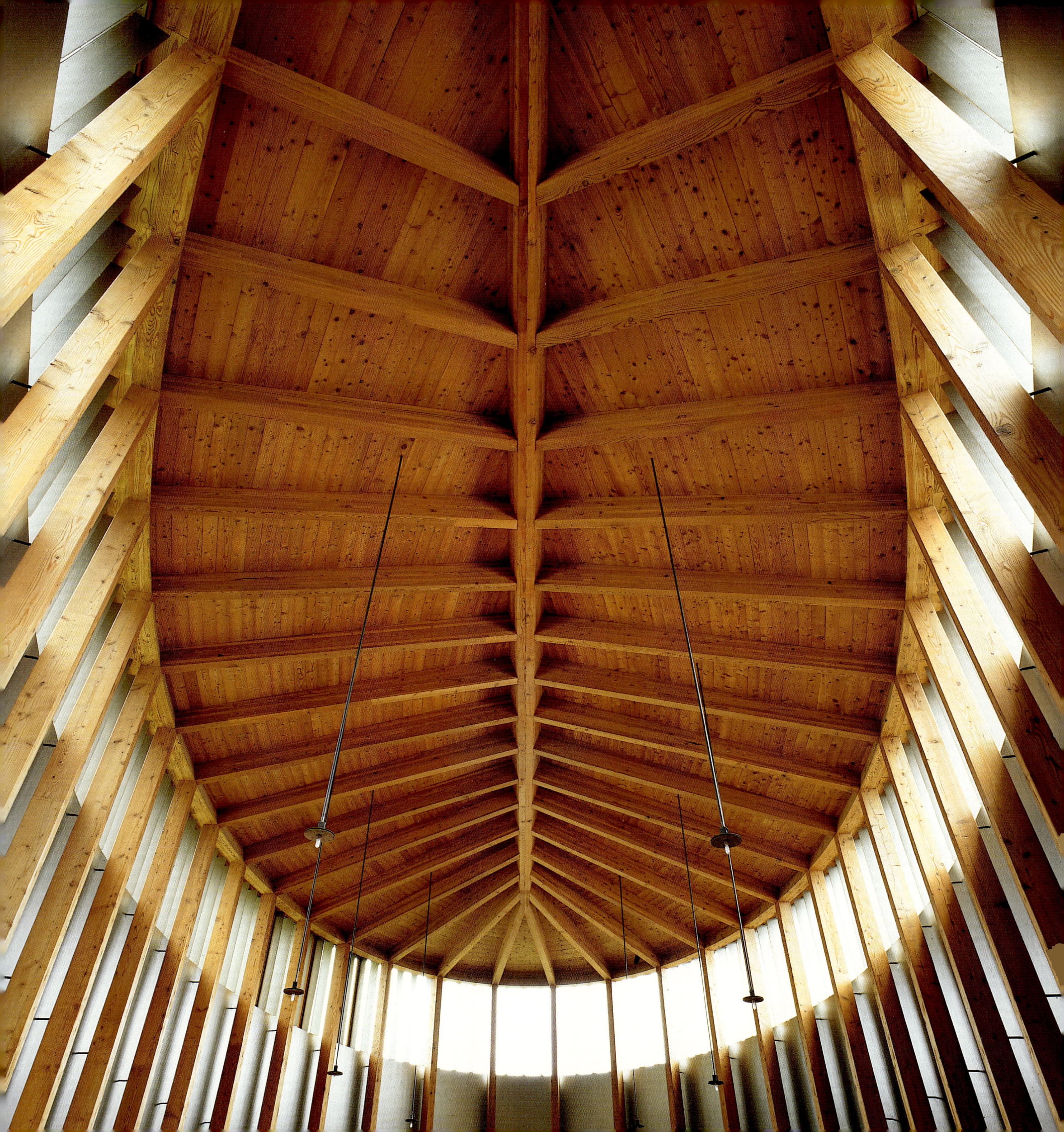

Deckendetail

Blick vom Eingang

Eckdetail
Rechte Seite: Blick vom Eingang in die Kapelle

Kapelle in Tirschenreuth, Deutschland
Brückner & Brückner

In den erstaunlich einfachen und doch wunderbaren Kubus dieser Kapelle in Bayern (2000) fällt das Licht durch eine Reihe von vertikalen Wandschlitzen, wobei es sofort durch transluzente Glasvisiere, welche die Fenster schließen und überlappen, diffus gestreut wird. Dadurch wird es weicher und verteilt sich wie eindringender Nebel im Raum. Das sanfte Licht fällt aus einer Reihe von Öffnungen auf mit Aluminiumfarbe gestrichene Wände, deren glatte Textur und farblose Tönung dem Glas ähneln und mit ihm harmonisieren. Das Resultat ist, in den Worten der Architekten, dass der gesamte Raum »zu Licht schmilzt und phosphoreszierend wird.«

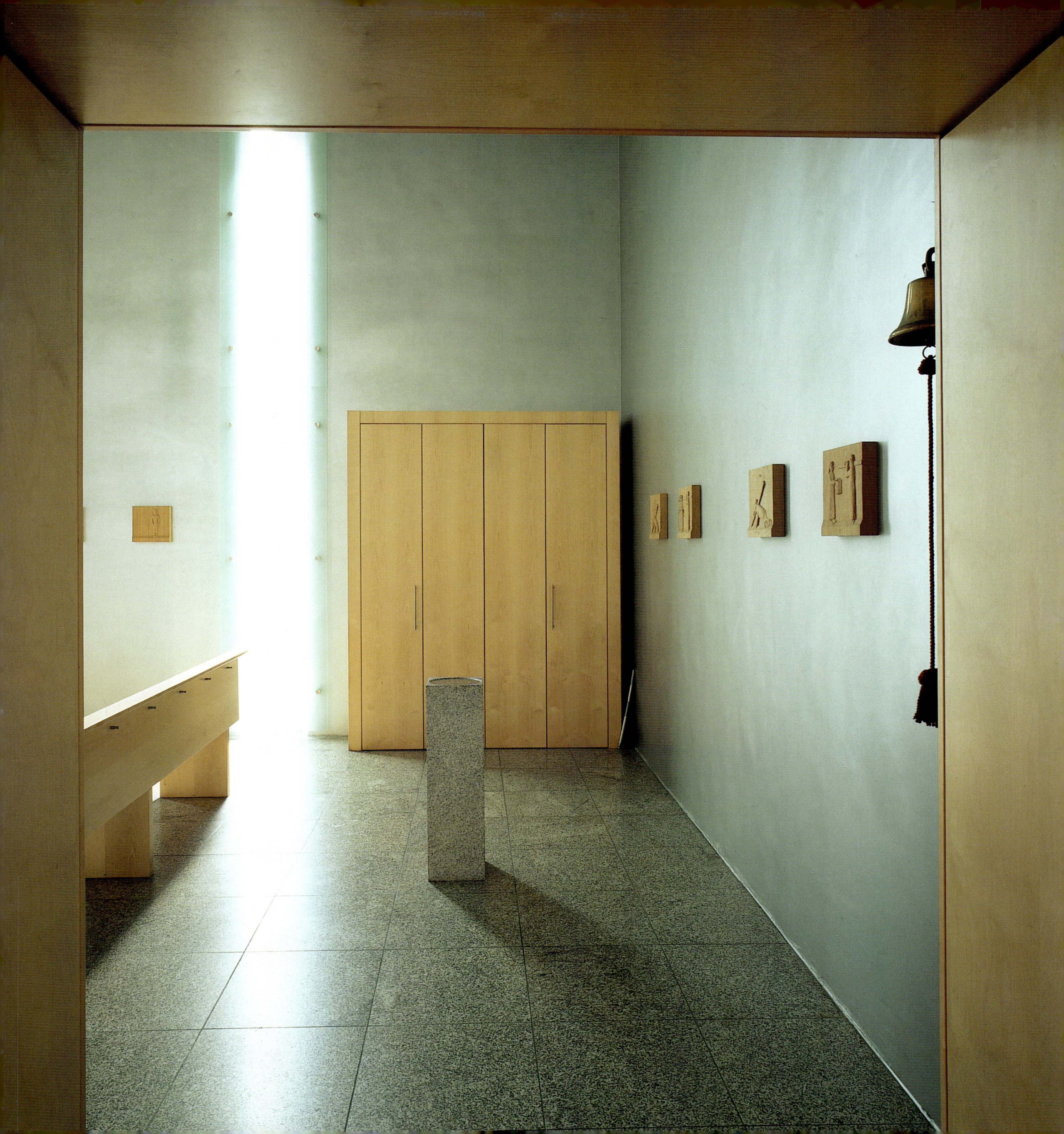

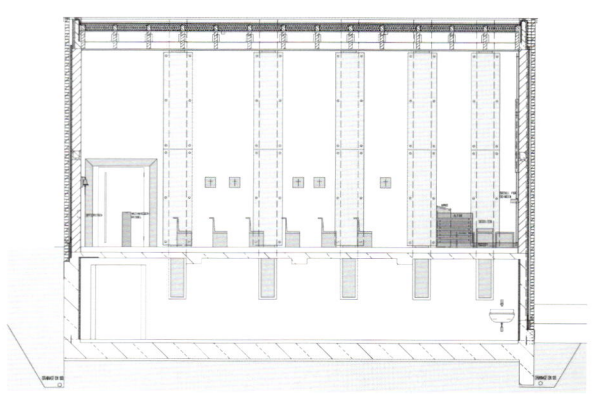

Von oben nach unten: Wanddetail; Längsschnitt

246 **LUMINESZENZ**

Innenansicht mit Blickrichtung zum Altar

Zusammentreffen der gekurvten Edelstahlplatten
Rechte Seite: Reflexionen benachbarter Stahlbögen

Walt Disney Concert Hall, Kalifornien, USA Frank Gehry

Um die blendenden Reflexionen der kalifornischen Sonne auf dieser Konzerthalle in Los Angeles (2003) zu reduzieren, ließ Gehry die gebogenen Edelstahlpaneele in unterschiedlichen Richtungen bürsten, was zu einem sanften Glanz führt und Blendlicht mildert. Jedes der Paneele, die von Aluminiumrahmen auf einer Stahlunterkonstruktion gehalten werden, hat eine andere Biegung, was insgesamt den Eindruck von aufgeblähten, dreidimensionalen Segeln entstehen lässt. Im Unterschied zu Gehrys Guggenheim Museum in Bilbao sind die »Metallsegel« hier geglättet worden und haben saubere Nähte, um die Durchgängigkeit der Lichtabstufungen zu optimieren. Dies betont eher die Plastizität als die Lichttextur. Mittels matter Reflexionen wird zusätzliche Tiefe erzeugt. Trotz ihrer Strahlkraft werfen die gekurvten Stahlplatten faszinierende, verzerrte Eindrücke von Himmel und Stadt sowie abprallendes Licht zwischeneinander hin und her. Besonders verführerisch sind die amorphen Reflexionen dort, wo eine Platte das Licht der nächsten, oft verborgenen Fläche aufnimmt und ein traumhaftes Leuchten erzeugt, das den Blick unter die Oberfläche und sogar in das Material hineinzieht.

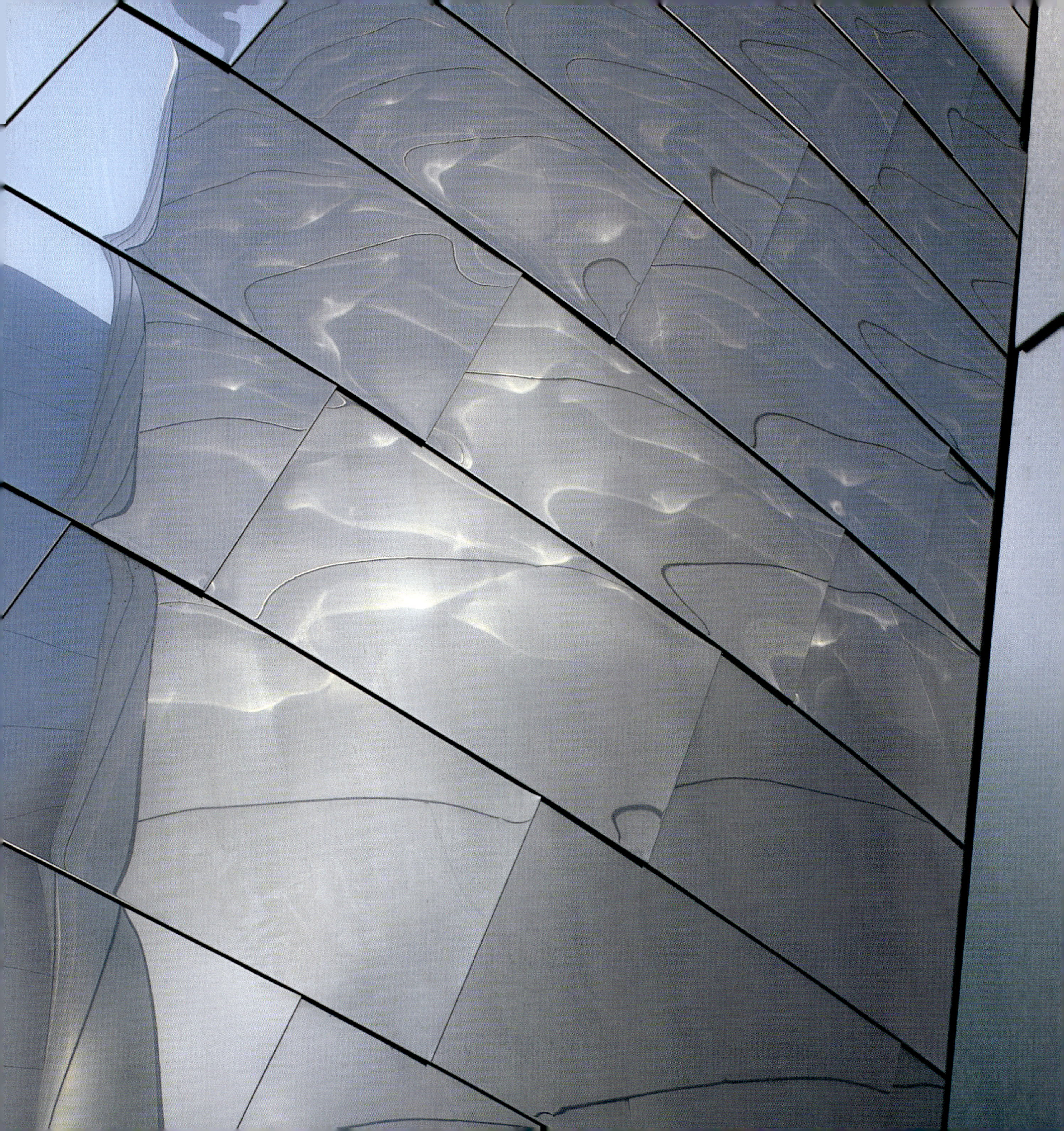

Außenansicht mit Fenster

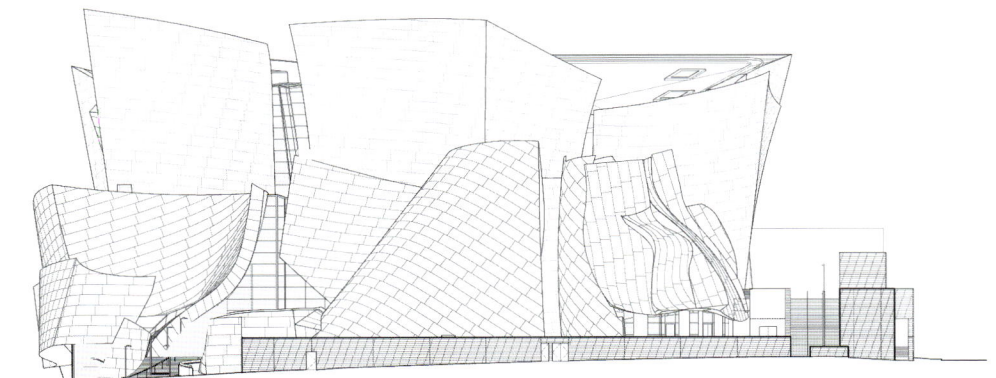

Von oben nach unten: Reflexionen von Himmel und Garten auf dem Edelstahl; Ansicht

LUMINESZENZ 251

ANMERKUNGEN

1 M. Minnaert, *Light and Colour in the Open Air*, London, 1937.

2 E. Husserl, *Ideen zu einer reinen Phänomenologie und phänomenologischen Philosophie. Erstes Buch: Allgemeine Einführung in die reine Phänomenologie*, Tübingen 1993.

3 G. Bachelard, *Poetik des Raumes*, Frankfurt a.M. 1987, S. 54, 104ff., 144ff., 30ff., 57, 67; Ders. *Die Flamme einer Kerze*, München 1988, S. 12.

4 S.E. Rasmussen, *Experiencing Architecture*, Cambridge, Massachusetts 1959, S. 186–214.

5 M. Heidegger, *Poetry, Language, Thought*, New York 1971; M. Merleau-Ponty, *Phänomenologie der Wahrnehmung*, Berlin 1974.

6 C. Norberg-Schulz, *Genius Loci. Landschaft – Lebensraum – Baukunst*, Stuttgart 1982, S. 5ff., 14, 54ff.

7 Vgl. zum Beispiel mein Bücher *Poetics of Light*, Tokio 1987, *Light in Japanese Architecture*, Tokio 1995, und *Masters of Light: Twentieth-Century Pioneers*, Tokio 2003.

8 J. Pallasmaa, *The Eyes of the Skin: Architecture and the Senses*, London 1996.

9 S. Holl / J. Pallasmaa / A. Pérez-Gómez, *Questions of Perception: Phenomenology of Architecture*, Tokio 1994, S. 63.

10 P. Zumthor, *Architektur Denken*, Baden 1998, S. 8; Ders., *Atmosphären*, Basel/Boston/Berlin 2006, S. 61f.

11 A. Campo Baeza, *La idea construída*, Madrid 2002, S. 21.

12 Bachelard, *Poetik des Raumes*, a.a.O., S. 71.

13 M. Eliade, *Das Heilige und das Profane. Vom Wesen des Religiösen*, Frankfurt a. M. 1998, S. 14ff.

14 J.N. Lockyer, *The Dawn of Astronomy*, Cambridge, Massachusetts 1964; G.S. Hawkins, *Stonehenge Decoded*, Garden City / New York 1965.

15 D.T. Suzuki, *Zen and Japanese Culture*, Princeton 1959, S. 380f.

16 H. Bergson, »Materie und Gedächtnis«, in: Ders., *Materie und Gedächtnis – und andere Schriften*, Düsseldorf/Köln 1964, S. 43–246, hier: S. 210.

17 Ebenda, S. 73.

18 S.K. Langer, *Feeling and Form: A Theory of Art*, New York 1953, S. 109, 112.

19 Ebenda, S. 112f.

20 Ebenda, S. 110.

21 Merleau-Ponty, *Phänomenologie der Wahrnehmung*, a.a.O., S. 93.

22 A. Tarkovsky, *Die versiegelte Zeit. Gedanken zur Kunst, zur Ästhetik und Poetik des Films*, München 2000, S. 130.

23 Aus einem Interview des Autors mit Juha Leiviskä am 3. März 1996.

24 M. Picard, *Die Welt des Schweigens*, Frankfurt a. M. / Hamburg 1959, S. 117.

25 W. Benjamin, »Das Kunstwerk im Zeitalter seiner technischen Reproduzierbarkeit«, in: R. Tiedemann / H. Schweppenhäuser (Hrsg.), *Walter Benjamin. Gesammelte Schriften*, Frankfurt a.M. S. 474–508, hier: S. 499.

26 J. Walsh (Hrsg.), *Bill Viola: The Passions*, Los Angeles 2003, S. 212.

27 Ebenda, S. 214.

28 S. Holl, *The Chapel of St Ignatius*, New York 1999, S. 92; Walsh (Hrsg.), *Bill Viola: The Passions*, a.a.O., S. 214.

29 Die lichtbrechende Eigenschaft von dichroitischem Glas resultiert aus dem Aufbringen von sehr dünnen Metalloxid-Beschichtungen im Mikrobereich, die wahlweise Licht verschiedener Wellenlängen durchlassen oder reflektieren.

30 E.N. Bacon, *Design of Cities*, New York 1967, S. 19f.

31 Le Corbusier, *Oeuvre Complète*, Band 1, Zürich 1943, S. 60.

32 G. Cullen, *The Concise Townscape*, London 1961, S. 9, 17–20, 106–110.

33 W.C. Williams, *Selected Essays*, New York 1954, S. 307.

34 R. Creeley (Hrsg.), *Selected Writings of Charles Olson*, New York 1966, S. 15–17.

35 M. Heizer, »The Art of Michael Heizer«, in: *Artforum*, Dezember 1969.

36 G. Vattimo, *The End of Modernity: Nihilism and Hermeneutics in Postmodern Culture*, Baltimore 1991, S. 85f.

37 A. Tarkovsky, *Sculpting in Time: Reflections on the Cinema*, Austin 1986, S. 57ff., 117.

38 G. Tinazzi, »The Gaze and the Story«, in: M. Antonioni, *The Architecture of Vision: Writings and Interviews on Cinema*, New York 1996, S. xxiv.

39 Vgl. D. Sharp (Hrsg.), *Glass Architecture by Paul Scheerbart and Alpine Architecture by Bruno Taut*, New York 1972.

40 Eine wichtige Manifestation dieser Entwicklung war die Ausstellung *Light Construction* im Museum of Modern Art in New York 1995; dokumentiert in T. Riley, *Light Construction* (Ausstellungskatalog), New York 1995.

41 J. Starobinski, *Das Leben der Augen*, Frankfurt a. M/Berlin/Wien 1984, S. 5f.

42 Walsh (Hrsg.), *Bill Viola: The Passions*, a.a.O., S. 218.

43 G. Bachelard, *Air and Dreams: An Essay on the Imagination of Movement*, Dallas 1988, S. 43.

44 I. Calvino, *Sechs Vorschläge für das nächste Jahrtausend*, München/Wien 1991, S. 28.

45 R.P. Feynman, *QED: The Strange Theory of Light and Matter*, Princeton 1985, S. 17, 109.

46 L.V. Hau, »Frozen Light«, in: *Scientific American*, 285:1, 2001, S. 66–73.

47 Calvino, *Sechs Vorschläge für das nächste Jahrtausend*, a.a.O., S. 23f.

48 Ebenda, S. 24, 31.

49 M. Kundera, *Die unerträgliche Leichtigkeit des Seins*, Frankfurt a.M. 1992, S. 35.

50 B.B. Mandelbrot, *The Fractal Geometry of Nature*, New York 1977, S. 1.

51 Calvino, *Sechs Vorschläge für das nächste Jahrtausend*, a.a.O., S. 16.

52 Ebenda, S. 48.

53 W.C. Williams, »The Broken Vase«, unveröffentlichtes Manuskript in der Yale Library Collection of American Literature.

54 W. Kandinsky, *Concerning the Spiritual in Art*, New York 1947, S. 36.

55 S. Holl, *Parallax*, New York 2000, S. 305.

56 Le Corbusier, *The Radiant City*, New York 1967, S. 129; Le Corbusier, *Die Charta von Athen*, Braunschweig 1984, S. 126.

57 Picard, *Die Welt des Schweigens*, a.a.O., S. 9, 115.

58 J. Tanizaki, *Lob des Schattens*, Zürich 1987, S. 34.

59 Zumthor, *Atmosphären*, a.a.O., S. 59f.

60 Über *Tintinnabuli* schreibt Arvo Pärt: »Da bin ich alleine mit Schweigen. Ich habe entdeckt, daß es genügt, wenn ein einziger Ton schön gespielt wird. Dieser eine Ton, die Stille oder das Schweigen beruhigen mich. Ich arbeite mit wenig Material, mit einer Stimme, mit zwei Stimmen. Ich baue aus primitivstem Stoff, aus einem Dreiklang, einer bestimmten Tonalität. Die drei Klänge eines Dreiklangs wirken glockenähnlich. So habe ich es Tintinnabuli genannt.« A. Pärt, Zitat aus der CD-Hülle von *Tabula Rasa* (ECM, 1984) und in P. Hillier, *Arvo Pärt*, Oxford 1997, S. 87.

61 A. Pärt, Zitat aus der der CD-Hülle von *Für Alina* (ECM, 1976).

62 »Annette Gigon Mike Guyer 1989–2000, The Variegated Minimal«, Sondernummer von *El Croquis*, 102, 2000, S. 21.

63 O. Paz, »Chillida – vom Eisen zum Licht«, in: *Eduardo Chillida – Skulpturen* (Ausstellungskatalog), Hannover 1981, S. 21.

64 »Herzog & de Meuron 1983–1993«, Sondernummer von *El Croquis*, 60, 1994, S. 15, 23.

65 Aus einer unveröffentlichten Schrift von Rafael Moneo, April 1993.

66 P. Zumthor, *Drei Konzepte*, Basel/Boston/Berlin 1997, S. 11; Ders., *Architektur Denken*, a.a.O., S. 10.

67 Zumthor, *Atmosphären*, a.a.O., S. 61.

68 C. van Bruggen, *Frank O. Gehry: Guggenheim Museum Bilbao*, New York 1997, S. 141.

BIBLIOGRAFIE

C. Adock, *James Turrell: The Art of Light and Space*, Berkeley 1990.
G. Bachelard, *Air and Dreams: An Essay on the Imagination of Movement*, Dallas 1988.
——, *Die Flamme einer Kerze*, München 1988.
——, *Poetik des Raumes*, Frankfurt a.M. 1987.
E.N. Bacon, *Design of Cities*, New York 1967.
W. Benjamin, »Das Kunstwerk im Zeitalter seiner technischen Reproduzierbarkeit«, in: R. Tiedemann / H. Schweppenhäuser (Hrsg.), *Walter Benjamin. Gesammelte Schriften*, Frankfurt a.M. S. 474–508.
H. Bergson, »Materie und Gedächtnis«, in: Ders., *Materie und Gedächtnis – und andere Schriften*, Düsseldorf/Köln 1964, S. 43–246.
W. Bragg, *The Universe of Light*, New York 1959.
C. van Bruggen, *Frank O. Gehry: Guggenheim Museum Bilbao*, New York 1997.
I. Calvino, *Sechs Vorschläge für das nächste Jahrtausend*, München/Wien 1991.
A. Campo Baeza, *La idea construída*, Madrid 2002.
Le Corbusier, *Die Charta von Athen*, Braunschweig 1984.
——, *Oeuvre Complète*, Band 1, Zürich 1943.
——, *The Radiant City*, New York 1967.
R. Creeley (Hrsg.), *Selected Writings of Charles Olson*, New York 1966.
G. Cullen, *The Concise Townscape*, London 1961.
M. Eliade, *Das Heilige und das Profane. Vom Wesen des Religiösen*, Frankfurt a. M. 1998.
D.S. Falk / D.R. Brill / D.G. Stork, *Seeing the Light: Optics in Nature, Photography, Color, Vision, and Holography*, New York 1986.
R.P. Feynman, *QED: The Strange Theory of Light and Matter*, Princeton 1985.
»Annette Gigon Mike Guyer 1989–2000, The Variegated Minimal«, Sondernummer von *El Croquis*, 102, 2000.
L.V. Hau, »Frozen Light«, in: *Scientific American*, 285:1, 2001.
G.S. Hawkins, *Stonehenge Decoded*, Garden City/New York 1965.
M. Heidegger, *Poetry, Language, Thought*, New York 1971.
M. Heizer, »The Art of Michael Heizer«, in: *Artforum*, Dezember 1969.
»Herzog & de Meuron 1983–1993«, Sondernummer von *El Croquis*, 60, 1994.
P. Hillier, *Arvo Pärt*, Oxford 1997.
S. Holl, *The Chapel of St Ignatius*, New York 1999.
——, *Parallax*, New York 2000.
S. Holl / J. Pallasmaa / A. Pérez-Gómez, *Questions of Perception: Phenomenology of Architecture*, Tokio 1994.
E. Husserl, *Ideen zu einer reinen Phänomenologie und phänomenologischen Philosophie. Erstes Buch: Allgemeine Einführung in die reine Phänomenologie*, Tübingen 1993.
W. Kandinsky, *Concerning the Spiritual in Art*, New York 1947.
G. Kepes, *Light as a Creative Medium*, Cambridge, Massachusetts 1964.
M. Kundera, *Die unerträgliche Leichtigkeit des Seins*, Frankfurt a.M. 1992.

S.K. Langer, *Feeling and Form: A Theory of Art*, New York 1953.
J.N. Lockyer, *The Dawn of Astronomy*, Cambridge, Massachusetts 1964.
B.B. Mandelbrot, *The Fractal Geometry of Nature*, New York 1977.
M. Merleau-Ponty, *Phänomenologie der Wahrnehmung*, Berlin 1974.
M. Minnaert, *Light and Colour in the Open Air*, London 1937. Neu aufgelegt als *Light and Colour in the Outdoors*, New York 1993.
C. Norberg-Schulz, *Genius Loci. Landschaft – Lebensraum – Baukunst*, Stuttgart 1982.
J. Pallasmaa, *The Eyes of the Skin: Architecture and the Senses*, London 1996.
D. Park, *The Fire within the Eye: A Historical Essay on the Nature and Meaning of Light*, Princeton 1977.
A. Pärt, Zitat aus der CD-Hülle zu *Für Alina* (ECM, 1976).
——, Zitat aus der CD-Hülle zu *Tabula Rasa* (ECM, 1984).
O. Paz, »Chillida – vom Eisen zum Licht«, in: *Eduardo Chillida – Skulpturen* (Ausstellungskatalog), Hannover 1981.
M. Picard, *Die Welt des Schweigens*, Frankfurt a. M./Hamburg 1959.
H. Plummer, *Poetics of Light*, Tokio 1987.
——, *Light in Japanese Architecture*, Tokio 1995.
——, *Masters of Light: Twentieth-Century Pioneers*, Tokio 2003.
S.E. Rasmussen, *Experiencing Architecture*, Cambridge, Massachusetts 1959.
T. Riley, *Light Construction* (Ausstellungskatalog), New York 1995.
D. Sharp (Hrsg.), *Glass Architecture by Paul Scheerbart and Alpine Architecture by Bruno Taut*, New York 1972.
J. Starobinski, *Das Leben der Augen*, Frankfurt a. M/Berlin/Wien 1984.
D.T. Suzuki, *Zen and Japanese Culture*, Princeton 1959.
J. Tanizaki, *Lob des Schattens*, Zürich 1987.
A. Tarkovsky, *Die versiegelte Zeit. Gedanken zur Kunst, zur Ästhetik und Poetik des Films*, München 2000.
G. Tinazzi, »The Gaze and the Story«, in: M. Antonioni, *The Architecture of Vision: Writings and Interviews on Cinema*, New York 1996.
G. Vattimo, *The End of Modernity: Nihilism and Hermeneutics in Postmodern Culture*, Baltimore 1991.
J. Walsh (Hrsg.), *Bill Viola: The Passions*, Los Angeles 2003.
W.C. Williams, *Selected Essays*, New York 1954.
——, »The Broken Vase«, unveröffentlichtes Manuskript in der Yale Library Collection of American Literature.
A. Zajonc, *Catching the Light: The Entwined History of Light and Mind*, New York 1933.
P. Zumthor, *Atmosphären*, Basel/Boston/Berlin 2006.
——, *Architektur Denken*, Baden 1998.
——, *Drei Konzepte*, Basel/Boston/Berlin 1997.

ARCHITEKTENINFORMATIONEN

Allmann Sattler Wappner
Herz-Jesu-Kirche, S. 160
Nymphenburger Straße 125
80636 München, Deutschland
info@allmannsattlerwappner.de
www.allmannsattlerwappner.de

Tadao Ando
Wassertempel, S. 24; *Church of Light*, S. 190; *Ito House*, S. 224
Osaka, Japan
www.andotadao.com

BAAS
Städtisches Leichenschauhaus León, S. 166
Montserrat de Casanovas 105
08032 Barcelona, Spanien
baas@jordibadia.com
www.jordibadia.com

Brückner & Brückner
Kapelle in Tirschenreuth, S. 244
Franz-Böhm-Gasse 2
95643 Tirschenreuth, Deutschland
mail@architektenbrueckner.de
www.architektenbrueckner.de

Veitshöchheimer Straße 14
97080 Würzburg, Deutschland
mail-wue@architektenbrueckner.de

Alberto Campo Baeza
Asencio-Haus, S. 36; *Guerrero-Haus*, S. 40
Estudio Arquitectura Campo Baeza
Almirante 9, 2 izq
28004 Madrid, Spanien
estudio@campobaeza.com
www.campobaeza.com

James Carpenter Design Associates
Sweeney Chapel, S. 48
145 Hudson Street, 4th Floor
New York, New York 10013, USA
info@jcdainc.com
www.jcdainc.com

Cheret + Bozic
Katholisches Gemeindezentrum, S. 236
Nägelestraße 7
70597 Stuttgart, Deutschland
buero@cheret-bozic.de
www.cheret-bozic.de

Sverre Fehn
Ivar-Aasen-Zentrum, S. 74
Oslo, Norwegen

Carlos Ferrater
Auditorium und Konferenzzentrum, S. 156
C/Balmes, 145 bajos
08008 Barcelona, Spanien
carlos@ferrater.com
www.ferrater.com

Norman Foster
Carré d'Art, S. 170
Foster + Partners
Riverside, 22 Hester Road
London SW11 4AN, UK
enquiries@fosterandpartners.com
www.fosterandpartners.com

Frank Gehry
Walt Disney Concert Hall, S. 248
Gehry Partners
12541 Beatrice Street
Los Angeles, California 90066, USA
www.foga.com

Heikkinen-Komonen Architects
Rovaniemi Airport Terminal, S. 122
Kristianinkatu 11–13
00170 Helsinki, Finnland
ark@heikkinen-komonen.fi
www.heikkinen-komonen.fi

Herzog & de Meuron
Bibliothek IKMZ, S. 88; *Fabrik- und Lagergebäude der Firma Ricola*, S. 98; *Dominus Winery*, S. 134; *Bibliothek Fachhochschule Eberswalde*, S. 226
Rheinschanze 6
Basel, Schweiz
info@herzogdemeuron.ch

Steven Holl Architects
Chapel of St Ignatius, S. 44; *Bloch Building*, S. 64
450 West 31st Street, 11th floor
New York, New York 10001, USA
nyc@stevenholl.com

1 Xiangheyuan Road, Wanguocheng
Building 1-106, Dongcheng District
Peking 100028, China
beijing@stevenholl.com
www.stevenholl.com

Jensen & Skodvin
Mortensrud-Kirche, S. 164
Fredensborgveien 11
0177 Oslo, Norwegen
office@jsa.no
http://jsa.no

Fay Jones
Thorncrown Chapel, S. 140; *Mildred B. Cooper Memorial Chapel*, S. 144
www.fayjones.org

Rem Koolhaas
Niederländische Botschaft, S. 76
Office for Metropolitan Architecture
Heer Bokelweg 149
3032 AD Rotterdam, Niederlande

B2905 Office Tower B
Jianwai SOHO
39 Dongsanhuan Zhonglu
Chaoyang District
Peking 100022, China

180 Varick Street, Suite 1328
New York, New York 10014, USA
office@oma.com
www.oma.eu

Henning Larsen Architects
Enghøj-Kirche, S. 194
Vesterbrogade 76
1620 Kopenhagen, Dänemark
mail@henninglarsen.com
www.hlt.dk

Legorreta + Legorreta
Bel Air House, S. 200
Palacio de Versalles 285-A
Lomas de Reforma 11020, Mexiko
info@lmasl.com.mx
www.legorretalegorreta.com

Juha Leiviskä
Myyrmäki-Kirche, S. 30; *Männistö-Kirche*, S. 34
Ratakatu 1 b A 12
Helsinki, Finnland

Fumihiko Maki
TEPIA, S. 120
Maki & Associates
Hillside West-C, 13–4 Hachiyamacho
Shibuya, Tokio 150-0035, Japan
www.maki-and-associates.co.jp

Mansilla + Tuñón
Auditorium in León, S. 68; *Archäologiemuseum in Zamora*, S. 176
C/Artistas 59
Madrid, Spanien
www.mansilla-tunon.com

Richard Meier
Museu d'Art Contemporani de Barcelona (MACBA), S. 172
Richard Meier & Partners Architects
475 Tenth Avenue, 6th Floor
New York

New York 10018, USA
mail@richardmeier.com

1001 Gayley Avenue
Los Angeles, Kalifornien 90024, USA
mail@rmpla.com
www.richardmeier.com

Rafael Moneo
Stiftung Pilar und Joan Miró, S. 72;
*Auditorium und Kongresszentrum
Kursaal*, S. 104;
Cathedral of our Lady of the Angels,
S. 230
C/Cinca 5
28002 Madrid, Spanien

Jean Nouvel
Galeries Lafayette, S. 90; *Institut du
Monde Arabe*, S. 126; *Kultur- und
Kongresszentrum Luzern*, S. 130
10 Cité d'Angoulême
75011 Paris, Frankreich
info@jeannouvel.fr
www.jeannouvel.com

Riepl Riepl Architekten
Kirche St. Franziskus, S. 234
OK-Platz 1A, Dametzstraße, 38
4020 Linz, Österreich
arch@rieplriepl.com
www.rieplriepl.com

SANAA
Glaspavillon, S. 94
Kazuyo Sejima und Ryue Nishizawa
sanaa@sanaa.co.jp
www.sanaa.co.jp

Schultes Frank Architekten
Krematorium Baumschulenweg, S. 196
Lützowplatz 7
10785 Berlin, Deutschland
office@schultesfrankarchitekten.de
www.schultes-architekten.de

Álvaro Siza
Galizisches Zentrum für zeitgenössische Kunst, S. 208; *Marienkirche*,
S. 212
Porto, Portugal

Heinz Tesar
Kirche in der Donau City, S. 138
Monbijouplatz 2
Berlin, Deutschland
mail@ateliertesar.com

Esteplatz 6/7
Wien, Österreich
atelier.tesar@eunet.at

Hans van der Laan
Abtei St. Benedictusberg, S. 186
Van der Laan Stichting
Kerkplein 14
6578 An Leuth, Niederlande
vanderlaanstichting@planet.nl
www.vanderlaanstichting.nl

Meinhard von Gerkan
Christus-Pavillon, S. 100
Architekten von Gerkan, Marg und
Partner
Elbchaussee 139
22763 Hamburg, Deutschland
www.gmp-architekten.de

Wandel Hoefer Lorch + Hirsch
Synagoge in Dresden, S. 204
Dolomitenweg 19
66119 Saarbrücken, Deutschland
info@wandel-hoefer-lorch.de
www.wandel-hoefer-lorch.de

Shoei Yoh + Architects
Light-Lattice House, S. 28
12–30 Heiwa, Minami-ku
Fukuoka-shi
Fukuoka 815-0071, Japan
shoeiyoh.plus.architects@galaxy.dti.
ne.jp

Peter Zumthor
Therme in Vals, S. 60; *Kunsthaus
Bregenz*, S. 108; *Caplutta Sogn
Benedetg*, S. 240
Süesswinggel 20
7023 Haldenstein, Schweiz
arch@zumthor.ch

BILDNACHWEIS

Alle Fotografien stammen vom Autor, außer den Folgenden, die freundlicherweise von den Architekten, Entwerfern und Büros zur Verfügung gestellt wurden:
14 (alle) Alberto Campo Baeza; **19** (unten, Mitte), **21** (untere Reihe) Tadao Ando; **23** (unten) Steven Holl Architects; **27** (unten) Tadao Ando; **29** (unten rechts) Shoei Yoh; **33** (unten links) Juha Leiviskä; **39** (untere Reihe), **43** (untere Reihe) Alberto Campo Baeza; **47** (untere Reihe) Steven Holl Architects; **51** (links) James Carpenter; **59** (untere Reihe, Mitte und rechts), **67** (Mitte und unten) Steven Holl Architects; **70** (untere Reihe, links) Mansilla + Tuñón; **73** (unten links) Rafael Moneo; **79** (Mitte und unten) Courtesy of the Office for Metropolitan Architecture; **93** (unten) Ateliers Jean Nouvel; **96** (untere Reihe) SANAA; **103** (unten) Architekten von Gerkan, Marg und Partner; **107** (untere Reihe) Rafael Moneo; **114** (Mitte), **115** Itsuko Hawegawa Atelier; **132** (untere Reihe) Ateliers Jean Nouvel; **137** (unten) Herzog & de Meuron; **139** (unten links) Heinz Tesar; **142** (Zeichnungen), **147** (Zeichnungen) Fay Jones; **151** (unten) Juha Leiviskä; **153** (oben) BAAS; **155** (untere Reihe, Mitte) Steven Holl Architects; **162** (untere Reihe, links) Allmann Sattler Wappner Architekten; **165** (Zeichnungen) Jensen & Skodvin; **169** (untere Reihe) BAAS; **174** (unten) Richard Meier & Partners; **177** (unten links) Mansilla + Tuñón; **185** (Mitte) Alberto Campo Baeza; **193** (unten links) Tadao Ando; **198** (unten links) Schultes Frank Architekten; **207** (unten rechts) Wandel Hoefer Lorch + Hirsch; **229** (unten rechts) Herzog & de Meuron; **233** (unten rechts) Rafael Moneo; **239** (unten) Cheret + Bozic; **246** (unten) Brückner & Brückner Architekten; **251** (unten) Gehry Partners.

DANK

Dieses Buch wäre ohne die großzügige Unterstützung vieler Institutionen und Menschen weder geschrieben worden, noch wären seine Abbildungen zustande gekommen.

Die Graham Foundation for Advanced Studies in the Fine Arts stellte 1976 das erste Stipendium für meine Erforschung von Lichtphänomenen in der Architektur zur Verfügung, gefolgt von weiteren Zuwendungen 1983 und 2005, um aktuelle Arbeiten zum Thema Licht überall in Europa zu untersuchen. Mithilfe eines Stipendiums der Gladys Krieble Delmas Foundation von 1984 war ich in der Lage, das venezianische Licht von Carlo Scarpa zu untersuchen. Der Lawrence B. Anderson Award des MIT von 1991 ermöglichte einen längeren Aufenthalt in Japan, um Licht in der zeitgenössischen wie traditionellen Architektur zu studieren, und 1996 erlaubte mir ein Stipendium der American-Scandinavian Foundation, die bezaubernden Effekte des nördlichen Lichtes in der finnischen Architektur zu erforschen. Eine Reihe von Stipendien des Campus Research Board der University of Illinois finanzierte einen Großteil der weiteren internationalen Reisen, die für dieses Buch nötig waren, sowie die ausgiebige Beobachtung und das ausgedehnte Fotografieren einer großen Bandbreite an Gebäuden und Baukulturen. Neben Langzeiturlauben boten verschiedene Auszeichnungen der University of Illinois zu wichtigen Zeitpunkten das, was am wichtigsten war – nämlich die Gelegenheit zum konzentrierten Nachdenken und Schreiben ohne gleichzeitige Lehrtätigkeit: Da war zum einen die Bestellung zum Mitarbeiter des Center for Advanced Study im Jahre 2005 und zum anderen 2007 der Arnold O. Beckman Award sowie der Humanities Release-Time Award.

Unter den Personen, die dieses Buch möglich machten, möchte ich zuerst Lucas Dietrich von Thames & Hudson danken, der dieses Projekt von Anfang an nicht nur mit Enthusiasmus unterstützte, sondern dabei half, seine Entstehung vom Beginn an bis zur Publikation mit seinem ungeteilten Zuspruch, wiederholten Einblicken und guten Ratschlägen zu formen. Meine tiefempfundene Wertschätzung geht auch an Elain McAlpin, die mit Sachverstand den Text lektorierte und das Buch während der gesamten Schaffensphase beaufsichtigte, sowie an Claas Möller für die schlichte Eloquenz seines Buchdesigns. Und ich fühle mich tief in der Schuld meines alten Freundes und Lektoren bei a+u, Toshio Nakamura, der immer im richtigen Moment aufzutauchen schien und einen großen Teil meiner früheren Arbeit förderte.

Da die Forschungsarbeit für dieses Buch einige Jahrzehnte zurückreicht, möchte ich gern vielen heutigen und ehemaligen Kollegen danken, die großzügige Unterstützerbriefe für Stipendien und Dienstfreistellungen schrieben: Jack Baker, Botond Bognar, Mohamed Boubekri, David Chasco, Joseph Esherick, Alan Forrester, Fay Jones, Alejandro Lapunzina, Donlyn Lyndon, Bea Nettles, Juhani Pallasmaa, Richard Peters, Robert Riley, Maurice Smith, Richard Williams; und für frühere Stipendien, welche die Grundlage für dieses Projekt bildeten: Wayne Andersen, Stanford Anderson, Walter Creese, Jonathan Green, Gyorgy Kepes, Kevin Lynch, Henry Millon und Minor White. Der Direktor der School of Architecture at the University of Illinois, David Chasco, war für meine Forschungsarbeiten eine unendliche Unterstützung und ermöglichte Dienstfreistellungen in arbeitsreichen Zeiten.

Die Architekten, deren Arbeit in dieses Buch Eingang fand, waren nicht nur »Forschungsgegenstände«, sondern unterstützen mein Projekt auch auf die unterschiedlichste Weise: Sie machten Vorschläge und halfen mir, Zugang zu Gebäuden zu bekommen, begleiteten mich manchmal bei Besuchen, widmeten mir Zeit in Interviews, um ihre Ideen zu Licht und Design zu erörtern – und letztlich stellten sie Skizzen und Zeichnungen zur Verfügung. Ich möchte den Folgenden meinen Dank ausdrücken: Allmann Sattler Wappner, Tadao Ando, BAAS, Baumschlager & Eberle, Gunnar Birkerts, Brückner & Brückner, Alberto Campo Baeza, James Carpenter, Cheret + Bozic, Manuel Clavel Rojo, Joseph Esherick, Sverre Fehn, Carlos Ferrater, Norman Foster, Frank Gehry, Meinhard von Gerkan, Gigon & Guyer, Hiroshi Hara, Itsuko Hasegawa, Heikkinen & Komonen, Herman Hertzberger, Herzog & de Meuron, Steven Holl, Toyo Ito, Jensen & Skodvin, Fay Jones, Rem Koolhaas/OMA, Lapeña & Torres, Henning Larsen, Legorreta + Legorreta, Juha Leiviskä, Fumihiko Maki, Mansilla + Tuñón, Richard Meier, Rafael Moneo, Jean Nouvel, Juhani Pallasmaa, Paredes Pedrosa, Renzo Piano, Carme Pinós, Reipl Riepl, Schultes & Frank, Sejima & Nishizawa/SANAA, Claudio Silvestrin, Álvaro Siza, Maurice Smith, Ryoji Suzuki, Heinz Tesar, William Turnbull, Jørn Utzon, Wandel Hoefer Lorch + Hirsch, Shoei Yoh, Peter Zumthor.

Mein größter Dank gilt meiner Frau Patty, die mich begleitete und eine zentrale Rolle in den drei Jahrzehnten des Reisens für dieses Buch spielte. Sie brachte ihre ganze Frische und Freude in diese oft ermüdenden Expeditionen ein, ließ mir in Momenten der Erschöpfung ihre Energie und Geduld zuteil werden und half mit scharfem Auge und wachem Verstand dabei, die grundlegenden Ideen dieses Buches zu formen.